Für alle, die ihr Leben mit anderen Augen sehen möchten.

Für unsere Generation, denn wir haben alle die gleichen Themen.

Für uns, weil wir unsere Liebe mit diesem Buch erneuert haben.

Petra Pliester
Jürgen Bräscher

Leben als Freigeist

Manipulationen durchschauen und selbstbestimmt handeln

Petra Pliester & Jürgen Bräscher: Leben als Freigeist
Manipulationen durchschauen und selbstbestimmt handeln

© Verlag Zeitenwende
Köttewitz 73
01809 Dohna
www.verlag-zeitenwende.de
buecher@verlag-zeitenwende.de

1. Auflage 2016

Umschlaggestaltung: Verlag Zeitenwende / Susann Adam
Satz: Verlag Zeitenwende
Illustrationen: Jennifer Burghoff (www.burghoffdesign.de)

ISBN 978-3-945701-03-4

Die Deutsche Bibliothek – CIP-Einheitsaufnahme
Ein Titelsatz für diese Publikation
ist bei der Deutschen Bibliothek erhältlich.

Inhaltsverzeichnis

Wie möchten Sie Ihr Leben gestalten?

Führen Sie genau das Leben, das Sie sich immer gewünscht haben? Fühlen Sie sich die meiste Zeit wohl und frei in Ihren Entscheidungen? – Wenn Sie diese Fragen aus vollem Herzen mit „Ja" beantworten können, gratulieren wir Ihnen. Offensichtlich haben Sie in Ihrem Leben alles richtig gemacht.

Vielleicht tauchen angesichts dieser Fragen aber Zweifel in Ihnen auf, und damit wären Sie nicht allein. Zwar leben wir in einem freien Land und haben alle Möglichkeiten, dennoch führen wir oft ein Leben, das uns nicht guttut. Wir ordnen uns Sachzwängen unter, folgen einem Lebensplan, der sich nahtlos in die Gesellschaft integriert, aber nicht unser eigener ist. Irgendwann in dem Alter zwischen 30 und 50 haben wir das Gefühl, in einer Sackgasse zu stecken. Ganz gleich was wir tun, wir kommen nicht weiter.

In der Regel haben wir alles, was wir brauchen, von der Familie und der Arbeit bis hin zu einem Platz zum Wohnen und einem fahrbaren Untersatz. Und doch funktionieren wir mehr als wir leben. Sind wir voller Erfüllung, glücklich und zufrieden oder fehlt uns etwas? Dieses Etwas, das uns beschäftigt und uns das Gefühl gibt, dass es so, wie es ist, nicht stimmig ist.

Um herauszufinden, was dieses Etwas ist, sind wir, die Autoren, viel auf Reisen gegangen. Die Distanz zur Heimat hat uns einen anderen Blickwinkel auf die verschiedenen Bereiche unseres Lebens gegeben. – Unterwegs stellt sich oft wie von selbst eine Leichtigkeit ein. Voller Vertrauen gelingt uns alles, was wir uns vornehmen. Das Leben fließt, wir gehen mit, wir sind im Flow.

Um diese Erfahrung zu machen, ist es nicht einmal notwendig, ins Ausland zu fahren. Schon 100 Kilometer weiter kann ein Leben stattfinden, das sich ganz anders anfühlt, als das vor der eigenen Haustür. Das Gefühl der Leichtigkeit haben wir schätzen und lieben gelernt. Doch Stück für Stück löst sich dieser wunderbare Zustand wieder in Wohlgefallen auf, sobald wir zurück in Deutschland sind. Das kommt Ihnen sicherlich bekannt vor. Wie lange hat der Erholungseffekt nach Ihrem letzten Urlaub oder Ihrem Wohlfühl-Wochenende angehalten?

Auch zu Hause haben wir alle Möglichkeiten, etwas für uns zu tun, und nutzen diese sogar. Wir verwirklichen uns beruflich, treiben Sport, besuchen Kurse für Autogenes Training und Yoga oder gehen ganz klassisch einfach spazieren und tanken frische Luft. Wir probieren verschiedene Methoden aus und so manches Mal verwerfen wir sie wieder, weil langfristig der gewünschte Effekt ausbleibt. Das gute Gefühl hält nur solange an, bis wir wieder in den eigenen vier Wänden oder im Büro sind. Warum halten diese Erholungsoasen dem Alltag nicht stand?

! **Wir tun immer das Gleiche und erwarten am Ende ein anderes Resultat![1]**

Unsere Gewohnheiten wirken wie ein Sog. Ehe wir uns versehen, rutschen wir wieder zurück in den alten Trott, auch wenn wir wissen, dass er uns nicht guttut. Es scheint fast unmöglich, etwas zu verändern. Das liegt nicht nur daran, dass wir zu bequem oder zu ängstlich sind, um uns auf Veränderungen einzulassen. Es geht schon damit los, dass wir etwas anders machen müssen, als es die anderen tun.

---

[1] Frei nach dem Film: Herzfeld, John: „*Reach me*". USA 2014.

Die meisten Menschen tun immer das Gleiche. Die Industrie weiß das schon lange und nutzt diese Erkenntnis, um unser Konsumverhalten zu steuern. Das funktioniert hervorragend, denn wir verhalten uns längst nicht so individuell wie wir glauben. Und gerade weil die meisten Menschen immer das Gleiche tun, haben sie auch ähnliche Themen und Probleme. Diese Probleme versuchen wir dann mit unserem Verstand zu lösen. Das scheint logisch, weil wir das schon immer so gemacht haben. Am Ende stellen wir aber fest, dass wir so nicht weiterkommen.

Was ist nun, wenn unsere Probleme nicht mit rationalem Denken zu lösen sind, wenn wir uns dazu auf eine andere Ebene begeben müssen? In diesem Buch stellen wir Ihnen Lösungsansätze vor, die von dem abweichen, was wir gewohnt sind. Es ist eine neue Sicht auf unser Leben, für die energetische Faktoren eine Rolle spielen.

Doch lassen Sie uns zunächst herauszufinden, warum wir kollektiv immer wieder den gleichen Verhaltensweisen folgen. Dafür werfen wir einen Blick in die Familie, hier wird im Kleinen die Gleichschaltung gelebt, die auch im Großen, das heißt in der Gesellschaft als Ganzes, stattfindet.

Raum für sich selbst

Noch heute können wir in Asien beobachten, dass sechs oder acht Familienmitglieder in einem Raum schlafen. Mit einer Bastmatte auf dem Boden schlummern alle dicht nebeneinander. Die Menschen teilen denselben Schlaf- und Wachrhythmus; sie haben sich in ihren Gewohnheiten einander angepasst. Auch bei uns ist es noch nicht so lange her, dass alle Familienmitglieder in einem Raum geschlafen beziehungsweise sich die meiste Zeit im selben Zimmer aufgehalten haben. Oft wurde ja auch nur ein Raum beheizt. Heute ist es selbstverständlich, dass die Kinder ihr eigenes Zimmer bekommen. Schon seit längerer Zeit ist in unseren Wohnungen genügend Raum für alle, und dennoch sind die Familienmitglieder geistig eng miteinander verbunden.

Es gibt in der Familie einen gemeinsamen Lebensablauf, dem man folgt, ob man will oder nicht. Wir kennen noch die Aussage unserer Eltern, wenn wir andere Meinungen oder Ansichten vertraten: „Solange du deine Füße unter meinen Tisch stellst, tust du, was ich sage." So bleibt oft kein Spielraum für Diskussionen, sondern es wird ein Zwang ausgeübt, dem man sich zu beugen hat. Das gleiche Schema setzt sich in anderen Lebensbereichen fort: im Freundeskreis, am Arbeitsplatz oder in der Partnerschaft. Oft wird man nur dann akzeptiert oder geliebt, wenn man den Regeln der Familie beziehungsweise der Gruppe folgt. – Ist das wirklich Ihr eigener Weg, den Sie hier beschreiten?

Wo ist Ihr persönlicher Freiraum, um sich den eigenen Belangen zu widmen? Was wollen Sie am liebsten tun und stimmt das mit der Gruppe überein? Wenn wir uns entfalten wollen, brauchen wir dazu einen eigenen Rahmen, einen Freiraum, in dem unsere Gedanken fließen und wir nicht nur durchatmen, sondern auch kreativ sein können.

Es macht Sinn, nachzuschauen, was Ihr Herz bewegt. Nehmen Sie sich Zeit für Ihre Träume, für das, was Sie gerne tun.

Herz und Leidenschaft

Es gibt sie auch in Ihrem Herzen, die tief verborgenen oder vergrabenen Träume, die gelebt werden möchten. Im hintersten Winkel schlummert eine Leidenschaft, eine Sehnsucht, die in all Ihr Tun mit einfließen möchte. Wagen Sie es hinzuschauen. Das können ganz einfache Sachen sein: mit Liebe zu kochen, mit Hingabe einem Hobby zu frönen, ganz einfach mit Liebe bei der Sache zu sein. Nicht nur der Glaube versetzt Berge, die Liebe tut es auch.

Denken Sie nur an den Zustand des Verliebtseins: alles scheint möglich, wir haben Ausstrahlung, sind glücklich und unsere Energie ist geradezu unerschöpflich. Die Liebe ist ein Teil unserer Gefühlswelt, und damit haben wir eine ständig verfügbare Energiequelle in uns. Wenn wir mit dieser positiven Energie verbunden sind, kommt das allen Lebensbereichen zugute, der Familie, dem Freundeskreis und dem Beruf. Menschen, die ihrer Liebe folgen und ihre Träume leben, wirken wie Magnete auf andere und sind erfolgreich in ihrem Sinne, mit Herz und Leidenschaft.

In Geschäftskreisen wird die Liebe müde belächelt. Sie wird als Gefühlsduselei abgetan, weil man sie sich in der sogenannten harten Geschäftswelt nicht leisten kann. Bestenfalls wird mal von der „guten Seele" in der Firma gesprochen. Wirklich wertgeschätzt werden ihre Fähigkeiten und ihr Beitrag zu einem produktiven Arbeitsleben aber nicht. Man kann die „gute Seele" halt nicht in Zahlen erfassen. Könnte es nicht sein, dass gerade deswegen heute die Geschäftswelt – so wie wir sie kennen – zusammenbricht? Die Krisen der letzten Jahre weisen darauf hin, dass die herkömmlichen Management-Strategien nicht mehr funktionieren. Selbst in der Wirtschaft brauchen wir eine neue Quelle, aus der wir Kraft schöpfen können.

Unsere Gefühle bergen ein enormes Potenzial, auf das wir bislang nicht zugreifen. Im Gegenteil: Die meiste Zeit sind wir damit beschäftigt, unsere Gefühle zu unterdrücken. Tief in unserem Inneren wissen wir aber ganz genau, was in uns schlummert. Die Gefühle sind längst in uns und wollen benutzt werden. Möglicherweise ist jetzt die Zeit reif, sie an die Oberfläche zu bringen.

Jeden Tag wenden Sie erlerntes Wissen an, im Beruf genauso wie im Alltag, damit kennen Sie sich aus; sich auf dieser Ebene zu bewegen, ist Ihnen vertraut. Die Gefühle lassen Sie dabei nur allzu oft außen vor. Ihre Entscheidungen treffen Sie aufgrund Ihrer Erfahrungen oder mit dem Verstand. Doch es gibt viel mehr Entscheidungshilfen und Werkzeuge. Beginnen Sie, Ihre Intuitionen wahrzunehmen, und begeben Sie sich auf einen Weg, der Sie wieder in Verbindung mit Ihren Sinnen bringt. Was hören Sie, wenn Sie hinhorchen, was sehen Sie, wenn Sie hinschauen, oder was fühlen Sie, wenn Sie in sich hineinspüren. Ein Wegweiser steht Ihnen schon lange zur Seite: Ihr Bauchgefühl.

In diesem Buch möchten wir Sie auf eine neue Ebene begleiten, es ist eine energetische, auf der Ihre Sinne, Ihre Gefühle und Ihre Intuition eine Schlüsselrolle spielen. Um diese Ebene kennenzulernen, haben wir Beispiele zusammengetragen, die Ihnen als Spuren und Wegweiser dienen können. Mit deren Hilfe können Sie erkennen, welche Situationen und Handlungsmuster Ihnen wohlgesonnen sind und welche nicht. Aus einem anderen Blickwinkel heraus können Sie Blockaden sehen, die Sie daran hindern, in Ihre Kraft zu kommen. Sie werden Stück für Stück herausfinden, was Ihnen guttut und was Ihnen schadet.

Dabei geht es nicht darum, objektiv zu bewerten, was richtig und was falsch ist. Vielmehr werden Sie ermutigt, Ihren persönlichen Weg zu gehen, frei von Fremdbestimmung und Manipulation. Denn wenn Sie fortwährend damit beschäftigt sind, Ihre Gedanken und Ihr Tun anderen zu widmen, bleiben Sie selbst auf der Strecke.

Es geht darum, Raum für sich selbst zu schaffen, Raum für Ihre Werte, Ihre Kreativität, Ihre Sensibilität, Ihre Themen und Ansichten, Ihre Entwicklung, Ihr „Anders-Sein", Ihr Wohlbefinden und Ihre Gefühle. Diesen Raum darf es überall geben, im Alltag, beim Einkaufen und bei der Arbeit, in Ihrer Wohnung und in Ihnen selbst.

Die Macht der Muster

Kinder gehen neugierig und mit offenen Augen durch die Welt. Alles ist neu und aufregend, sie machen viele Dinge zum ersten Mal. Kinder haben noch keinen Erfahrungsschatz, auf den sie zurückgreifen können. Deshalb reagieren sie in vielen Situationen spontan, sie folgen ihrer Intuition. An der Reaktion ihrer Mitmenschen lernen sie, dass manche Dinge funktionieren und andere nicht. Für einige Taten werden sie gelobt, für andere bestraft.

Auf diese Weise entwickeln die Heranwachsenden mit der Zeit eine Art Regelkatalog dafür, wie sie sich in einzelnen Situationen verhalten; sie handeln und bewegen sich nach bestimmten Mustern. Wenn Manuela gefragt wird, ob sie für das Schulfest einen Kuchen backt, sagt sie immer „Ja", auch wenn sie eigentlich keine Zeit hat. Aber sie hat gelernt: Ich werde nur geliebt, wenn ich die Wünsche anderer erfülle. Im Büro geht es ihr genauso: Sie will allen alles recht machen. Für die Kollegen ist das sehr bequem. Wird es einmal eng, springt Manuela ein, auch wenn sie selber den Schreibtisch voll hat. Einmal hatte sie es probiert, „Nein" zu sagen. Als sie bis über beide Ohren in einem eigenen Projekt steckte, da hatte sie es abgelehnt, die Kollegin bei der Vorbereitung einer Veranstaltung zu unterstützen. Die Reaktion kam prompt: „Wie kannst du mich so hängen lassen? Vor lauter Arbeit weiß ich nicht mehr, wo ich anfangen soll. Ich bin so enttäuscht von dir!" Das Arbeitsklima wurde für ein paar Tage eisig. Die Kollegin hatte kein Verständnis dafür, dass Manuela sich abgrenzt; Argumente wurden nicht akzeptiert. Manuela hatte die stillschweigende Vereinbarung gebrochen, wer sich in ihrer kollegialen Beziehung wie zu verhalten hat. Beim nächsten Mal hatte Manuela um des lieben Friedens willen wieder gesagt: „Ja, mache ich." Wohl hatte sie sich damit nicht gefühlt, ihre eigenen Bedürfnisse blieben auf der Strecke, aber die Kollegin war zufrieden. – Dieses Beispiel zeigt: Je älter wir werden, desto festgefahrener sind unsere Muster. Eine Aktion x löst die Reaktion y aus, zuverlässig wie eine mathematische Gleichung. Wir schaffen es immer seltener, anders zu handeln. Problematisch wird es immer dann, wenn zwei Menschen nach unterschiedlichen Mustern agieren, das kann ganze Beziehungen zermürben. – Astrid liebt es, wenn in der gemeinsamen Wohnung alles an seinem Platz ist. Sie hat gern den Überblick, räumt auf und sortiert alte Sachen aus dem Kleiderschrank aus, die sie sowieso nicht mehr anzieht. Ihr Mann Roland ist genau das Gegenteil: Er hamstert und häuft Dinge an, die niemand braucht, kein Sonderangebot ist vor ihm sicher. Wenn die Heckenschere mal kaputt gehen sollte, hat er noch eine auf Vorrat. Auch seine alten Legosteine will er unbedingt behalten, die könne er noch seinen Enkeln vermachen. Dabei haben Astrid und Roland noch nicht einmal Kinder.

Die beiden Muster, die hier aufeinandertreffen, sind sehr stark. Astrid hat das Gefühl, in all dem unnützen Krimskrams zu ersticken. Roland bekommt Panik, wenn der Vorratskeller nur zur Hälfte voll ist. Sie räumt auf, er füllt so schnell wie möglich die entstandenen freien Lücken wieder auf. So drehen sich die Partner im Kreis und reiben sich dabei auf, es sei denn, einer schafft es auszusteigen. Sie haben sich in einem Muster aus immer gleichen Aktionen und Reaktionen festgefahren.

! Über die Muster werden aus einst aufgeschlossenen Kindern Erwachsene mit Scheuklappen.

Viele Menschen schauen nicht nach links und nicht nach rechts. Es gibt für sie keinen Spielraum, um spontan zu agieren oder einfach mal etwas anders zu machen als sonst. Sie stecken in einem Korsett aus sich ständig wiederholenden Verhaltensweisen. Und diese gibt es nicht nur auf der individuellen, sondern auch auf der gesellschaftlichen Ebene – wie im Kleinen, so im Großen.

Es gibt im Wesentlichen ein anerkanntes Lebensmodell, das unsere Gesellschaft bestimmt: Schon in der Schule werden wir darauf konditioniert, pünktlich und fleißig zu sein und durchzuhalten. Wenn die Schulglocke schrillt, geht jeder auf seinen Platz und sitzt still, bis die Stunde vorbei ist, egal, ob die Unterrichtsstunde interessant ist oder nicht, egal, ob wir gerade Bewegungsdrang haben oder uns die Luft im Raum viel zu stickig ist. Wir müssen unsere eigenen Bedürfnisse zurückstellen, sie sind nicht wichtig. Erst wenn die Glocke wieder ertönt, dürfen wir für 15 Minuten machen, was wir wollen – allerdings nur in den engen Grenzen des Pausenhofs. Und für den Nachmittag gibt es noch die Hausaufgaben. Schließlich kann es nicht sein, dass wir einfach frei über unsere Zeit bestimmen, das können wir ja später im Berufsleben auch nicht.

Als Erwachsene sollen wir eine Ausbildung oder ein Studium absolvieren, dann Geld verdienen, Steuern zahlen und – ganz wichtig – konsumieren. Die Wirtschaft muss ja wachsen, darauf hat man sich verständigt. Und das geht nur, wenn wir alle brav mitmachen, wenn wir immer effizienter werden, das heißt immer mehr Arbeit in immer weniger Zeit leisten. Dann bekommen wir vielleicht auch mal eine Gehaltserhöhung und können uns noch mehr Dinge kaufen, die wir nicht benötigen, nur um die Leere in unserem Inneren zu füllen. Wir können ein größeres Auto kaufen, damit wir nach außen hin etwas darstellen, oder ein neues Haus bauen, denn danach werden die Nachbarn unseren Erfolg beurteilen. Nebenbei gründen wir noch eine Familie, haben vielleicht zwei Kinder und einen Golden Retriever.

In ihrer je eigenen Variante folgen die meisten von uns diesem Lebensmodell. Die gesellschaftliche Norm gibt es uns so vor und bis zu einem bestimmten Punkt stellen wir es nicht in Frage. Doch irgendwann kommt der Moment, in dem wir uns eingestehen, dass wir gescheitert sind. Denn das gegenwärtige Lebensmodell funktioniert für uns nicht mehr. Da gibt es den Familienmenschen, der vor den Scherben seiner Ehe steht. Er hat so viel gearbeitet, dass er und seine Frau sich in den letzten zehn Jahren kaum noch gesehen haben. Dort ist die ehrgeizige Bankerin, die auch mit 40 noch Sachbearbeiterin ist. All ihr Engagement und ihre Überstunden haben sie nicht in eine Führungsposition gebracht.

! • **Die Stressmühle läuft auf Hochtouren und wir laufen fleißig mit, ohne zu überlegen, wohin wir eigentlich unterwegs sind, wenn wir so emsig einen Fuß vor den anderen setzen.**[2]

Auf diesem skizzierten Weg ist uns oft die Freude abhanden gekommen. Wir sehen keinen Sinn mehr in dem, was wir tun, in dem, was wir uns einst erhofft haben. Doch es scheint keine Alternative zu geben. Wir spüren, dass es falsch läuft, und laufen trotzdem weiter, oft hinein ins Burnout. Die Menschen stecken in einer Endlosschleife. Warum ist es so schwierig, etwas zu verändern?

Zunächst einmal deshalb, weil alle dasselbe tun; wir haben einen Konsens in der Gesellschaft gefunden, wie „das Leben" auszusehen hat. Dieses Modell wird in den Medien propagiert und gilt als das Maß

---

[2] Vgl. George, Nina: *„Das Lavendelzimmer"*. München 2013.

der Dinge. Es ist quasi überall und entfaltet eine Sogwirkung. Von Natur aus ist der Mensch darauf angelegt, in einer Gemeinschaft zu leben, und hatte in der Geschichte der Evolution damit Erfolg. Der soziale Zusammenhalt hat über Jahrtausende hinweg das Überleben der Spezies Mensch gesichert. Es ist in unseren Genen angelegt, uns in die Gemeinschaft einzufügen, indem wir dem Muster der anderen folgen.

Der erste Schritt hin zur Veränderung ist also, überhaupt auf die Idee zu kommen, von dem gängigen Muster abzuweichen. Für Manuela ist es selbstverständlich, dass sie für jedes Schulfest einen Kuchen backt. Sie muss erst einmal realisieren, dass in diesem Jahr Claudia mal diese Aufgabe übernehmen könnte. – Fangen Sie an, Ihre Gewohnheiten kritisch zu hinterfragen. Damit legen Sie den Grundstein, um aus der Endlosschleife auszusteigen. Müssen Sie wirklich schon wieder Ihre Frühlingsgarderobe erneuern, nur weil in dieser Saison die Farben lachs und smaragdgrün „in" sind? Die violette Bluse aus dem letzten Jahr steht Ihnen vielleicht sogar besser.

Wenn Sie dann tatsächlich sichtbare Veränderungen wagen, werden Sie schnell feststellen, dass Sie auf Widerstand stoßen. Der mag harmlos ausfallen, wenn Sie nur eine Bluse in der „falschen" Farbe tragen. Werden die Veränderungen jedoch größer, erleben Sie, dass das gesellschaftliche Muster vehement verteidigt wird. Kommt ein Mitglied der Gemeinschaft auf die Idee, sich anders zu verhalten, wird er oder sie im besten Fall kritisch beäugt.

Martin, ein Familienvater, will nicht mehr 40 Stunden pro Woche arbeiten. Er möchte lieber Zeit mit seinen Kindern verbringen anstatt sie ersatzweise mit teuren Geschenken zu überhäufen. Bei seinem Abteilungsleiter stößt er auf Ungläubigkeit: „Sie wollen Teilzeit arbeiten? Aber Sie sind doch ein Mann!" Für künftige Beförderungen hat er sich so disqualifiziert. Einige seiner alten Freunde belächeln Martin, er sei ja auf dem besten Wege, Hausmann zu werden. Nach ihrem Maßstab ist das nichts wert, und außerdem führt Martin ihnen vor Augen, dass sie selbst viel zu wenig Zeit mit ihrer Familie verbringen und dass auch ihre eigene Karriere nicht so gelaufen ist, wie sie sich das zu Beginn ihres Studiums erhofft hatten. Bevor sie hingehen und ihr eigenes Leben unter die Lupe nehmen, zeigen sie lieber mit dem Finger auf den Außenseiter, das ist einfacher.

Im Extremfall werden Menschen sogar angefeindet oder aus der Gemeinschaft ausgeschlossen, wenn sie sich nicht anpassen. Ein Hartz-IV-Empfänger wird gern zum Schmarotzer abgestempelt, obwohl er sich vielleicht ehrenamtlich in der Sterbebegleitung engagiert und in diesem Job mehr für die Gesellschaft tut als der Versicherungsvertreter von nebenan.

! **Wenn Ihr Umfeld ein Interesse daran hat, dass alles so bleibt wie es ist, fällt es sehr schwer, sich selbst weiterzuentwickeln.**

100 Jahre sind genug – warum wir neue Lebensmodelle brauchen

Das eine große Muster, nach dem unsere Gesellschaft sich ausrichtet, stammt aus vergangenen Kriegs- und Nachkriegszeiten, es zieht sich durch die gesamte moderne Geschichte. Die letzte Epoche dieser Art begann in Europa vor cirka 100 Jahren mit dem Ersten Weltkrieg und zog sich bis Mitte der 1950er Jahre durch. Bis heute haben die Weltkriege einen unmittelbaren Bezug zu unserem eigenen Leben. Auch wenn wir selbst nicht direkt daran beteiligt waren, haben Familienangehörige der vorigen Generationen ihre schlechten Erfahrungen und daraus resultierende Verhaltensweisen an uns weitergegeben. Auf diese Weise spüren wir die Auswirkungen der Kriegswirren noch heute, die Erinnerung daran hat sich tief in unser kollektives Bewusstsein eingegraben.

Wenn Sie heute zwischen 40 und 50 Jahre alt sind, sind Ihre Eltern, um 1940 herum geboren. Deren Eltern wiederum sind alt genug, um den Zweiten Weltkrieg in der Blüte ihres Lebens unmittelbar miterlebt zu haben. Diese Zeit war geprägt vom Mangel an Nahrungsmitteln, Obdach und Kleidung. Die Menschen hatten Angst um ihr Leben, das Misstrauen regierte. Die Regierung wollte das Volk kontrollieren, gleichschalten und für die eigenen Zwecke missbrauchen. Anders zu sein, war gefährlich, es gab keinen Spielraum für individuelle Freiheit.

Später in der Nachkriegszeit gab es einiges aufzuholen. Die Wirtschaft blühte, man konnte sich etwas gönnen und den zuvor herrschenden Mangel ausgleichen. Es gab das Versprechen, dass der technische Fortschritt und das Wirtschaftswachstum uns alle in den Wohlstand führen würden. Das hat eine Zeit lang funktioniert, und weil es funktioniert hat, haben wir die bewährten Verhaltensweisen von unseren Großeltern und Eltern übernommen.

Wenn wir heute aber immer noch die gleichen Verhaltensmuster an den Tag legen, die in der ersten Hälfte des 20. Jahrhunderts ihre Berechtigung hatten, so stoßen wir auf eine Diskrepanz, da unsere Welt inzwischen ganz anders aussieht. Wir leben nicht mehr im Mangel, sondern kämpfen in vielen Lebensbereichen mit dem Überfluss. Der Vater verwahrte seinerzeit noch jede rostige Schraube und jedes Holzbrett, um daraus später vielleicht noch etwas zu bauen. „Man kann das sicher noch einmal gebrauchen", ist ein Standardsatz, den Sie bestimmt schon gehört haben. Natürlich machte das in der Nachkriegszeit Sinn. Es gab ja oft nicht die Dinge zu kaufen, die gerade benötigt wurden, oder es war schlichtweg kein Geld im Haus. Heute können wir einfach in den Baumarkt gehen, wo es alles zu erschwinglichen Preisen gibt. Es besteht keine Notwendigkeit mehr, den ganzen Keller mit Material vollzustopfen, um aus dem ganzen Pool irgendwann vielleicht eine einzelne Eisenstange zu verarbeiten.

Vielmehr stehen wir vor der Aufgabe, aus dem gewaltigen Überangebot sämtlicher Dinge eine kluge Auswahl für uns zu treffen. Wie oft standen Sie schon im Supermarkt vor dem Nudelregal und haben versucht, unter 40 Sorten die richtige zu finden?

Genauso geht es uns mit all den Informationen, die täglich auf uns einströmen. Im Krieg mussten sich die Menschen um das einzige Transistorradio im Dorf versammeln, um die lebensnotwendige Information zu bekommen, wie weit die feindlichen Truppen schon vorgerückt sind. Informationen waren knapp und schwer einholbar. Heute prasseln dagegen in einem Jahr so viele Informationen auf uns ein, wie vor dem Zeitalter der Industrialisierung insgesamt in zweihundert Jahren verbreitet wurden. Aus einer Vielfalt an Medien erreichen uns Botschaften und Nachrichten aus aller Welt, die oft mit unserem eigenen Leben gar nichts zu tun haben. Hier gilt es, klug zu filtern. Statt immer mehr Besitztümer und Informationen anzuhäufen, müssen wir aussortieren. Alles andere führt zu Erschöpfung.

Unsere Wünsche und Herausforderungen sind heute ganz andere als in den Generationen vor uns. Trotzdem funktionieren wir noch so, wie es uns antrainiert wurde, nämlich nach den unbewussten Verhaltensmustern von vor 100 Jahren, und damit geht es uns nicht gut. Es ist an der Zeit, dass die jüngeren Generationen erforschen, was sie brauchen, und es äußern.

**! Es macht keinen Sinn, die Bedürfnisse einer längst
vergangenen Zeit zu bedienen.**

Wir müssen dringend etwas ändern: Statt immer wieder in alten, längst überholten Themen herumzurühren, müssen wir uns dem zuwenden, was wir (er-)schaffen wollen. Es gilt, das Muster aufzubrechen, das von der Familie bis hin zur Gesellschaft alles durchdringt.

Dafür müssen Sie zunächst das alte Muster erkennen, wenn es Ihnen begegnet. Das mag anfangs schwer sein, denn Sie sind damit aufgewachsen und es ist zu einem Teil von Ihnen geworden. Viele Verhaltensweisen scheinen Ihnen so selbstverständlich, dass Sie sie nicht einmal bemerken, geschweige denn hinterfragen. Kurzum: Sie sehen den Wald vor lauter Bäumen nicht.

Doch es gibt zahlreiche Spuren, die auf das alte oder neue Muster hinweisen. Nachdem Sie dieses Buch gelesen haben, werden Sie sie finden und zu deuten wissen. Die Spuren verdichten sich zu Wegweisern und Sie können sich frei entscheiden:

**! Folgen Sie dem ausgetretenen Pfad zurück in die
alte Welt oder gehen Sie in eine neue Richtung?**

Wenn Sie in einer Situation erkennen: „Hier herrscht das alte Muster", brauchen Sie keine Energie mehr darauf zu verschwenden. Es macht dann Sinn, die Dinge einfach sein zu lassen. Ein Beispiel: Wer das Buch „*Simplify your life*"[3] gelesen hat, kann sich vielleicht an den Tipp erinnern, seinen Schreibtisch aufzuräumen. Denn: Eine klare Umge-

---

[3] Vgl. Küstenmacher, Werner Tiki: „*Simplify your life*". Frankfurt 2001.

bung schafft klare Gedanken. Aus unserer Sicht ist das ein zeitgemäßer und sinnvoller Ansatz. Wenn Ihr Chef aber in dem alten Muster steckt, wird er, sobald er Ihren Schreibtisch sieht, nicht denken: „Was habe ich für einen gut organisierten Mitarbeiter." Stattdessen sagt er sich vielleicht: „Oh, der hat ja nichts zu tun", und wird Sie mit neuen Aufträgen überhäufen, die Sie verzweifelt versuchen, wieder gut zu ordnen, um die Übersicht zu behalten. Und da hätten wir sie wieder, die Endlosschleife. In einem solchen Konflikt aus alt und neu werden Sie sich totlaufen. Sie verlieren eine Menge Energie und Ihr Einsatz führt zu nichts.

Aber keine Sorge: Es gibt Hoffnung, denn in vielen Bereichen kann man schon neue Verhaltensweisen wirken sehen. Wenn einzelne Personen den Anfang machen und eigene Lebensmodelle entwerfen, können andere ihrem Beispiel folgen. Mit einer ständig wachsenden Anzahl von Menschen, die anders denken, wird sich die Gesellschaft wandeln. Um diesen Wandel einzuleiten, genügen schon 5% der Bevölkerung, vorausgesetzt, dass in allen Gesellschaftsschichten und Berufsgruppen Alternativen zum herkömmlichen Muster vorgelebt werden.[4]

! **Wir alle haben die Macht, etwas zu verändern.**
● Allerdings müssen wir dort anfangen, wo es am unbequemsten ist: bei uns selbst.

Immer mehr Menschen entscheiden sich dafür, Dinge anders anzupacken. Probieren Sie es selbst aus und schauen Sie, was passiert. Stellen Sie sich beispielsweise vor, Sie bekommen in einem Meeting auf einmal Unterstützung für Ihre Gedanken. Sie stellen fest, dass Ihre vermeintlichen Außenseiter-Ideen wohlwollend aufgenommen werden. Andere

---

[4] Welzer, Harald: „*Selbst denken: Eine Anleitung zum Widerstand*". Frankfurt 2013.

lassen sich davon inspirieren und trauen sich, ihre eigenen Ansätze laut zu formulieren. Auf diese Weise befruchten sich die Teilnehmer gegenseitig mit ihren Ideen und Neues kann entstehen. – Welch ein Unterschied zu den Meetings im alten Stil, in denen es hauptsächlich darum geht, sich zu profilieren und möglichst schnell eine Meinung in den Raum zu werfen, sei sie auch noch so undurchdacht. Statt erbittertem Konkurrenzkampf entsteht nun eine Win-Win-Situation, von der alle profitieren und in der sich alle wohlfühlen dürfen.

Das ist nur ein Beispiel für neue Verhaltensweisen, die aufkommen, wenn Sie sich trauen, Ihrem eigenen Weg zu folgen, dem Weg des Herzens. Auch wenn es Ihnen am Anfang schwer fällt, am Ende wird es sich auszahlen. Sie brauchen mit Ihren Ansichten nicht mehr hinter dem Berg zu halten, verändern Sie Ihr Muster. Legen Sie das auf den Tisch, was Sie wollen und denken.

Alles eine Frage der Energie!?

In welcher Stimmung befinden Sie sich? Oder anders ausgedrückt: In welcher Energie sind Sie gerade? Sind Sie gut gelaunt und voller Elan oder müde, nachdenklich, vielleicht eher aufgebracht?

Die Batterie in uns

Stellen Sie sich vor, Sie haben eine große Batterie in Ihrem Körper. Ihre Energie ist abhängig von dem Ladezustand dieser Batterie. Aus gutem Grund heißt es im Volksmund oft: Mein Akku ist leer.

Das war einmal anders, in Ihrer Kindheit oder Jugend war Ihre Batterie fast immer voll. Beim Spielen oder Fahrradfahren, beim Herumtoben oder auf Erkundungstouren durch Wiesen und Wälder sprühten Sie nur so vor Energie. Was tun Sie heute, um Ihren Akku wieder aufzuladen?

Nach einer schönen Feier kommen Sie energiegeladen nach Hause, ganz einfach, weil die Stimmung gut war. Das Gleiche geschieht bei einem Konzert. Wenn die Band vor Energie sprüht und Sie sich mitreißen lassen, springt der Funke auf Sie über. Am Ende verlassen Sie die Veranstaltung in positiver Stimmung. Stellen Sie sich vor, dass Sie nach einem anstrengenden Arbeitstag heimkommen und müde sind. Da klingelt das Telefon und Sie sprechen mit einer guten Freundin. Schon während des Gespräches realisieren Sie, dass Sie wacher werden, Ihre Lebensgeister kehren zurück. In all diesen Fällen hat sich Ihre Batterie wieder aufgeladen.

Das Aufladen kann auch über Ihre Gefühle geschehen. Ob Sie verliebt, verärgert oder wütend sind, in intensiven Gefühlszuständen mobilisieren Sie Energie, die Sie nicht in sich vermutet hätten. Selbst Aufmerksamkeit ist pure Energie. Wem schenken Sie Ihre Aufmerksamkeit? Kinder fordern sie vehement ein, genauso wie die ganze Werbeindustrie oder Ihr Arbeitgeber. Da stellt sich doch die Frage, was man mit Ihrer Aufmerksamkeit macht. Warum ist sie allen so wichtig?

In einem Interview beschreibt der Kabarettist Dieter Nuhr, wie ihn die Stille fasziniert, wenn er bei einem Auftritt vor 2.900 Menschen eine Denkpause einlegt. Er sagt, dass das Lachen gar nicht so anders klingt als bei 800 Menschen. Die Stille aber sei bei einem großen Publikum viel intensiver. [5]

Wenn so viele Personen ihre Aufmerksamkeit auf die Bühne richten und gespannt warten, wie es weitergeht, fließt pure Energie in seine Richtung. Mit dieser Energie wird seine Show noch besser, davon profitiert wiederum sein Publikum. Alle tanken Ihren Akku auf.

**! Die Energie in Ihrer Batterie stellt Ihre
Lebenskraft dar.**

Die Sonne strahlt, wir tun es auch

Wenn wir über Menschen mit Ausstrahlung nachdenken, kommen uns oft Bilder von berühmten Persönlichkeiten und Schauspielern in den Sinn. Betritt einer dieser Menschen die Bühne, kann man diese Präsenz

---

[5] Vgl. Nuhr, Dieter: Interview *„Wo treten Sie am liebsten auf?"*

DER MENSCH UND
SEINE AUSSTRAHLUNG
"ENERGIEFELD"

förmlich spüren. Es ist nicht nur deren Persönlichkeit, die strahlt wie eine kleine Sonne. Vielmehr ist dieser Mensch mit einem Feld aus Energie umgeben – genauso wie die Sonne ein Feld aus Wärmestrahlung in ihrem Umkreis erzeugt.

Nun ist es so, dass nicht nur berühmte Menschen eine Ausstrahlung beziehungsweise ein Feld um sich herum haben, sondern alle – auch Sie. Dieses Feld ist nicht sichtbar, dennoch ist es ein Teil von Ihnen. Es ist mal größer und mal kleiner. Sie spüren es, wenn Ihnen jemand zu nahe kommt, der kein Distanzgefühl hat, der Ihnen quasi auf die Pelle rückt. Sie haben es vielleicht schon gespürt, als der Mensch noch weiter entfernt war. Ihr Energiefeld ist nämlich größer als Sie denken.

!   **Jeder Mensch hat ein eigenes**
●   **Energiefeld.**

Kommen Sie mit anderen Menschen in Kontakt, überlagern sich die Felder. Das ist ganz natürlich, und solange Sie sich einander langsam annähern, ist das in Ordnung. Über Gespräche, gemeinsame Interessen und Unternehmungen lernen Sie sich im Laufe der Zeit kennen. Doch wenn Sie plötzlich mit fremden Menschen in Kontakt treten, ist all dies nicht vorausgegangen. Sie werden von dem, was andere mitbringen, überrascht. Völlig unterschiedliche Energiefelder berühren und überlagern sich. Hier prallen Welten aufeinander, wie es so schön heißt. Stellen Sie sich vor, Sie bekommen zusammen mit drei fremden Menschen einen Garten geschenkt. In dieser Gemeinschaft sollen Sie ohne Absprache, ohne weitere Worte, den Garten bestellen. Das Grundstück wurde nicht geviertelt, es steht allen offen zur freien Gestaltung zur Verfügung. Die anderen drei und Sie beginnen nun, sich in die Arbeit zu stürzen, jeder nach seinen eigenen Vorstellungen. Wie

VIELE MENSCHEN UND
IHRE AUSSTRAHLUNG BZW.
IHRE "ENERGIEFELDER"

wird wohl der Garten aussehen? Klingt das Ganze nicht jetzt schon verwirrend und konfus?

Genauso dasselbe geschieht mit den Energiefeldern, die wir ausstrahlen. Wenn sich verschiedene Felder beziehungsweise Interessen überlagern, kann schon mal ein wildes Durcheinander entstehen. Um sich nach einer solchen Begegnung wieder zu sammeln, brauchen Sie buchstäblich Raum für sich, einen Raum, in dem Sie sich wieder auf Ihre eigene Energie besinnen können und nicht mit den Feldern anderer in Kontakt kommen.

Die Energie der Gruppendynamik

Sobald mehrere Personen an einem Ort zusammentreffen, erzeugen diese gemeinsam ein Energiefeld. Um das zu verstehen, gehen wir noch einmal in die Situation eines Meetings hinein: In der Firma ist es üblich, an einem festen Wochentag ein Meeting abzuhalten. Donnerstags um 11 Uhr kommen die Mitarbeiter der Abteilung zusammen, um Informationen auszutauschen, damit alle auf demselben Stand sind. Eigentlich ist das Meeting allen lästig, die „normale" Arbeit wird unterbrochen, und da sowieso alle zu wenig Zeit haben, müssen die liegengebliebenen Angelegenheiten später erledigt werden. Diejenigen Mitarbeiter, die pünktlich eintreffen, warten auf die Nachzügler. Diese führen noch eben schnell ein Telefonat zu Ende oder holen sich einen Kaffee. Dann stürzen sie in den Besprechungsraum, der zu eng ist und in dem es nicht genügend Stühle für alle gibt. Wie wird wohl die Stimmung in diesem Raum sein? Können Sie die grundlegende Gereiztheit erahnen? Die Leute fühlen sich körperlich unwohl und sind mit ihren Gedanken woanders.

Einige haben sogar Angst, denn als erstes wird der Chef auf die aktuellen Umsatzzahlen eingehen, die hinter den gesteckten Zielen zurückgeblieben sind. Den beiden Verkäufern im Team bricht der Schweiß aus, denn das Verkaufen fällt nun mal in ihren Verantwortungsbereich. Zwar sind die Zahlen auf dem hervorragenden Niveau des Vorjahres, aber es war eine weitere Steigerung um 15 % vorgesehen. Die Leistung, die im letzten Jahr noch toll war, ist jetzt nichts mehr wert, sie haben versagt. So beurteilt es der Chef nach seinem Muster und macht die beiden vor versammelter Mannschaft nieder. Die Schamröte steigt ihnen ins Gesicht, und die anderen Mitarbeiter werden immer kleiner auf ihren Sitzen.

In einer solchen Situation ist die Spannung spürbar. Es herrscht sozusagen „dicke Luft". Man kann sie nicht sehen und doch fast mit den Händen greifen. Die Fenster sind geschlossen, die Luft ist verbraucht und steht im Raum. Parallel dazu steigt die Temperatur, die Menschen heizen sich gegenseitig auf. Wenn jetzt noch ein falsches Wort fällt, kocht die Stimmung über.

All diese Faktoren schaffen eine unangenehme Atmosphäre im Raum. Sie ist mit unseren normalen fünf Sinnen nicht zu erfassen und doch kann sie jeder wahrnehmen. Als sechster Sinn signalisiert unser Bauchgefühl, dass hier etwas nicht stimmt. Intuitiv reagieren wir auf die negative Stimmung, die alle Meeting-Teilnehmer gemeinsam erzeugt haben.

Wie ist dieses Energiefeld entstanden? Eine große Rolle spielt der enge Raum. Normalerweise halten Menschen körperlichen Abstand voneinander, sofern sie nicht zum engsten Familien- oder Freundeskreis gehören. Unter Kollegen würde man cirka eine Armlänge Distanz wahren. In dem kleinen Meetingraum ist das nicht möglich. Die ungewollte Nähe verursacht Unbehagen, da die Kollegen in die intime Zone eingedrungen sind. Die Energiefelder der einzelnen Personen überlagern sich.

Die meisten Mitarbeiter sind ohnehin schon gestresst, als sie den Raum betreten. Ihre Anspannung steigt weiter, als der Chef aus seiner Machtstellung heraus die beiden Verkäufer herunterputzt. In einer solchen Situation ist es sehr schwierig, dass Sie in Ihrer eigenen Stimmung bleiben. Selbst wenn Sie mit guter Laune in das Meeting gegangen sind, wird sich nach und nach Ihr Energielevel an das der anderen Kollegen anpassen.

Auch das selbständige Denken fällt nicht mehr so leicht. Eigentlich hatten Sie eine gute Idee, die Sie heute vorstellen wollten. Aber nachdem der Vorgesetzte seine Aggression an seinen Mitarbeiter ausgelassen hat, fühlen Sie sich klein. Sie trauen sich nicht mehr, aus dem Schutz der Gruppe herauszutreten und Ihren Vorschlag vorzubringen. Denn damit machen Sie sich angreifbar. Vielleicht war Ihre Idee ja doch gar nicht so gut. Ihre eigenen Gedanken verschwimmen und die Gruppendynamik hat die Überhand gewonnen.

Ist das vielleicht der eigentliche Sinn des wöchentlichen Meetings? Sicher werden alle Mitarbeiter auf denselben Stand gebracht. Aber es geht nur vordergründig um den Informationsaustausch. Auf einer tieferen Ebene findet eine Machtdemonstration statt. Der Chef hat seinen Standpunkt klar gemacht und die einzelnen Personen auf den Kurs der Firma eingestimmt. Nicht umsonst spricht man von der Corporate Identity, der Firmenidentität, der sich das Individuum unterordnet.

! **Gruppen erzeugen ein eigenes Energiefeld.**

Energieraub – der perfekte Coup

Mit dem Akku in uns reagieren wir wie ein batteriebetriebenes Gerät. Verbrauchen wir viel Energie, kommen wir in unseren „roten Bereich" und laufen auf Reserve. Dann ist es Zeit, sich aufzuladen. Wenn wir auf Dauer mehr Energie verbrauchen als uns guttut, müssen wir immer mehr und immer länger an unserer Ladestation auftanken.

Der Energieverbrauch ist mit unserem Verhalten und unseren Tätigkeiten verbunden. Wenn Sie das Gefühl haben, Sie verbrauchen zu viel Energie, ist es sinnvoll, sich in einer Alltagswoche einmal selbst zu beobachten. Womit laden Sie Ihre Energie auf und was kostet Energie? – Ihre Batterie können Sie ganz allein füllen oder dafür in Kontakt mit anderen Menschen treten. Ein schönes Telefonat mit einer Freundin hilft zum Beispiel beiden Gesprächspartnern. Sie laden auf angenehme Art und Weise Ihren Akku auf.

In dem Meeting aus dem vorigen Kapitel geschieht etwas anderes. Ein Vorgesetzter nutzt seine Position aus und demotiviert seine Mitarbeiter unangemessen. Vermutlich geht es ihm danach besser, er hat seine Batterie dadurch wieder aufgeladen, dass er seinen Mitarbeitern Energie weggenommen hat. Hier hat ein Energieraub stattgefunden. Für viele Menschen ist das die einzige Möglichkeit, ihre Batterien aufzuladen.

Es ist wichtig, seinen eigenen Energieverbrauch beziehungsweise Energieverlust kennenzulernen. Denn Energieräuber lauern überall. Sie sind mitten unter uns, oft da, wo wir es nicht erwarten. Unauffällig zapfen sie uns an und entladen unseren Akku.

Das ist mit einer vor Kraft strotzenden Lokomotive vergleichbar. Sie hat zu Beginn nur zwei Wagons im Schlepptau und zieht elegant auf den Gleisen entlang, doch nach und nach werden ganz nebenbei weitere Wagons angehängt. Die kraftvolle Lokomotive zieht Trittbrettfahrer und Menschen an, die sich am liebsten huckepack tragen lassen. Schon bald sieht die Lokomotive nicht mehr so elegant aus. Ihre Kraft hat trotz regelmäßiger Ladezeit nachgelassen. Frustriert denkt sie an ihren früheren Elan zurück und bemerkt nicht, dass sie mittlerweile 20 Wagons zieht. Sie möchte noch bessere Batterien haben, um mehr Energie speichern zu können. Doch die offensichtliche Lösung erkennt sie nicht: Wie wäre es, den einen oder anderen Wagon abzukoppeln!

Energieräuber tarnen sich, doch sie hinterlassen Spuren. Treten diese Spuren geballt auf, lässt sich ein Muster erkennen. Denn auch sie tun immer das Gleiche.

! **Überlegen Sie: Bei welchen Menschen fühlen Sie sich wohl und wer verursacht bei Ihnen Unbehagen? Wer oder was raubt Ihnen Energie? Was tut Ihnen gut und was nicht?**

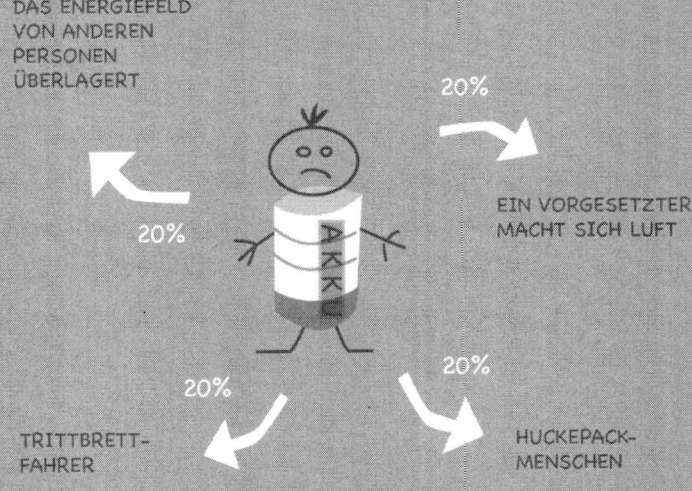

Auf Spurensuche

Sie wissen nun, dass es Situationen gibt, in denen Sie sich wohlfühlen und Sie Energie bekommen. Ihr Bauchgefühl nimmt positive Stimmungen wahr. Die Menschen, die Ihnen begegnen, sind Ihnen wohlgesonnen und unterstützen Sie bei Ihren Vorhaben.

Andere Situationen wirken auf Sie negativ: Sie fühlen sich unwohl, gestresst, vielleicht sogar ängstlich. Sie funktionieren in einem Rhythmus, der nicht Ihr eigener ist. Sie ordnen sich Menschen unter, die nur ihre eigenen Vorstellungen gelten lassen und Ihnen permanent Energie rauben. Kurz: Sie sind in ein Muster verwickelt, das Ihnen nicht entspricht.

Das Fatale daran ist, dass Sie dieses Muster oft nicht erkennen, denn Sie stecken schon zu tief darin. Ihr Bauchgefühl schlägt Alarm und vielleicht reagiert sogar Ihr Körper mit psychosomatischen Symptomen. Das ganze System rebelliert gegen die Mauern, die Sie umgeben und die Sie davon abhalten, Ihre Träume zu leben. Doch die Mauern sind Ihnen so vertraut, dass Sie sie nicht sehen.[6]

Wir sind so sehr darauf eingestellt, unsere Gefühle und Bedürfnisse zu unterdrücken, dass die Alarmglocken unser Bewusstsein nicht erreichen, sondern ungehört verhallen. Aber selbst wenn wir sie hören, wissen wir nicht, wie wir darauf reagieren sollen. Es gibt ja vordergründig nur einen Weg, den wir gehen können: das ist der Weg, den die Gesellschaft seit cirka 100 Jahren und noch viel länger verfolgt, das Lebensmodell der Kriegs- und Nachkriegszeit. Wie wir gesehen haben, ist

[6] Vgl. Quinn, Daniel: *„Ismael“*. München 1992.

dieses Muster längst überholt und bietet keine Lösungen mehr für die moderne Zeit. Die kollektiven Verhaltensweisen, die damit verbunden sind, lösen bei uns sehr häufig eine negative Stimmung aus. Deshalb sprechen wir im Folgenden von „alter Energie", wenn uns dieses Muster begegnet.

Woran erkennen wir sie nun, die „alte Energie"? Es gibt Spuren, anhand derer wir sie entlarven können. Diese Spuren treten in der Regel nicht einzeln auf, sondern es kommen mehrere von ihnen zusammen. Das macht es leicht, sie zu finden, sobald Sie etwas Übung haben. Begleiten Sie uns also auf der Spurensuche. Treten Sie in die Fußstapfen von Sherlock Holmes und sammeln Sie Indizien. Nur ein oder zwei Spuren sind zu wenig, aber wenn sie im Paket auftreten, weisen die Indizien zielsicher auf die alte Energie hin – und natürlich auf die neue Energie, diejenige, in der die Menschen aus dem Herzen heraus handeln.

Spuren im Supermarkt

Für die Spurensuche begeben wir uns gemeinsam in einige Alltagssituationen hinein. Lassen Sie uns in einem beliebigen Supermarkt beginnen:

Zunächst besorgen Sie sich einen Einkaufswagen. Der ist natürlich angekettet, damit die Kunden ihn nicht entwenden, sondern nach dem Einkaufen wieder an seinen Platz stellen. Im Portemonnaie haben Sie gerade kein Kleingeld. Also zurück zum Auto, dort liegt noch ein Chip, den Sie für den Einkaufswagen benutzen können.

Nun steuern Sie auf den Eingang zu. Dort begrüßt Sie ein Schild: „Jeder Diebstahl wird zur Anzeige gebracht." Sie passieren eine Schranke, die sich nur in eine Richtung öffnet, nämlich in den Laden hinein. Die Obst- und Gemüseauslage gleich am Eingang wirkt irgendwie vernachlässigt. Vieles ist in Plastik verpackt, die Kundenwaage ist mit alten Etiketten zugekleistert und einige Erdbeeren liegen zerquetscht auf dem Boden.

Sie dringen weiter in das Innere des Ladens vor und stellen fest, dass seit Ihrem letzten Besuch die Anordnung der Waren geändert wurde. Wo steht bloß der Zucker? Und wo sind die Kühlregale geblieben? Sie irren durch die engen Gänge zwischen den hohen Regalen umher, die mit Werbebotschaften übersät sind. Die ganzen Fähnchen und Aufkleber lenken Sie davon ab, aus dem Überangebot an Produkten das Passende auszuwählen. Eine klare Beschilderung der Gänge wäre hilfreich, ist jedoch nirgendwo zu finden. Gerne würden Sie jemanden vom Personal fragen, aber es ist niemand in Sicht. Und dann ist da noch diese nervige Musik, die im Hintergrund dudelt und nur unterbrochen wird von einer quäkigen Stimme, die die aktuellen Sonderangebote anpreist.

Nach einer gefühlten Ewigkeit haben Sie Ihre Einkäufe beisammen und folgen dem langen Weg zur Kasse, Abkürzungen sind auf diesem nicht vorgesehen. Jetzt schnell zahlen und dann nichts wie raus hier! Doch leider erwartet Sie vorher noch eine lange Schlange an der Kasse. Der Laden ist voll und erst als der Unmut der Kunden nicht mehr ignoriert werden kann, öffnet eine zweite Kasse. Endlich sind Sie an der Reihe, die Kassiererin sagt mechanisch: „Guten Abend." Fast geht ihr Gruß in den Fragen unter, ob Sie Treuepunkte sammeln und eine Payback-Karte haben. Am Ende sind aus Ihrem Plan, mal eben kurz nach der Arbeit in den Laden zu springen, 45 Minuten geworden.

Der Supermarkt ist ein Rummelplatz der alten Energie. Welche Spuren sind uns dort begegnet? Zunächst gibt es viel zu wenig Personal. Die Kunden finden nur sehr schwer einen Ansprechpartner, der ihnen weiterhilft oder Fragen zu den Produkten beantwortet. Selbst an der

Kasse gibt es einen Personalengpass – und das zur besten Stoßzeit am Feierabend, wo der Andrang doch vorhersehbar ist. Können zu dieser Zeit nicht vorsorglich genug Kassen geöffnet sein? In Serviceleistungen will das Management offensichtlich nicht investieren, diesbezüglich herrscht purer Mangel. Der Kunde soll sich gefälligst um alles selber kümmern. Es interessiert niemanden, ob er bei seinem Einkauf Irrwege geht oder ob es für ihn mühsam ist. Er soll einfach nur sein Geld hier lassen und dabei keine Ansprüche stellen. Viel nehmen, nichts geben – das ist purer Energieraub.

Gleich am Eingang gibt es statt einer freundlichen Begrüßung ein Warnschild, das Ihnen fast schon unterstellt, ein Ladendieb zu sein. Sie sollen doch darauf vertrauen, hier gute Lebensmittel einzukaufen, stattdessen wird Ihnen erst einmal Misstrauen entgegengebracht. Fühlen Sie sich hier willkommen und als Kunde wertgeschätzt?

Schranken am Eingang, enge Gänge, Warteschlangen am Ausgang – im gesamten Laden sind Wege versperrt. Zusätzlich fällt Ihnen die Orientierung schwer, Sie bekommen in dem Geschäft einfach keinen Überblick über das Angebot. Wegweiser fehlen und ständig werden die Waren umgeräumt. Ihre Augen und Ohren werden mit Botschaften überschüttet, weswegen Sie sich kaum auf Ihren Einkaufszettel konzentrieren können. Stattdessen sollen Sie Ihre Aufmerksamkeit ständig den Belangen des Supermarktes widmen: den Angeboten der Woche, dem Kundenbindungsprogramm, dem Wiegen von Gemüse und vielem mehr.

Ein letztes Indiz ist der Eindruck, den die Gemüsepräsentation vermittelt. Offensichtlich werden hier Ordnung und Sorgfalt nicht gerade groß geschrieben. Das Gemüse ist lieblos arrangiert, schwitzt in seiner Plastikverpackung vor sich hin und zerquetschte Früchte liegen auf dem Fußboden. Die alte Energie lässt grüßen.

Vielleicht denken Sie jetzt: „Tja, das ist zwar ärgerlich, aber so ist es eben. Da kann man nichts machen." Aber es geht auch anders: Seit einiger Zeit gibt es in unserer Region einen neuen Bio-Supermarkt, bei dem zunächst schon die Architekten auf Schönheit geachtet haben. Es gibt große Fenster an allen Seiten, durch die Tageslicht in das Gebäude strömt, alles wirkt hell und freundlich. Große Holzbalken an der Decke und am Eingang sorgen für eine gemütliche Atmosphäre. Was für ein Unterschied zu den hässlichen quadratischen Boxen aus Fertigbauteilen, in denen herkömmliche Supermärkte untergebracht sind. Es spielt doch auch keine Rolle, ob Bio oder nicht: ein Supermarkt darf schön sein!

Weiterhin sind die Einkaufswagen nicht angekettet, sondern stehen einfach frei zur Verfügung. Der Eingang ist frei, das Geschäft kann nach Lust und Laune betreten oder verlassen werden. Die Kassiererin begrüßt die Kunden mit einem Lächeln. Dazu passt, dass das Gemüse liebevoll präsentiert ist. Alles sieht appetitlich aus und liegt lose in der Auslage. So können die Kunden selbst entscheiden, wie viel sie wovon brauchen, denn die Menge ist nicht durch die Packungsgröße vorgegeben. Um das Gemüse transportieren zu können, liegen braune Papiertüten bereit. In den breiten Gängen ist Platz, man kann über die niedrigen Regale schauen und den ganzen Laden überblicken. An der Käsetheke bedient die Verkäuferin nicht nur freundlich, sondern berät sogar, welcher Käse besonders lecker schmeckt. Sie kennt ihre Produkte und empfiehlt sie gern weiter. Das kann sie auch guten Gewissens tun, denn sie verkauft Qualität und ist stolz darauf. Hier kaufen die Kunden nicht nur ein, sie haben nebenbei noch ein schönes Gespräch.

Im Übrigen gibt es nur wenige Sonderangebote. Die Geschäftsleitung legt Wert darauf, dass die Preise fair sind, egal, wann Sie ein Produkt einkaufen. Ist das nicht entspannt? Es gibt keinen Grund mehr, sich abzuhetzen, um den Rotwein aus dem Sonderangebot zu schnappen, der nur von Mittwoch bis Freitag reduziert ist. – In welchen der beschriebenen Läden gehen Sie wohl lieber? Sie haben die Wahl: Gestalten Sie Ihren Einkauf als schönes oder als stressiges Erlebnis?

Fassen wir noch einmal zusammen, welche Spuren der alten beziehungsweise neuen Energie wir in den beiden Supermärkten gefunden haben:

Alte Energie	Neue Energie
der Kunde muss sich um alles selbst kümmern	Serviceleistungen und Personal sind vorhanden
viel nehmen, nichts geben	Geben und Nehmen sind ausgeglichen
Kunde als reine Geldquelle, der standardisierte Leistungen in Anspruch nehmen soll	Kunde wird als Mensch wahrgenommen, persönlicher Kontakt möglich
Wege sind versperrt	freie Wege
keine Orientierung, kein Überblick möglich	Klarheit, Einfachheit
Aufmerksamkeit ist zerstreut	Aufmerksamkeit ist bei den eigenen Angelegenheiten
Lieblosigkeit	Ordnung, Sorgfalt, Sauberkeit

Auch Freunde hinterlassen Spuren

Gehen wir zum nächsten Beispiel über: Sie treffen sich mit einer Freundin, am Samstagnachmittag sind Sie mit Monika verabredet. Es war gar nicht so einfach, einen Termin auszumachen. Monika telefoniert nicht gern, sie schreibt lieber eine Nachricht über WhatsApp. Sie dagegen weigern sich bislang, sich ein Smartphone anzuschaffen, und rufen lieber auf dem Festnetz an. Schließlich kontaktieren Sie sich per Email und einigen sich nach langem Hin und Her darauf, sich heute um 15 Uhr im Café am Marktplatz zu treffen.

Monika kommt wie immer eine Viertelstunde zu spät. Gehetzt betritt sie das Café, sagt flüchtig „Hallo" und tippt schnell noch eine WhatsApp-Nachricht, bevor sie Ihnen ihre Aufmerksamkeit schenkt. Sie werden schon ein bisschen ärgerlich, weil Monika die Verabredung wohl nicht so wichtig nimmt. Warum hat sie überhaupt ein Treffen vorgeschlagen, wenn sie keine Zeit hat?

Die Antwort folgt auf dem Fuße: Monika hat sich mal wieder von ihrem aktuellen Freund getrennt und es geht ihr schlecht. Wie ein Wasserfall prasseln die Worte auf Sie ein: Helmut will, dass sie aus seiner Wohnung auszieht, weil er eine andere kennengelernt hat. Sie hat die Neue schon gesehen, eine graue Maus, die ihm bestimmt die Hemden bügelt und keine eigene Meinung hat. Was er wohl an der findet? Einen leichten Ansatz zum Doppelkinn hat sie auch. Und erst die Frisur! Aus Monikas Worten spricht pure Verachtung. Aber sie wird es Helmut schon heimzahlen, dass er sie wegen dieses Hausmütterchens verlässt. Sie trifft ab und zu seinen Chef im Fitnessclub. Vielleicht sollte sie ihm mal stecken, dass Helmut ein bisschen zu viel Alkohol trinkt? Das stimmt zwar nicht, aber in der Liebe und im Krieg ist ja alles erlaubt. Rache ist süß!

Sie sind entsetzt. Helmut ist in Ihren Augen ein netter Kerl. Allerdings konnte er Monika nie etwas recht machen. Ständig hat sie an ihm herumgenörgelt. Ehrlich gesagt haben Sie sich schon immer gewundert, warum die beiden überhaupt noch zusammen sind. Monika war sowieso alles andere wichtiger als ihre Beziehung: die Karriere, die Organisation der betrieblichen Weihnachtsfeier, das Tennisturnier … Vorsichtig äußern Sie, dass es vielleicht besser ist, wenn die beiden getrennte Wege gehen. Schließlich haben sie ohnehin kaum gemeinsame Interessen.

Monika fällt wie eine Furie über Sie her: „Jetzt verteidigst du den Kerl auch noch! Ich glaub' es nicht. Vielleicht wolltest du ihn ja schon die ganze Zeit für dich!" „Das ist doch gar nicht wahr. Mach mich jetzt nicht zum Sündenbock", entgegnen Sie müde und werden dabei vom Klingeln des Smartphones unterbrochen. „Mit deinem Leben wollte ich sowieso nicht tauschen", sagt Monika kampflustig. „Ständig räumst du hinter den Kindern her, buddelst im Garten herum oder gehst mit dem Hund raus. Das ist doch kein Leben. Ich würde mich zu Tode langweilen. Weißt du was: Heute Abend gehen wir tanzen! Du gehst jetzt nach Hause, ziehst dich um und um neun Uhr hole ich dich ab."

Seufzend stimmen Sie zu, Sie sind ja froh, dass das Gespräch wieder eine freundliche Wendung genommen hat. Aber abends um die Häuser ziehen? Das geht bestimmt bis zwei Uhr nachts. Wie anstrengend, da ist morgen der ganze Tag im Eimer. Sie wollten doch eine lange Wanderung mit dem Hund machen, daraus wird jetzt wohl nichts. Nebenbei hat Monika Sie auch noch verpflichtet, ihr nächstes Wochenende beim Umzug zu helfen. Kann sie dafür nicht Profis engagieren? Sie verdient doch genug. Aber gut, dafür sind Freunde ja da. – Wie fühlen Sie sich wohl, wenn Sie nach Hause kommen? Sehr wahrscheinlich hat Sie das Treffen angestrengt und in eine schlechte Stimmung gebracht. Was ist hier aus energetischer Sicht passiert?

Bei Ihrer Spurensuche fällt auf, wie mühsam es war, überhaupt mit Monika in Kontakt zu kommen. Sie nutzen nicht die gleichen Kommunikationskanäle. Außerdem hat Monika einen sehr vollen Terminplan, da kann sie alte Freunde nur schwer unterbringen. Und wenn es dann mal klappt, ist sie mit ihrer Aufmerksamkeit mehr bei ihrem Mobiltelefon als bei dem persönlichen Gespräch, das sie auch nur initiiert hat, weil sie jemanden zum Reden brauchte. Außerdem ist sie gerade auf der Suche nach kostenlosen Umzugshelfern. Sie meldet sich ja immer nur dann, wenn sie einen Gefallen einfordern oder mal so richtig Dampf ablassen will.

Dieses Schimpfen auf Helmut und seine neue Freundin hat Ihnen auch zugesetzt. Ständig muss Monika die Schuld bei anderen suchen und sie niedermachen. Sie sprüht nur so vor Hass und Eifersucht. Wenn sie jemand verletzt hat, kann sich derjenige warm anziehen. Monika schreckt auch vor Lügen und Intrigen nicht zurück, um sich zu rächen. Da ist es schon besser, ihr nicht zu widersprechen oder ihr gar quer zu kommen.

Das ist allerdings gar nicht so einfach, denn Monika passt Ihr ganzer Lebensstil nicht. Kein gutes Haar lässt sie an den Dingen, die Ihnen am Herzen liegen. Sie kann einfach nicht akzeptieren, dass Ihnen andere Dinge Freude bereiten, zum Beispiel die Kräuter im Garten wachsen zu sehen und lange Spaziergänge mit dem Hund zu machen. Toleranz ist nicht gerade ihre Stärke. Sie weiß genau, was sie will und bekommt es auch. Wenn sie Ihnen vorschlägt, tanzen zu gehen, ist das keine Bitte, sondern ein Befehl, dem Sie Folge zu leisten haben. Hier „Nein" zu sagen, kostet viel Kraft und wird wieder im Streit enden.

Aber vielleicht lohnt sich eine Auseinandersetzung! Sie hätten dann nämlich Zeit, sich mal wieder mit Clara zu treffen. Schon als Sie an Clara denken, freuen Sie sich auf ein Treffen. Sie greifen zum Telefonhörer und erreichen sie gleich auf dem Festnetz. Wie wäre es, sich für Donnerstag zu verabreden? Clara hat Zeit und schlägt vor, dass sie zusammen um den See gehen. Sie können ja den Hund mitnehmen. Und die frische Luft wird allen guttun.

Am Donnerstag ist Clara pünktlich um 10 Uhr bei Ihnen. Sie nimmt Sie spontan in den Arm. „Es ist so schön, dich zu sehen", sagt sie zur Begrüßung. Sie brechen gleich zu dem Spaziergang auf, denn sie laufen beide gern, am liebsten im Wald. Hier ist es still und anfangs macht keiner viele Worte. Sie genießen einfach die Natur und die Gesellschaft der Freundin. Nach einer Weile erzählen Sie ein bisschen aus Ihrem Alltag. Sie haben neulich Pfefferminz-Sirup gemacht aus den eigenen Kräutern. Clara findet das spannend und will das Rezept haben. Offensichtlich teilen Sie dieselben Interessen.

Das Gespräch fließt harmonisch. Sie erfahren, dass Clara gerade Ärger mit einer Kollegin im Büro hat. Sie trösten sie so gut Sie können. Im Gegenzug berichten Sie, dass es mit der ältesten Tochter gerade nicht so läuft, sie ist mitten in der Pubertät. Clara hat selbst keine Kinder, hört aber verständnisvoll zu und findet schlichtende Worte. Ihnen beiden geht es besser, nachdem jeder seinen Kummer losgeworden ist und liebevolle Unterstützung gefunden hat.

Und es gibt auch gute Nachrichten: Clara hat vor kurzem eine kleine Erbschaft gemacht. Völlig unerwartet hat ihr ihre Großtante 7.000 Euro hinterlassen. Diese kann sie gut gebrauchen, da ihr altes Auto schon recht klapprig ist. Jetzt kann sie sich endlich einen guten Gebrauchtwagen kaufen. Sie freuen sich ehrlich mit ihr und gehen beschwingt heim. Das war ein richtig guter Vormittag!

Auch für diese beiden Situationen haben wir die Spuren noch einmal zusammengetragen:

Alte Energie	Neue Energie
Zeitmangel, volle Terminpläne, Stress	Zeit, Freiraum für spontane Aktivitäten und Mußestunden
ständig abgelenkt sein	präsent sein
ausnutzen, andere vor den eigenen Karren spannen	Geben und Nehmen sind ausgeglichen
Lügen, Intrigen, Eifersucht, Neid, Hass	Fairness, anderen etwas gönnen, Freude
Streit	Harmonie
Engstirnigkeit, nur eine Meinung zählt	Toleranz
Autorität, Gehorsam: einer dominiert, der andere ordnet sich unter	gleichberechtigtes Miteinander, gemeinsame Interessen

Schöner wohnen: probier's mal mit Gemütlichkeit

In unserem nächsten Beispiel möchten Sie Ideen sammeln, wie Sie wohnen wollen. Dafür kommt Ihnen Ihr Beruf als Journalist sehr gelegen. Für eine Reportage suchen Sie einige Menschen zu Hause auf, um ein Interview mit ihnen zu führen. Sie haben vor, einige vorbereitete Fragen zu stellen, und ganz nebenbei bekommen Sie einen Eindruck von der Wohnung Ihrer Gesprächspartner.

Sie starten am Morgen und fahren in einer Wohnsiedlung zur ersten Adresse. Sie gehen durch den Vorgarten und nehmen die Hecke wahr, die sehr ordentlich geschnitten ist. Der Rasen wurde ebenfalls akkurat gemäht. Schön anzusehen, aber es ist im Prinzip genau wie beim Nachbarn. Sie klingeln und werden eingelassen. Schon bald nehmen Sie in der Küche Platz, die noch so neu aussieht wie im Möbelhaus. In Gedanken fragen Sie sich, ob hier wohl gekocht wird. Im Gespräch mit Herrn Schulz erfahren Sie einiges über seinen beruflichen Erfolg und was er noch so alles vorhat. Sie haben zwar schon einige Male angesetzt, um zu Ihrem Thema zu kommen, doch blieben die Versuche erfolglos. Ihr Gesprächspartner scheint sich selbst gerne reden zu hören. Da Sie etwas von der Wohnung sehen wollen, gehen Sie ins Wohnzimmer und machen es sich auf der Couch bequem. Herr Schulz verspricht, mit einem Kaffee für Sie nachzukommen.

Im Wohnzimmer schauen Sie sich um: ein Glastisch, ein Fernseher und ein Regal, in dem drei Bücher stehen, vermutlich zur Dekoration. Sonst liegt nichts herum, keine Zeitschrift, nichts Persönliches, und abgesehen von der Couch und zwei Sesseln kommt Ihnen die Atmosphäre sehr steril vor. Herr Schulz kommt mit dem Kaffee. Besorgt weist er Sie darauf hin, dass Sie auf einer Designer-Couch sitzen und mit dem Kaffee vorsichtig sein sollen. Als er Ihre Hand auf dem Glastisch liegen sieht, wirft er Ihnen einen ungehaltenen Blick zu. Sie beschließen, die Situation mit Humor zu nehmen. ,Das hinterlässt wohl Abdrücke auf dem Tisch', denken Sie amüsiert. Trotzdem trauen Sie sich kaum noch, den Keks auf der Untertasse zu essen. Wenn jetzt noch ein Krümel auf dem Teppich landet, stürzt das Ihren Gesprächspartner möglicherweise in eine Sinnkrise. Die Stimmung wirkt unterkühlt, der Kaffee ist es auch. Sie verlassen zügig die Wohnung von Herrn Schulz. Von seinen strengen

Benimmregeln fühlen Sie sich so eingeschränkt, dass Sie nicht mehr frei agieren können.

Auf dem Weg zu Ihrem nächsten Hausbesuch ordnen Sie Ihre Gedanken. Welchen Eindruck hat diese Wohnung bei Ihnen hinterlassen? ‚Schön war sie nicht‘, kommt Ihnen in den Sinn. In der Wohnung fehlte Ihnen die persönliche Note, sie wirkte kühl auf Sie. Es war eine Wohnung wie jede andere auch, austauschbar.

Spüren Sie einmal hin, wie es Ihnen ergangen ist. Sie werden feststellen, dass Sie nicht frei und unbeschwert agieren konnten. Die ganze Zeit über hatte Herr Schulz Angst um seinen Besitz. Die Räume sind wohl nicht zum Wohnen da, die Bücher nicht zum Lesen und die Couch nicht zum Sitzen. Doch wozu werden die Dinge angeschafft, wenn sie nicht benutzt werden dürfen?

Gegen Mittag erreichen Sie die nächste Wohnung. Frau Maier öffnet Ihnen die Tür und weist Sie gleich darauf hin, dass es im Flur ein wenig dunkel sei. Die Glühbirne müsse mal gewechselt werden, aber es ginge ja auch so, hören sie Frau Maier sagen. In der Küche liegen auf der Eckbank Kleidungsstücke und Ramsch, der kurzerhand zur Seite geschoben wird. Auf der Fensterbank stehen Porzellanfiguren, an den Wänden hängen Zinnteller, Fotos und silberne Löffel. Jetzt macht sich bei Ihnen der Kaffee vom Vormittag bemerkbar und Sie möchten die Toilette aufsuchen. Dort registrieren Sie, dass die Spülung nicht funktioniert und geben das der Gastgeberin weiter. Sie nickt verständnisvoll und meint, dass der Spülkasten mal erneuert werden müsse. Wenn man aber etwas am Druckknopf rüttle, dann ginge es schon.

Da jetzt Mittagszeit ist, möchte Frau Maier etwas zu Essen kochen. Sie bittet Sie, die Einmachgläser mit dem Nachtisch aus der Speisekammer zu holen. Neugierig öffnen Sie die Tür und stellen fest, dass Sie nicht weiterkommen. Der Weg ist versperrt. Da stehen ein Bügelbrett, eine leere Getränkekiste, alte Handtaschen und so einiges mehr. Kurz entschlossen räumen Sie den Weg frei. Jetzt brauchen Sie einen Moment, um sich zu orientieren. Auf Anhieb ist hier nichts zu sehen. Doch tatsächlich finden Sie nach einigem Suchen im unteren Regal zwei leicht angestaubte Einmachgläser. Stolz kehren Sie damit in die Küche zurück. Sicher können Sie jetzt ein paar Ihrer Fragen loswerden. Aber Frau Maier kramt gerade auf der Suche nach Gewürzen in den Tiefen ihres Küchenschranks herum. An ein ernsthaftes Gespräch ist im Augenblick nicht zu denken.

Stattdessen erzählt Frau Maier von ihrem Mann, der im Keller ein einzigartiges Chaos aus Werkzeug und Schrott gelagert hat. Es grenzt an ein Wunder: Ein anderer findet dort gar nichts, doch ihr Mann bringt nach einigem Suchen die gewünschten Sachen zum Vorschein. Irgendwann wird er sicherlich mal Ordnung schaffen, aber er hat ja nie Zeit. Sie stellen fest, dass Ihnen warm ist, die Luft steht und auf die Frage, ob Sie noch zum Essen bleiben wollen, ergreifen Sie die Flucht.

Wieder im Freien angekommen, atmen Sie erleichtert auf. Hier ist wieder Platz. Es war schon recht beengt bei den Maiers. Nach der zugestellten Fensterbank – die Schränke sahen nicht anders aus – waren Sie froh, nicht den Keller gesehen zu haben. Sie haben auch bemerkt, dass es überhaupt keine Freude macht, Dinge zu benutzen, die nicht funktionieren.

In beiden Wohnungen sind Sie nicht dazu gekommen, Ihr Anliegen zu formulieren beziehungsweise ein konstruktives Gespräch zu führen. Sie waren vielmehr die ganze Zeit mit der Wohnung und den Umständen ihrer Gesprächspartner beschäftigt. Das Gleichgewicht von Geben und Nehmen war nicht vorhanden, es fand kein Austausch statt. Ihre Persönlichkeit wurde Stück für Stück untergraben. In beiden Fällen waren Sie mit fremden Angelegenheiten beschäftigt. Herr Schulz hat

Sie regelmäßig zurechtgewiesen, und Frau Maier hat Sie mit Ihrem Chaos bei der Stange gehalten. Kein Wunder, dass Sie sich sowohl da als auch dort nicht wohlfühlten. Ganz nebenbei floss Ihre gute Energie in den Akku des anderen. Das kommt Ihrem Gesprächspartner sicherlich zugute, Ihnen aber nicht.

Für den Nachmittag haben Sie den letzten Besuch an diesen Tag vereinbart. Frau Lenz freut sich über Ihr Interesse an Ihrem Zuhause und hat zur Begrüßung Tee vorbereitet. Sie sitzen an einem großen Holztisch in der Küche und machen es sich bequem. Während Sie sich umschauen, fällt Ihnen ein Bild mit schönen, warmen Farben auf. Eine tolle Landschaft wirkt auf Sie ein. Als Sie diesen Gedanken laut äußern, erzählt Ihnen Frau Lenz begeistert, dass sie mit Leib und Seele gerne malt. Danach haben Sie Gelegenheit, sich in der Wohnung umzuschauen und Fragen zu stellen. Dass es hier gemütlich ist, haben Sie bereits mit all Ihren Sinnen wahrgenommen. Das Gespräch ist angenehm und es ist fast so, als würden die Worte von alleine fließen. Sie fühlen sich wohl. Die Wohnung wirkt klar und übersichtlich. Zwar passen nicht alle Möbel hundertprozentig zusammen, aber es befinden sich einige Unikate unter ihnen. Frau Lenz hat sie von ihren Reisen mitgebracht, und so haben einige dieser Möbel eine Geschichte zu erzählen. Mit einem Blick auf die Uhr stellen Sie fest, dass schon zwei Stunden vergangen sind – das ging aber schnell. Sie verabschieden sich und fahren ganz beflügelt nach Hause.

Sie stellen für sich fest, dass Unterschiede wirklich bereichern. Über die verschiedenen Eindrücke kommen Sie dem näher, was Sie für sich wollen. Und als Bonus hat sich Ihre Batterie während des Treffens mit Frau Lenz wieder aufgeladen. Auch sie hat sicherlich Energie getankt, denn die Sympathie beruhte auf Gegenseitigkeit. Bei so einem schönen Gespräch muss es einem einfach gut gehen!

Alte Energie	Neue Energie
Standardisierung, sterile Atmosphäre	Persönlichkeit kommt zum Ausdruck
besitzen	benutzen
Monologe	echte Gespräche
strenge Benimmregeln	freies Agieren
Dinge funktionieren nicht	alles ist funktionstüchtig
Anhäufen und Horten unnützer Gegenstände	vorhandene Dinge sind regelmäßig in Gebrauch
Wege sind versperrt	Wege sind frei
Räumlichkeiten sind voll- gestopft und unübersichtlich	Dinge sind übersichtlich und griffbereit aufbewahrt, auch andere finden sich zurecht
permanente Ablenkung durch die Belange anderer	Raum für eigene Angelegen- heiten
Schmutz	Schönheit

Der Arbeitsplatz als Fundgrube

Auf der Suche nach Spuren erweist sich auch der Arbeitsplatz als wahre Fundgrube.

Großes vollbringen im Großraumbüro

Schon die räumliche Gestaltung liefert erste Hinweise auf die neue oder die alte Energie. Sehen wir uns zum Beispiel die Büroräume an. In der Verwaltung einer Maschinenbau-Firma ist jede Etage ein einziges Großraumbüro. Es gibt ein paar Schränke, die als Raumteiler verwendet werden, und einige Mitarbeiter haben Schutz hinter einer Stellwand gesucht. Grundsätzlich aber ist die gesamte Etage offen, abgesehen vom Büro des Bereichsleiters.

Wenn Daniel mit einem Kunden telefoniert, bekommt auch Thomas den Inhalt des Gesprächs mit, obwohl er fünf Tische entfernt sitzt. Zehn Meter weiter steht ein Kopierer. Bettina erstellt dort gerade die Skripte für ihre Präsentation am Donnerstag, und das wird dauern. Thomas versucht, sich auf eine Kalkulation zu konzentrieren. Das fällt ihm schwer, es ist einfach zu laut. Als er es endlich schafft, in die Welt der Zahlen einzutauchen, steht Bettina plötzlich neben ihm und fragt, ob er ihr helfen kann, den Papierstau zu beseitigen? Ja klar, Thomas hilft gern.

Zurück am Schreibtisch versucht er, den Faden wieder aufzunehmen. Wie viel sollte doch gleich die neue Antriebswelle für die Maschine kosten? Er hatte es doch vorhin schon nachgeschaut. Ein blinkender Umschlag auf seinem Bildschirm reißt ihn wieder aus dem Denkfluss. Schon wieder sieben neue Emails. Mal schnell nachschauen, ob etwas Dringendes dabei ist: nein, nur Werbung. Er versucht, sich zu sammeln. Wie hoch war jetzt der Preis für die Antriebswelle?

In diesem Stil geht es weiter, bis es gegen 17 Uhr etwas ruhiger wird im Großraumbüro. Jetzt könnte Thomas anfangen, ernsthaft zu arbeiten. Er war zwar den ganzen Tag beschäftigt, aber die Kalkulation hat er nicht fertig bekommen. Statt sich um das Wichtigste zu kümmern, nämlich um den Leitfaden für seine zukünftigen Aktivitäten, hat er sich von lauter Kleinkram ablenken lassen. Er hat im Laufe des Tages einfach den Überblick verloren.

Sehnsüchtig denkt er an seinen vorherigen Arbeitsplatz. Dort hatte er ein eigenes Büro zusammen mit nur einer Kollegin, es war relativ ruhig und er konnte konzentriert seine Arbeit erledigen. Sein Telefon hatte einen Anrufbeantworter, den er einfach mal für zwei Stunden eingeschaltet hatte, wenn er an einer kniffligen Sache dran war. So war er für eine Weile ungestört.

Obwohl er ein viel größeres Arbeitspensum hatte als jetzt, blieb immer mal wieder Zeit für einen netten Plausch in der Teeküche. Seine Projekte konnte er sorgfältig planen und systematisch abarbeiten. Er hatte einfach alles gut im Blick. Am Ende des Tages ging er meist zufrieden nach Hause, weil er richtig was geschafft hatte. Warum hat er da bloß gekündigt? Die Gehaltserhöhung im neuen Job wiegt den Stresspegel bei weitem nicht auf.

Was begegnet uns hier? Die Mitarbeiter der Maschinenbau-Firma kämpfen jeden Tag gegen widrige Arbeitsbedingungen an. Es herrscht Lärm im Büro, ständig geht jemand am Schreibtisch vorbei. Eine Ablenkung folgt der anderen, weil die Menschen keinen Raum für sich haben. Immer wird ihre eigentliche Arbeit unterbrochen, und es fällt sehr schwer, sich auf etwas zu konzentrieren. Das Gehirn gewöhnt sich daran, immer hin und her zu springen. Die Aufmerksamkeit wandert von einer Kleinigkeit zur anderen, bis der Überblick über das große Ganze verloren geht. So setzen die Mitarbeiter völlig falsche Prioritäten.

Kann das im Sinne des Managements sein? Die Führungsetage behauptet, das Großraumbüro fördere die Kommunikation der Mitarbeiter. Deshalb wird es nicht gern gesehen, wenn jemand aus der Reihe tanzt und sich in einen eigenen Raum zurückzieht. Wenn derjenige aber gute Arbeit leistet und die Ergebnisse mit seinen Kollegen teilt, drängt sich die Frage auf: Worum geht es hier? Geht es darum, dass die Kommunikation fließt und effizient gearbeitet wird? Oder geht es vielmehr darum, Kontrolle auszuüben? Denn wir wissen ja: Wenn alle dasselbe machen, sind die Menschen in ihren Handlungen vorhersagbar und leichter zu steuern.

Halten wir zunächst folgende Spuren fest:

Alte Energie	Neue Energie
Lärm	Ruhe
ständige Unterbrechungen und Ablenkungen	konstruktives Arbeiten
keine Übersicht, falsche Prioritäten	Überblick, klare Prioritäten
kein eigener Raum	eigener Raum, Abgrenzung möglich

Die Chaos-Theorie

Werfen wir einen Blick in eine andere Firma, diesmal eine Werbeagentur. Hier legt man Wert darauf, ein kreatives Image nach außen zu transportieren. Die Agentur wird ja von ihren Kunden für gute Ideen bezahlt. Der Firmengründer Dominique glaubt an das Klischee vom kreativen Chaos, entsprechend ist seine Arbeitsweise. Nicht nur, dass sein Büro voll ist von mysteriösen Stapeln aus längst vergessenen Papieren, er verwirrt auch seine Mitarbeiter, weil er unklare Anweisungen gibt und ständig seine Meinung ändert.

Die Designerin Tina sitzt gerade an einem Entwurf für eine neue Werbeanzeige. Noch bevor sie damit fertig ist, platzt Dominique zur Tür herein: Er hat sich überlegt, dass in der Anzeigenkampagne nun doch kein Landschaftsmotiv abgebildet werden soll. Er hält eine Großstadtszenerie für geeigneter, um potentielle Kunden anzusprechen. „Aber letzte Woche hast du doch im Meeting festgelegt, dass wir das Produkt als naturbelassen und umweltfreundlich verkaufen wollen", sagt Tina verwirrt. „Ich bin fast fertig mit der Anzeige." „Ich habe meine Meinung halt geändert", antwortet Dominique. „Ich bin schließlich der Chef. Was hast du denn bisher entworfen? Lass mal sehen. Nein, das ist sowieso nicht das, was ich im Kopf hatte. Das muss irgendwie anders rüberkommen", kritisiert er. „Was genau meinst du mit irgendwie anders?" fragt Tina. „Keine Ahnung, denk dir halt was aus. Ich muss jetzt los. Ach ja, und ich brauche den neuen Entwurf bis morgen früh", sagt der Chef und verschwindet zur Tür hinaus. Tina seufzt frustriert, ihre Arbeit von zwei Tagen ist für den Papierkorb. Und jetzt soll sie in Windeseile ein komplett neues Design vorlegen. Also sind mal wieder Überstunden angesagt. Eigentlich war sie ja für heute Abend mit ihrer Freundin Anja verabredet. Das Treffen muss sie wohl absagen, wenn Dominique den Entwurf morgen früh haben will.

In dieser Szene bringt der Agenturleiter seine Designerin komplett aus dem Konzept. Zunächst gibt er ihr den Arbeitsauftrag, eine Anzeige mit einem Landschaftsmotiv zu kreieren. Sie gibt sich viel Mühe, den Auftrag gut umzusetzen. Aber inzwischen hat der Chef seine eigenen Ideen schon wieder über den Haufen geschmissen. Damit sind auch seine Arbeitsanweisungen überholt. Offensichtlich geht es auch hier nicht darum, dass sein Team effizient arbeiten kann, denn viele ihrer Arbeiten landen gleich im Papierkorb. Er entzieht seinen Leuten Energie. Nach dem Motto: „Was interessiert mich mein Geschwätz von gestern" ändert er seine Meinung spontan, und alle haben sich danach zu richten. Kennen wir das nicht schon? Es handelt sich hier um das Muster: „Solange Du die Füße unter meinen Tisch stellst ..."

Dominiques Führungsstil ist autoritär. Das hat nicht nur Einfluss auf das Arbeitsklima in seiner Firma, sondern reicht bis in das Privatleben hinein. Denn Dominique erwartet von seinen Mitarbeitern, dass sie ihre Arbeit über alles stellen. Private Termine müssen halt verschoben werden, wenn sie nicht in seinen Zeitplan passen. In letzter Minute ändert er seine Vorstellungen und das Team muss schauen, wie es damit zurechtkommt. Das ganze ist ein Machtspiel. Auf diese Weise kann Dominique sicher sein, ständig im Zentrum der Aufmerksamkeit zu stehen. Denn seine Leute sind immer in Habachtstellung: Was wird sich der Chef als nächstes einfallen lassen? Das Team hat keine Chance, sich im Vorfeld darauf einzustellen. Wäre es im Vorhinein klar gewesen, dass Tina am Mittwoch länger arbeiten muss, hätte sie sich erst für Donnerstag mit ihrer Freundin verabredet. Als Tina aber den Termin kurzfristig absagt, hat sich Anja für Donnerstag schon etwas anderes vorgenommen. In Gedanken wird Tina den ganzen Abend bei ihrem Chef sein. Auch wenn er nicht anwesend ist, ärgert sie sich über ihn und verliert dabei an Energie.

Der Agenturchef ändert nicht nur ständig seine Meinung. Meist hat er selbst nur eine wage Idee von dem, was er eigentlich will. Entsprechend unpräzise sind seine Arbeitsanweisungen. Die Aussage „irgendwie anders" beispielsweise lässt Tina sehr viel Spielraum für Interpretationen. Natürlich kann sie damit wenig anfangen, sie kann den Auftrag auch nicht im Detail klären, denn Dominique nimmt sich keine Zeit dafür. Das ist für ihn sehr bequem: Er entzieht sich der Notwendigkeit, seine Vorstellungen in Worte zu fassen. Seine Mitarbeiterin muss von selbst darauf kommen, was er im Kopf hat. Das wird ihr kaum gelingen, wenn sie nicht hellsehen kann.

Tina sitzt also bis spät in den Abend hinein an den neuen Entwürfen. Sie gibt ihr Bestes, um Dominique zu beeindrucken. Doch am nächsten Tag wirft der Chef nur einen flüchtigen Blick auf ihr Werk. „Na ja, ganz nett, aber da müssen wir später nochmal ran", ist sein einziger Kommentar. Er zeigt weder eine Wertschätzung für Tinas Arbeit noch für ihren Einsatz nach Feierabend. Ihre ganze Mühe läuft ins Leere, sie bekommt keine Anerkennung. Mit anderen Worten: Ihre Energiebilanz ist nicht ausgeglichen. Dominique hat erreicht, dass sie sich ihm und seinen Ideen mit aller Kraft widmet, gibt ihr aber keine Energie in Form eines Lobes zurück. Mit welcher Motivation wird Tina wohl das nächste Projekt angehen?

Sie träumt davon, mit einem Chef zu arbeiten, der Konzepte gemeinsam mit seinem Team entwickelt. Tina ist kreativ und hat oft originelle Ideen für die Werbegestaltung. Wenn sie ihre Vorschläge einbringen könnte, käme das der ganzen Agentur zugute. Schließlich lebt die Werbebranche von frischen Einfällen. Um sich zu entfalten, braucht sie einen Chef, der auch mal zuhört, der wohlüberlegte Entscheidungen trifft, diese klar kommuniziert und zu ihnen steht. Dann könnte sie ihre Arbeit schneller und besser erledigen. Sie hätte wieder

Freude an ihrem Job und sogar ein Privatleben. Aber in der alten Energie wird das wohl ein Traum bleiben.
Achten Sie zukünftig auf die folgenden Spuren:

Alte Energie	Neue Energie
Verwirrung, Wankelmut, wage Anweisungen	Klarheit
autoritärer Führungsstil: Befehle sollen ausgeführt werden, Absprachen nicht möglich	kooperativer Führungsstil: Konzepte werden gemeinsam entwickelt, Team stimmt sich ab
Übergriffe	Abgrenzung
fehlende Anerkennung	Lob für gute Leistungen
Demotivation, Gefühl der Sinnlosigkeit	Freude, Erfüllung

Außer Spesen nichts gewesen

Szenenwechsel: Begeben wir uns auf einen Bauernhof, der sich auf ökologische Landwirtschaft spezialisiert hat. Hier werden Gemüse und Kräuter angebaut. Die meisten Arbeitsprozesse sind nicht automatisiert, denn Bauer Clemens setzt auf Handarbeit. Er hat die beiden Landwirte Toni und Harald eingestellt, die ihn auf dem Hof unterstützen. Die könnten zwar in der konventionellen Landwirtschaft mehr verdienen, sind aber aus Überzeugung bei Clemens eingestiegen. Sie lieben ihre Arbeit, aber Clemens macht es ihnen nicht leicht.

Gestern haben Toni und Harald neue Jungpflanzen in die Erde gesetzt. Auf dem Feld sollte gleich heute ein Bewässerungssystem installiert werden, denn die Pflanzen brauchen jeden Tag Wasser, um sich gut zu entwickeln. Es ist zwar erst Mai, aber für die Jahreszeit sehr trocken. Alles täglich per Hand zu gießen, ist zu aufwändig. Das Projekt wird schnell erledigt sein: Toni und Harald müssen nur ein paar Schläuche durch die Reihen ziehen, sie miteinander verbinden und dann an den Brunnen anschließen. Das Ganze wird an einem halben Tag erledigt sein. Zudem wollte Clemens gestern schon das Material besorgen.

Als Toni und Harald morgens auf den Hof kommen, hat Clemens jedoch einen anderen Auftrag im Kopf. Der neue fahrbare Hühnerstall soll möglichst schnell fertig werden. Die Hühner haben kaum noch Grün in ihrem Auslauf und müssen auf eine andere Wiese umsiedeln. Toni wendet ein, dass sie doch heute die Bewässerungsanlage installieren wollten. „Das muss noch warten", sagt Clemens. Er habe es gestern ohnehin nicht geschafft, die Schläuche zu besorgen. Toni ist besorgt: Die Sonne strahlt wieder vom Himmel, es ist kein Regen für die jungen Pflanzen in Sicht. Aber gut, er wendet sich dem neuen Projekt Hühnerstall zu. Toni und Harald werkeln den ganzen Tag, und abends fehlen nur noch die Räder, um den Hühnerstall an einen neuen Ort zu transportieren. Im Schuppen haben sie zwar noch Reifen gefunden, so wie Clemens gesagt hat, aber die sind leider defekt. Also legen sie die Arbeit für heute nieder. Morgen ist dann endlich die Bewässerung dran.

Doch am nächsten Tag durchkreuzt Clemens erneut ihre Pläne. Er war am Tag zuvor wieder nicht einkaufen. Deshalb schickt er Toni und Harald heute in das Gewächshaus, wo sie das Basilikum umtopfen sollen. Während sich die beiden Landwirte ihrer neuen Aufgabe widmen, lassen die neuen Gemüsepflanzen ihre Blätter hängen und die Hühner scharren unglücklich im Staub. Beide müssen noch warten bis

Clemens sich an sie erinnert. Am dritten Tag staucht der Bauer dann seine Mitarbeiter zusammen: „Warum sehen die Pflanzen so traurig aus? Die hätten doch längst bewässert werden müssen! Kann ich mich denn gar nicht auf euch verlassen?"

So geht es häufig: Der Bauer fängt etwas an und bevor es fertig ist, springt er schon zum nächsten Projekt. Auf dem Hof gibt es lauter Baustellen, nichts wird wirklich fertig. Obwohl alle ständig beschäftigt sind und hart arbeiten, bleibt der Ertrag enttäuschend. Denn Clemens hat einfach keinen roten Faden in seiner Planung und kann Tätigkeiten nicht koordinieren, es fehlt ihm schlicht der Überblick. Kein Wunder, denn er hat viel zu viele Projekte parallel laufen. Sinnvoll wäre es, eine Arbeit zu beenden, bevor die nächste beginnt. Stattdessen lässt er die Projekte in der Luft hängen. Aktionismus ist offensichtlich wichtiger als das Ergebnis, wie uneffektiv das auch sein mag.

Benötigte Arbeitsmittel stellt Clemens entweder gar nicht zur Verfügung oder sie funktionieren nicht. Das kostet seine Mitarbeiter viel Zeit, denn sie müssen häufig improvisieren, um trotz der fehlenden Mittel Dinge zum Laufen zu bringen. So haben Toni und Harald noch alte Schläuche gefunden, die sie für die Bewässerung wiederverwenden können. Einige haben Löcher, andere sind ganz einfach porös, sie verwenden Stunden darauf, die Schläuche zu reparieren. Am Ende schaffen sie es, das junge Gemüse trotz aller Widrigkeiten zu retten, aber alles hat viel länger gedauert als nötig. Hätte Clemens einfach die neuen Schläuche besorgt, wie er es sagte, hätten sie sich viel Zeit und Nerven erspart.

Würde der Chef ihnen die Kompetenz zutrauen, ihre Arbeit selbst zu organisieren und zum Beispiel auch die Einkäufe zu erledigen, wären sie viel produktiver. Toni und Harald sind erfahrene Kräfte, die motiviert sind und wissen, was sie tun. Aber ihre Fähigkeiten kommen nicht richtig zum Tragen, weil der Bauer sich permanent in ihre Arbeit einmischt. Seine eigenen Aufgaben erledigt Clemens gar nicht und behindert durch seine Unzuverlässigkeit die ganzen Abläufe. Wenn aber etwas schief läuft, sind auf einmal seine Angestellten Schuld. Denn das ist ja so viel einfacher, als in die Selbstverantwortung zu gehen. Sich die eigenen Fehler anzuschauen und einzugestehen, kann ganz schön wehtun.

Die alte beziehungsweise neue Energie zeigt sich in den folgenden Spuren:

Alte Energie	Neue Energie
viele Projekte werden parallel begonnen, aber nicht zu Ende geführt	Projekte werden begonnen, stetig umgesetzt und abgeschlossen
Arbeitsmittel fehlen oder sind nicht funktionstüchtig	Arbeitsmittel sind vorhanden und funktionieren
Unverbindlichkeit	Zuverlässigkeit
Schuldzuweisungen	Selbstverantwortung

Familiengeschichten – der ganz normale Wahnsinn

In der Art, wie Familienmitglieder miteinander umgehen, lassen sich ebenfalls viele Hinweise auf die alte beziehungsweise neue Energie entdecken. Dieser Lebensbereich ist besonders wichtig, weil wir als Kind automatisch die Muster der Familie übernehmen, ohne sie zu hinterfragen.

Immer heiter weiter

Klaus und Margit hören lautes Quengeln aus dem Kinderzimmer. Bestimmt ist den Kindern schon wieder langweilig, die zwei können nicht mal fünf Minuten alleine spielen. Klaus sieht kurz zu den Kindern und vertröstet sie: „Ich komme ja gleich. Dann spielen wir zusammen."

Margit muss dieses Wochenende arbeiten und wird zeitnah aufbrechen. In aller Kürze bespricht sich das Ehepaar und geht dann auseinander. Klaus seufzt und begibt sich wieder ins Kinderzimmer. Dieses Wochenende hat er sich viel vorgenommen: Er kümmert sich um die Kinder, den Haushalt und – soweit möglich – um die schriftlichen Angelegenheiten, welche die Woche über liegen geblieben sind. Und am Montag beginnt die Arbeitswoche wieder von vorn.

Tief in seinem Inneren sehnt er sich nach Ruhe. Immer häufiger ist er vollkommen erschöpft. Und doch macht er weiter; er gönnt sich keine Pausen. Das ist das Muster, das er kennt. Funktionieren ist etwas, das er gelernt hat und wirklich gut kann. Dieser Weg ist ihm vertraut. Ihm ist klar, dass es nicht mehr lange so weitergehen kann, doch ihm fehlen die Alternativen.

Klaus wundert sich, dass seine Kinder ständig seine Aufmerksamkeit wollen und sich so wenig miteinander beschäftigen. Wenn er an seine

Kindheit zurückdenkt, sieht er sich häufig allein oder mit seiner Schwester spielen. Warum ist das heute so anders? Mit wem er auch spricht, alle Eltern beklagen sich darüber.

Klaus entgeht, dass die Kinder sein eigenes Energiefeld wahrnehmen und damit seine Unruhe. Stimmungen beziehungsweise die eigene Energie übertragen sich, genauso wie Gefühle. Und welche Stimmungen geben Margit und Klaus an ihre Kinder weiter?

Verfolgen wir den Gedanken weiter: Was geschieht denn im Alltag? Wie konzentriert bleiben wir Erwachsenen bei einer Angelegenheit? Wir lassen uns ständig ablenken: im Supermarkt, am Arbeitsplatz oder im Internet. Unsere Aufmerksamkeit springt von einer Sache zur anderen. Genau das leben wir unseren Kindern vor. Wie sollen sie lernen, sich auf etwas zu konzentrieren, wenn sich in ihrem Umfeld niemand länger mit einer Sache beschäftigen kann? Die Umgebung prägt!

Alte Energie	Neue Energie
ständige Überlastung, keine Ruhephasen, Rastlosigkeit	Work-Life-Balance, Pausen machen
funktionieren	Leben
kurze Aufmerksamkeitsspanne	Aufmerksamkeit auf *eine* Sache richten
Multi-Tasking	eine Sache nach der anderen erledigen

Zuckerbrot und Peitsche

In dem nächsten Fall schauen wir uns eine Partnerschaft genauer an. Wie ist es hier um die Liebe bestellt?

Nach einer heftigen Auseinandersetzung mit Gabi verlässt Peter die gemeinsame Wohnung, er geht laufen. Schon während der ersten Schritte beginnt er, sich abzuregen. In Gedanken lässt er den Streit Revue passieren. Es ist immer dasselbe: Er will ein gemeinsames Wochenende mit seinen Freunden verbringen. Eine schöne Kanutour kommt ihm da gerade recht. Es ist ihm wichtig, auch mal außerhalb der Beziehung etwas zu unternehmen. Doch Gabi ist eifersüchtig. Sie wirft ihm vor, dass er sie am Wochenende vernachlässige. Dann zeigt sie ihre sture Seite und straft ihn mit Nicht-Beachtung.

Peter hat diese Masche satt. Für ihn fühlt sich das Ganze an wie eine nicht ausgesprochene Drohung: „Wenn du nicht tust, was ich sage, dann..."

Er denkt zurück an seine Kindheit, da war es nicht anders. Schon damals bekam er zu hören: „Sei ein guter Junge und räum dein Zimmer auf." Falls er nicht aufräumte, gab es Schelte. Später in der Schule ging es so weiter. Von seinen Eltern kamen ständig Kommandos wie: „Setz dich hin und lern...", „Mach deine Hausaufgaben...", „Bereite dich auf den Test vor." Und dann hatte er dauernd Termine: montags Turnen, mittwochs Gitarrenunterricht und so weiter. Seine gesamte Zeit wurde verplant. Wo war Platz für ihn selbst, für seine Freizeitgestaltung? Es war der reinste militärische Drill. Folgte er den Anweisungen nicht, wurde er zwar nicht unter Arrest gestellt, aber es kam zu Streit und Liebesentzug. Der Hausfrieden hing dann so lange schief, bis er sich wieder fügte. Er wollte es seinen Eltern ja recht machen und sich das Zuckerbrot verdienen. Aber dafür gab es so viele Bedingungen zu erfüllen, dass er kaum atmen konnte. Damit ging es ihm nicht gut. Konnten Sie ihn nicht einfach nur lieb haben? Sobald er mal eine eigene Idee umsetzen wollte, gab es Ärger. Dann bekam er gewissermaßen die Peitsche zu spüren.

Wenn er über sein Leben nachdenkt, sieht er sich in einer Zirkusmanege. Die erste Vorstellung war in seiner Kindheit und die letzte Vorstellung hatte er gerade miterlebt. Es wiederholt sich ständig das gleiche Thema.

Alte Energie	Neue Energie
bedingte Liebe, Liebesentzug	bedingungslose Liebe
Kontrolle, Druck	Freiräume für die Selbstbestimmung
verplante Freizeit	Zeit zur freien Gestaltung

Zwei Freunde

Wie setzen Sie Ihre Prioritäten? Ob Sie Ihre Aufmerksamkeit mehr der alten oder der neuen Energie widmen, wird Ihr Leben entscheidend prägen, wie das folgende Beispiel zeigt.

Der 8-jährige Frank hat sich auf sein Zimmer zurückgezogen. Seine Eltern streiten wieder. Es ist laut, er hat Angst und die Stimmung ist bei allen Beteiligten auf dem Nullpunkt. Sein Vater fehlt ihm und er spürt instinktiv, dass es seiner Mutter genauso geht, sie ist traurig. Sein Vater sagt immer wieder, dass er an seinem Arbeitsplatz viele Überstunden machen müsse und manchmal auch am Wochenende gebraucht würde. Der Lebensunterhalt müsse ja bestritten werden, und das Haus sowie das neue Auto wollen bezahlt sein. Viel weiter voran schreiten solche Gespräche oft nicht, dann ist er wieder müde, gestresst und hat keine Zeit für Diskussionen.

Der kleine Frank beginnt, vor sich hin zu träumen. Wenn er groß ist, möchte er Zeit für seine Familie haben, so viel Zeit, wie er jetzt mit seinem Freund Tim verbringt. Sie spielen Computerspiele, fahren Fahrrad und sind einfach gerne zusammen. Wenn er mal heiratet, will er gemeinsam mit seiner Frau Radtouren unternehmen und mit seinem Kind spielen, genauso wie jetzt mit Tim. Ein harmonisches Miteinander – das ist viel besser als der Streit, den er gerade miterlebt.

Wozu braucht Papa ein Haus, wenn er doch nie da ist? Für Mama und ihn allein ist es viel zu groß. Wenn das Haus kleiner wäre, müsste Papa vielleicht nicht so viel arbeiten und könnte Zeit mit ihnen verbringen. Aber so geht das wohl nicht. Warum hat Papa überhaupt Mama geheiratet, wenn er jetzt keine Zeit für sie hat? Und warum hat er ein Kind bekommen, wenn er immer nur seine Ruhe haben will? Allmählich müde geworden, schläft Frank langsam ein.

Im Schlaf träumt er weiter. Seine Eltern und er sind jetzt Indianer, mit Federschmuck und langen Haaren. Sie sitzen alle zusammen in einem Tipi und wärmen sich am Lagerfeuer. Er sieht Mama endlich mal wieder lächeln und ist glücklich, während Papa Geschichten von der Büffeljagd erzählt.

Alte Energie	Neue Energie
Arbeit und Geld als Prioritäten im Leben	menschliches Miteinander als Priorität
Streit	Harmonie

Das Treffen der Generationen

Um sich entfalten zu können, brauchen Sie Raum. Deshalb beschäftigt sich der nächste Fall mit der Frage: Welcher Raum ist denn Ihr Lebensraum?

Britta und Paul leben gemeinsam in Pauls Elternhaus. Sie haben eine Wohnung im 1. Stock, und seine Eltern, das Ehepaar Fiedler, lebt im 2. Stock. Die Fiedlers sind im Ruhestand. Während Britta und Paul berufstätig sind, ist das Leben von Pauls Eltern zu ruhig. Kommt Britta abends von der Arbeit nach Hause, öffnet sich das Fenster im 2. Stock und Frau Fiedler eröffnet ihren Smalltalk. Britta kommt das meist ungelegen, sie will nach der Arbeit erst einmal verschnaufen und ein paar Dinge erledigen, für die tagsüber keine Zeit bleibt.

So ist das immer, sei es auf dem Weg zum Einkaufen oder wenn sie Freunde besucht. Jeder Gang wird genau abgepasst und kommentiert. Wenn im Frühling die Gartensaison beginnt, macht es Britta und Paul Freude, den Gartentisch und die Stühle aufzustellen. Doch es dauert nicht lange und das Ehepaar Fiedler sitzt auch da, obwohl sie einen eigenen Garten haben, allerdings scheint der wohl längst nicht so interessant zu sein. Viel geselliger ist es doch, Britta und Paul bei der Gartenarbeit zuzusehen. Da kann man Tipps geben, wie man es viel besser macht.

Für Britta und Paul gibt es dabei nichts zu lachen. Sie wollen gern ihrem eigenen Rhythmus folgen. Nach einem Arbeitstag steht ihnen nicht immer der Sinn nach Geselligkeit. Das haben sie mit den Fiedlers besprochen, doch die ignorieren ihre Wünsche.

Die Fiedlers fragen Britta immer wieder gerne aus: Was sie tut, wohin sie will. Ihre Neugier ist unersättlich. Dieses Muster zieht sich durch das gesamte Verhalten der Fiedlers; sie kennen und akzeptieren keine Abgrenzung. Sie möchten gerne die Kontrolle behalten, frei nach dem

Motto: Wer fragt, der führt. Doch wohin soll das führen? Ein Dialog kommt so nicht zustande. Es findet eher ein Verhör statt.

Wie so oft hört Paul, dass seine Mutter mehrmals hintereinander seinen Namen laut durch das ganze Haus ruft. ‚Was sie sich wohl dabei denkt?', überlegt er. ‚Soll ich jetzt sofort durchstarten, alles stehen und liegen lassen und zur Stelle sein?'

Manchmal stehen die Fiedlers auch einfach in der Wohnung von Britta und Paul, als wäre es ihre eigene. Einen Schlüssel haben sie sich unlängst nachmachen lassen, natürlich ungefragt. Sie wollten mal nachschauen, ob alles in Ordnung sei. Dafür könnten Paul und Britta ja dankbar sein.

Als die beiden eines Tages von der Arbeit kommen, ist ihr Garten umgestaltet. Es sei doch so viel schöner, geben die Fiedlers stolz von sich. Als Britta und Paul ungehalten reagieren, fügen sie noch hinzu: „Wir haben es ja nur gut gemeint."

Gut gemeint ist schlecht gemacht. Doch die Fiedlers merken gar nicht, was sie tun. Sie folgen schon ihr ganzes Leben lang einem Muster, das ihnen in Fleisch und Blut übergegangen ist. Ursprünglich haben sie es von ihren Eltern übernommen, die der Kriegsgeneration angehörten. In dieser Zeit waren Grenzüberschreitungen bis weit in die Privatsphäre hinein an der Tagesordnung. Glücklicherweise leben wir nicht mehr in Kriegszeiten. Das Muster der Grenzüberschreitung war schon damals nicht willkommen und hat heute jede Berechtigung verloren. Unsere Generation hat die Möglichkeit, Grenzüberschreitungen zu erkennen und zu beenden. Wir können uns einfach entscheiden, da nicht mehr mitzumachen. Es macht keinen Sinn, dieses Verhalten auch noch an unsere Kinder weiterzugeben.

Wenn Menschen älterer Generationen heute sagen, sie wussten es nicht besser, dann mag das so sein. Wir aber können uns nicht mehr

herausreden. Wir merken, wenn wir die Grenzen einer Person überschreiten, wenn wir jemanden übervorteilen oder sein Vertrauen missbrauchen. Uns geht es damit nicht gut. Und wir können auch keinem
Politiker, dem Chef oder der Angst um den Arbeitsplatz die Schuld
dafür geben. Wir sind es, die handeln, und wir sind es, die dafür die
Verantwortung tragen.

Wo wollen Sie hin in Ihrem Leben? Was wollen Sie der folgenden
Generation hinterlassen? Es nur gut gemeint zu haben, wird nicht
ausreichen. Treffen Sie Ihre Entscheidung aus dem Herzen heraus und
handeln sie entsprechend. Dann kann sich etwas verändern.

Alte Energie	Neue Energie
Grenzüberschreitung	Abgrenzung
blind einem Muster folgen	selbst denken
Kontrolle ausüben	Freiräume lassen
Schuldzuweisungen	Selbstverantwortung

Spurensuche für Einsteiger

Sie kennen nun eine Vielzahl von Spuren, die jeweils auf die alte beziehungsweise auf die neue Energie verweisen und anhand derer Sie eine Situation einordnen können. Dabei ist es wichtig zu wissen, dass die alte oder neue Energie nur selten in Reinform auftritt. In der Regel finden sich an einem Ort oder in einer Konstellation Elemente beider Energien. Die Frage ist, welche Energie überwiegt und wie Sie sich insgesamt in der Situation fühlen. Ist es im Großen und Ganzen stimmig, dann können Sie über einige kleine Spuren der alten Energie hinwegsehen. Fühlen Sie sich aber sehr unbehaglich, obwohl es ein paar Lichtblicke der neuen Energie gibt, sollten Sie lieber das Weite suchen.

Um die alte und neue Energie zielsicher aufzuspüren, bedarf es ein wenig der Übung. Denn wie schon erwähnt, sind wir in der Regel sehr tief mit dem bestehenden System verwoben.

Die Sinne wecken

Von Natur aus verfügen Sie über sehr zuverlässige Sensoren, um die Energie an einem Ort wahrzunehmen: Ihre fünf Sinne. Sie brauchen sie nur einzuschalten, wenn Sie sich auf Spurensuche begeben!

Die Sinne haben Ihnen schon als Kind dabei geholfen, Ihre Umgebung zu entdecken. Denken Sie daran, wie Sie am besten lernen konnten: Der Lehrer erklärt eine Rechenaufgabe, Sie hören seine Worte und bekommen über die Ohren eine Information vermittelt. Während er spricht, schreibt er die Aufgabe an die Tafel. Sie sehen den Rechenweg vor sich und notieren ihn in Ihr Heft. Über das Schreiben aktivieren Sie das Fühlen. Zusätzlich nehmen Sie noch Ihre Finger zur Hilfe, um einen besseren Bezug zu den Zahlen an der Tafel zu bekommen. So haben Sie bereits drei Ihrer Sinne angesprochen. Wenn der Lehrer nur erklärt und kein Tafelbild erstellt, das Sie abschreiben können, ist es sehr viel schwieriger, die Rechenmethode zu verstehen.

Sobald Kinder einen neuen Gegenstand sehen, zum Beispiel einen kleinen Ball, nehmen sie ihn in die Hand. Das ist eine ganz natürliche Reaktion. Über den Tastsinn erfasst das Kind eine Vielzahl von Informationen: Ist der Ball weich oder hart? Lässt er sich zusammendrücken? Wie ist die Oberfläche beschaffen? Ist er schwer oder leicht? Der Ball wird auch über den Geschmackssinn erforscht: Wie schmeckt er, wenn man daran leckt? Kann man ihn vielleicht sogar in den Mund stecken? Weiter geht es mit dem Geruch: Wie riecht der Ball, nach Gummi oder Leder? Oder hat er den Geruch einer bestimmten Umgebung angenommen? Und zu guter Letzt wird das Geräusch geprüft, das er macht, wenn er auf den Boden fällt. Vielleicht ist sogar ein Glöckchen darin versteckt, das klingelt, wenn man den Ball bewegt. Indem das Kind all seine Sinne einbezieht, hat es am Ende ein sehr vollständiges Bild von dem neuen Gegenstand bekommen – sehr viel ausführlicher, als wenn es den Ball nur mit den Augen erforscht hätte.

Als Erwachsener können Sie an diese Sinneserfahrung aus Ihrer Kindheit anknüpfen. Wir, die Autoren, haben uns diesen Zugang beim Reisen wieder erschlossen. Wenn wir in einer fremden Umgebung sind, fallen viele der vertrauten Kriterien weg, anhand derer wir normalerweise eine Situation einschätzen. Mit anderen Worten: Wir können die Dinge nicht einfach in die gewohnten Schubladen stecken, sie passen da nicht hinein.

Gehen wir in einer asiatischen Großstadt die Straße entlang, strömt eine Vielzahl neuer Eindrücke auf uns ein. Am Straßenrand steht ein Händler, der Mangostin-Früchte verkauft. Sie verströmen einen süßlichen Geruch. Sind die Früchte faul oder ist das einfach ihr charakteristisches Aroma? Mit dem Riechen allein kommen wir hier nicht weiter.

Wir kaufen einige Mangostin und probieren: Die Früchte sind nicht nur genießbar, sie schmecken überraschend gut. Wir kannten die Mangostin vor unserer Reise nicht, konnten also nicht auf erlerntes Wissen zugreifen. Erst über unseren Geruchs- und Geschmackssinn sind wir zu einer Einschätzung gelangt.

Genauso geht es uns, wenn wir die Straße überqueren. Es herrscht Linksverkehr und unser Gehirn ist erst einmal verwirrt: Aus welcher Richtung kommen die Autos? Wir stehen am Rande einer vierspurigen Straße, und es wimmelt vor Mofas, Autos und LKWs. Zwar gibt es einen Zebrastreifen, aber der ist wohl nur zur Zierde da, kein Fahrzeug hält davor an. Da hilft nur: Augen auf, um eine Lücke im Verkehr zu entdecken, und Ohren gespitzt, um nebenbei noch das Fahrrad wahrzunehmen, das auf der falschen Straßenseite unterwegs ist und direkt auf uns zufährt. Am besten ist es, sich in den Rhythmus des Straßenverkehrs einzufühlen: Wir nehmen Blickkontakt zu den Fahrern auf. Auf diese Weise werden wir besser wahrgenommen und die Fahrzeuge verlangsamen ihr Tempo, wenn wir die Straße betreten. Irgendwie ist das Gehirn in der Lage, die Abstände zu den vielen Fahrzeugen richtig einzuschätzen, und wir erreichen die andere Straßenseite, obwohl es nicht wirklich Lücken im tosenden Verkehr gab.

Das funktioniert nur, wenn alle Sinne hellwach sind. Wir konzentrieren uns völlig auf das, was uns gerade umgibt. Das Wissen von daheim (Autos halten vor dem Zebrastreifen an) bringt uns nicht weiter. Wir können die Lage nur über unsere Sinne beurteilen. Was riechen, hören, sehen, fühlen und schmecken wir in diesem Augenblick? Welche Informationen können wir sammeln und wie fügen wir diese zu einem Gesamtbild zusammen? Wir sind auf uns allein gestellt, niemand hat uns gesagt, wie wir uns in dieser Situation verhalten sollen. Stattdessen machen wir eigene Erfahrungen. Indem wir unsere Sinne einschalten, übernehmen wir die Verantwortung für unser Tun. Wir treffen eine Entscheidung und handeln selbstbestimmt. Mit anderen Worten: Wir sind in der neuen Energie.

Was passiert dagegen in unserer vertrauten Umgebung? Zuhause gibt es nicht mehr so viele Überraschungen. Wir haben für die meisten Situationen eine Schublade eingerichtet und packen alles ordentlich dort hinein. Wir wissen bereits, wie die Dinge aussehen, riechen und schmecken, deshalb schalten wir die Sinne auf Stand-by. Nur wirklich große Veränderungen dringen zu unserem Bewusstsein durch. Die feinen Unterschiede in der Energie bleiben dagegen unbemerkt. Wenn unsere Sinne nicht wach sind, handeln wir nach den vertrauten Mustern. Dann sind wir oft wie ferngesteuert.

Diese Tatsache machen sich große Unternehmen aus Industrie und Handel gern zunutze. Denken Sie noch einmal an das Beispiel aus dem Supermarkt. Erinnern Sie sich an die vielen Werbebotschaften an den Regalen. Zusätzlich hallte eine Dauerberieselung aus Musik und Durchsagen aus den Lautsprechern. Sie fanden sich schlecht zurecht, weil die Wege unklar waren und die Anordnung der Ware verwirrte. An einem solchen Ort werden die Sinne systematisch blockiert: Unsere Augen und Ohren werden mit Informationen überschüttet, unser Orientierungssinn geschwächt. In großen Kaufhäusern gelangen Sie am Eingang meist als erstes in die Parfüm-Abteilung. Zufall oder wird hier Ihr Geruchssinn bewusst durcheinander gebracht?

Wenn wir nicht mehr mit unseren Sinnen in Verbindung stehen, sind wir leicht zu manipulieren. Das bedeutet, wir kaufen Dinge, die wir nicht brauchen, und nehmen Informationen auf, die keinen Wert für uns haben. Wir folgen einfach dem vorgegebenen Weg, weil wir den eigenen nicht mehr finden. Anders formuliert: Wir verweilen in den gewohnten Mustern der alten Energie, weil der Zugang zur neuen blockiert wird.

Leitfaden für Alltagssituationen

Was können wir also tun? Wir müssen mit wachen Sinnen durch den Tag gehen. Schauen Sie sich beliebige Situationen an, denen Sie im Alltag häufig begegnen. Fangen Sie mit kleinen Dingen an, das kann zum Beispiel der Gang in die benachbarte Bäckerei sein: Was begegnet Ihnen dort? Riecht es nach frischen Brötchen oder nach abgestandener Luft? Wirkt der Laden gepflegt? Wie werden Sie begrüßt?

Um Ihnen den Einstieg zu erleichtern, haben wir einen kleinen Leitfaden mit Fragen und den wichtigsten Spuren zusammengestellt, den Sie auf typische Alltagssituationen anwenden können. Scheuen Sie sich nicht, ihn beliebig zu ändern, zu erweitern und Ihre eigenen Fragen zu stellen. Sie werden sehen: Mit ein bisschen Übung werden Sie viele Dinge in neuem Licht betrachten!

Fragen zu den Sinneseindrücken

1. Was sehen meine Augen? Sehen sie Schönheit und Harmonie? Ist es hier schmutzig oder vollgestopft?
2. Was hören meine Ohren? Ist die Geräuschkulisse angenehm oder fühle ich mich gestört und abgelenkt? Kann ich bei meinen Belangen bleiben?
3. Was riecht meine Nase? Steht hier die Luft im Raum oder ist es stickig? Ist der Geruch angenehm oder stinkt es? Kann ich durchatmen?
4. Was schmeckt mein Gaumen? Schmeckt die Tomate sonnengereift oder ist sie eine fade Treibhausfrucht? Bin ich ein Freund guten Geschmacks? Wie spiegelt sich das beim Essen wider? Ist mein Mittagessen ein Genuss oder schlinge ich es schnell im Stehen herunter?

5. Wie fühlt sich etwas an? Liegt mein Arbeitswerkzeug gut in der Hand? Hinterlässt mein neuer Pullover ein gutes Gefühl auf der Haut?

6. Wie ist mein erster Eindruck? Was sagt mein Bauchgefühl? Gibt es mir ein gutes Gefühl, an diesem Ort zu sein oder dieses Gebäude zu betreten? Fühle ich mich wohl dabei, diese Person zu treffen oder jene Veranstaltung zu besuchen?

Weitere Fragen, die Sie sich stellen können:

1. Geht mir etwas leicht von der Hand?

2. Sind Dinge kaputt oder fehlt ständig etwas?

3. Stehe ich permanent unter Zeitdruck?

4. Komme ich in einem Gespräch zu Wort? Gibt es Raum für meine Belange oder redet jemand ununterbrochen auf mich ein? Fühle ich mich wie in einem Verhör?

5. Fühle ich mich frei und ungezwungen oder klein und gehemmt? Muss ich mich präsentieren oder kann ich so sein, wie ich bin?

6. Werden abweichende Ansichten toleriert? Wird meine Meinung geschätzt? Kann ich die Wahrheit offen aussprechen?

7. Werden gemeinsam Lösungen gefunden oder bestimmen Einzelne, wo es langgeht?

8. Sind Termine verbindlich? Kann ich auf Absprachen vertrauen? Kann ich mich auf andere verlassen?

9. Werde ich abgefertigt oder als Mensch wahrgenommen?

10. Werde ich als Kunde geschätzt, beschäftigt oder hängen gelassen? Sind Mitarbeiter für mich als Kunden da?

Spuren der alten Energie

- Schmutz

- alles wirkt lieblos, durcheinander und vollgestopft

- Werkzeuge/Arbeitsmittel sind knapp und funktionieren nicht

- Wege sind versperrt

- kein Überblick, viele unfertige Projekte

- Verbissenheit, Dinge gehen schwer

- Lärm

- Streit und Konflikte

- Lügen, Intrigen, Eifersucht, Hass, Neid

- Ausnutzen, andere Menschen vor den eigenen Karren spannen

- Ablenkungen und Grenzüberschreitungen

- Autorität, Machtspiele, Engstirnigkeit

- Verwirrung und Unzuverlässigkeit

- ständig beschäftigt sein, Hektik, Stress, Zeitmangel

- Standardisierung

- Schuldzuweisungen

Spuren der neuen Energie

- Schönheit

- Sauberkeit und Sorgfalt

- alles ist vorhanden, gut organisiert und funktioniert

- freie Wege

- Überblick; bei *einer* Sache bleiben

- Leichtigkeit

- Ruhe

- Harmonie

- Freude

- Wahrheit

- Menschen unterstützen sich

- eigener Raum

- Toleranz und Gleichberechtigung

- Klarheit, Verbindlichkeit

- Zeit haben

- Persönlichkeit

- Selbstverantwortung

Praxisarbeit mit den Spuren

Wie arbeiten Sie nun mit den Leitfragen und den Spuren? Wenn Sie sich erschöpft und energielos fühlen, kann das mit dem Ladezustand Ihres Akkus zusammenhängen. Da macht es Sinn, sich rückwirkend auf Spurensuche zu begeben. Betrachten Sie die letzten Tage oder Stunden: In welcher Situation haben Sie sich wohlgefühlt und in welcher nicht? Was hat Energie gekostet und wo haben Sie Kraft getankt? Nehmen Sie die Leitfragen und die Spuren zur Hand und beginnen Sie mit den Ermittlungen.

Vielleicht kommen Sie nicht direkt beim ersten Versuch zu einem Ergebnis, aber Sie haben wertvolle Beobachtungen gemacht. Spätestens wenn sich bestimmte Anhaltspunkte wiederholen, haben Sie eine Spur. So manches Mal ist Energieraub ein schleichender Prozess. Zu Beginn verlieren Sie kaum Energie, doch je öfter eine Situation auftaucht, desto deutlicher wird der Vorgang.

Die Rockband „Frei.wild" hat einen Song mit der Botschaft: *„Mach dich auf! … Denn wenn du immer alles hinnimmst, nehmen Dinge ihren Lauf."*[7] Das haben sie sehr treffend formuliert. Denn meist sind Sie damit beschäftigt, auf äußere Einflüsse zu reagieren, statt selbst zu agieren. Sie verbringen viel Zeit damit, die „alte Energie" zu bedienen. Damit geben Sie einen guten Anteil Ihrer Lebenszeit und Arbeitskraft ab. Wofür das alles?

! **Stellen Sie sich vor, welches Potenzial an Zeit und Kraft für Sie frei wird, wenn Sie sich der neuen Energie zuwenden.**

---

[7] Vgl. Frei.wild: *„Mach dich auf"*. Von Philipp Burger. *„Feinde deiner Feinde"*. Rookies & Kings (Soulfood), 2015. CD.

Doch bevor wir uns die neue Energie ansehen, setzen wir uns noch einmal mit der alten auseinander, denn wir möchten wissen, was dahintersteckt. Warum und für wen ist es so wichtig, die althergebrachten Verhaltensweisen anzuwenden? Bildlich gesprochen begeben wir uns auf die Suche nach dem Tatmotiv.

Die Mechanismen der alten Energie

Sie wissen nun, wie und wo sich die alte Energie in unserem Alltag zeigen kann. Wenn eine Situation von dieser Energie geprägt ist, mögen zwar Elemente der neuen Energie zaghaft durchscheinen, doch in der Regel zieht sich das Muster der alten Energie konsequent durch. Mehr noch: Sie wirkt wie ein Sog, der alles in der Umgebung mit in seinen Strudel zieht, und es ist schwer, sich davon nicht mitreißen zu lassen.

Dieser Effekt lässt sich häufig bei Gesprächen beobachten: Erzählt eine Person von einer negativen Erfahrung zum Beispiel mit einer Autowerkstatt, nehmen andere den Faden auf und berichten ihrerseits von ähnlichen Erlebnissen. Auf diese Weise geraten alle in einen Strudel aus negativer Energie, der sich immer schneller dreht. Jede weitere Geschichte bewirkt, dass der Strudel an Kraft gewinnt.

Warum entsteht diese Sogwirkung? Was macht die alte Energie so erfolgreich, dass sie sich durch große Teile der Gesellschaft hindurchzieht? Sehen wir uns genauer an, welche Mechanismen in der alten Energie zum Tragen kommen. Wenn wir erst einmal begreifen, wie die Sogwirkung entsteht, ist es leichter, ihr zu widerstehen. Wir können dann gezielt anders handeln oder eine Situation verlassen.

! Die alte Energie stützt sich im Wesentlichen auf vier Prinzipien: den Gruppenzwang, den Mangel, die Angst und ein geringes Selbstwertgefühl.

Der Gruppenzwang

Alle machen das Gleiche

Alle machen das Gleiche – zu dieser Erkenntnis sind wir bereits in dem Kapitel über die Muster gelangt. Der Großteil der Gesellschaft folgt einem großen Lebensmodell: Wir gehen zur Schule, absolvieren eine Ausbildung oder ein Studium und treten unseren ersten Job an. Wenn alles läuft wie geplant, folgen nach einigen Jahren eine Hochzeit sowie die Familiengründung.

Wir arbeiten das ganze Jahr über in einer 40-Stunden-Woche, nur unterbrochen von 5 bis 6 Wochen Urlaub im Jahr. In diesem erledigen wir dann all die Dinge, die sonst liegen bleiben. Die restlichen Tage stehen wir im Stau auf der Autobahn und legen uns an einen überfüllten Strand, denn wir können ja nur während der Ferienzeit weg. Nebenbei konsumieren wir fleißig: Die Kinder brauchen ein neues Notebook für die Hausaufgaben, die Couch zeigt erste Verschleißerscheinungen und die Heizungsanlage muss erneuert werden. Das kostet alles Geld und auch die Schulden für Haus und Auto müssen noch abbezahlt werden. Also drehen wir uns immer schneller im Kreis, um immer mehr Geld zu verdienen.

Zu allem Überfluss gibt es auf der Arbeit einen neuen Kollegen, der sich richtig ins Zeug legt. Jetzt gilt es, noch mehr Überstunden zu machen, damit wir bei der nächsten Beförderung nicht übergangen werden. Wir dürfen uns nur nicht eingestehen, wie erschöpft wir sind, weil dann das ganze Kartenhaus zusammenbricht. Doch wegen der ganzen Überstunden wackelt die Ehe und für Hobbys bleibt sowieso keine Zeit mehr. Bis zur Rente sind es noch zwanzig Jahre. Irgendwann stellt sich zwangsläufig die Frage: War das jetzt alles? Wofür eigentlich diese ganze Plackerei? Geht es nach der Pensionierung direkt ins

Altersheim und war es das dann auch bald? – Das ist doch nicht wirklich der Weg, von dem Sie geträumt haben. Sie sind gescheitert, weil Sie den falschen Werten folgten.

Unser Lebensmodell beruht auf Leistungsdruck und Wettbewerb. Der Wert eines Menschen bemisst sich in erster Linie nach dem Einkommen. Man muss produktiv und effizient sein, kürzer treten ist nicht vorgesehen. Ein Blick auf die Gesellschaft zeigt, dass dieses Modell vielen von uns nicht mehr taugt. Burnout ist zur Volkskrankheit geworden, das unbegrenzte Wirtschaftswachstum hat Mensch und Umwelt an die Belastungsgrenze geführt. Wer nicht mehr mitlaufen kann oder will, ist nach ökonomischen Kriterien nichts mehr wert und wird ausgegrenzt. Ursprünglich war die Wirtschaft für den Menschen da, heute scheint es umgekehrt zu sein.

Menschen tragen oft zwei Befindlichkeitsebenen in sich: An der Oberfläche ist scheinbar alles gut, doch darunter schwelen oft verdrängte Sehnsüchte und Erschöpfung. Diese schichten sich wie Bücher übereinander, bis der Stapel eines Tages ins Wanken gerät und einbricht.[8]

! Genauso geht es im Großen: Nach dem Muster der alten Energie wird unsere Gesellschaft nicht mehr lange funktionieren.

Inzwischen brechen viele Menschen unter den Anforderungen der ewigen „Schneller-Weiter-Höher-Kultur" zusammen. Noch hält das Gerüst, aber wenn immer mehr tragende Stützen einknicken, kommt

---

[8] Vgl. George, Nina: *„Das Lavendelzimmer"*. München 2013.

irgendwann der kritische Punkt, an dem das Gesamtgebilde einstürzen wird. Dieser Zusammenhang ist vielen Menschen klar und doch gibt es bislang keine Kehrtwende. Das System hat eine Eigendynamik, der wir nun auf den Grund gehen.

Die Sogwirkung der Gruppe

Wir haben bereits gesehen, dass Gruppen ein eigenes Energiefeld generieren. Stimmungen und Verhaltensweisen übertragen sich von der Gruppe auf den Einzelnen. Das Meeting rund um die schlechten Verkaufszahlen (siehe Seite 36) war ein Beispiel dafür. Schon energetisch gesehen ist es sehr schwierig, sich diesem Sog zu entziehen, da wir uns dem Energielevel innerhalb einer Gruppe automatisch anpassen.

Betrachten wir die Entwicklungsgeschichte eines Menschen, werden die Ursprünge der Gruppendynamik noch deutlicher: Zu Beginn unseres Lebens sind wir von der Familie abhängig. Kinder sind noch nicht in der Lage, sich selbst zu versorgen. Die Gruppe, in diesem Fall die Familie, bietet Schutz, Kleidung und Nahrung. Auf diese Weise sichert sie das Überleben der Neugeborenen und Kleinkinder. Diese machen wiederum die Erfahrung, dass sie in der Gruppe sicher sind und versorgt werden.

Hinzu kommt, dass Kinder durch Nachahmen lernen. Sie imitieren das Verhalten ihrer Eltern und anderer Bezugspersonen, zunächst ohne es zu hinterfragen. Wenn sie sich so verhalten, wie alle anderen es tun, bekommen sie die Zustimmung der Gruppe, wenn nicht, ernten sie Kritik. Allmählich gelangen sie zu der Erkenntnis: Wenn ich mich anpasse, werde ich mit (sozialer) Anerkennung belohnt.

Dieser Mechanismus greift später auch im Berufsleben. Gerade Großunternehmen haben oft eine ausgeprägte Unternehmenskultur mit eigenen Regeln und Wertevorstellungen. Wer sich als Mitarbeiter gut in diese Kultur einfügt und seinem Unternehmen gegenüber loyal ist, kann mit einem guten Gehalt und Sozialleistungen rechnen. Wer seine eigenen Ideen durchsetzen will, hat es eher schwer, hier Karriere zu machen. Am Ende machen wieder alle das Gleiche.

! **Sobald wir eigenen Vorstellungen folgen, die nicht mit dem üblichen Verhalten der Gruppe in Einklang stehen, stoßen wir auf Widerstand.**

Gehen wir einen anderen Weg, verlieren wir die Bestätigung für unser Handeln und unsere Entscheidungen, und so wird unser Wunsch nach sozialer Anerkennung nicht erfüllt; wir büßen gegebenenfalls an Status und Ansehen ein. Hierfür genügt es bereits, andere Wertevorstellungen zu haben.

Stellen Sie sich einen Unternehmensberater vor, der einen alten, etwas zerbeulten Wagen fährt. Er legt keinen Wert darauf, ein schickes Auto zu besitzen, es muss nur zuverlässig sein. Er gibt sein Geld lieber für Reisen in exotische Länder aus. Das wissen natürlich potenzielle Auftraggeber nicht, wenn er das erste Mal vor ihrem Firmengebäude parkt. Sie denken: „Der Kerl kann nicht viel taugen. Wenn er erfolgreich wäre, hätte er einen anständigen Wagen." Wenn er dann noch in Jeans statt im Anzug den Raum betritt, ist das Akquisegespräch schon gescheitert, bevor es begonnen hat.

Noch deutlicher wird der Widerstand der Gruppe, wenn es offene Meinungsverschiedenheiten gibt. Martina arbeitet in einem Versicherungskonzern und bekam vor zwei Jahren eine neue Abteilungsleiterin. Als weibliche Führungskraft wurde sie in dem konservativen Unternehmen ohnehin misstrauisch beäugt. Dann begann sie, Traumreisen mit ihren Mitarbeitern zu machen. Das Team fühlte sich wohl damit, verrichtete gute Arbeit und in der Abteilung stieg die Produktivität. Nach einer Weile erfuhr das obere Management von den neuen Methoden in der Abteilung. Trotz der guten Ergebnisse überstand die neue Abteilungsleiterin ihre Probezeit nicht und musste nach sechs Monaten gehen. Ihr Führungsstil passte einfach nicht zum Unternehmen. Sie hatte das Energiefeld der Gruppe gestört. Das konservative Management wollte seinen Besitzstand wahren und an den althergebrachten Methoden der Unternehmensführung festhalten.

Andersdenkende können ein ganzes System zum Einsturz bringen. Sie entziehen sich den etablierten Kontrollmechanismen, denn die Unternehmensspitze kann ihr Handeln nicht einschätzen oder vorhersagen. Deshalb werden Menschen, die von den Prinzipien der Gruppe abweichen, nicht in den eigenen Reihen akzeptiert und müssen die Firma verlassen. Das allgemein anerkannte Muster, der Gruppe zu folgen, ist ein sehr starker Trieb. Unbewusst sind die Gruppenangehörigen davon überzeugt, dass nur das alte Muster ihr Überleben sichert. Und da sich alle in der Gruppe auf eine bestimmte Weise verhalten, tun Sie es auch. Sobald jemand aus dem Gewohnten ausbricht, wird die Gruppe Druck ausüben. Um diesen Druck zu vermeiden, kehren die Gruppenmitglieder gern Dinge unter den Teppich. „Was sollen denn die Leute denken", ist ein beliebter Satz in diesem Zusammenhang. Wenn etwas im Leben des Einzelnen nicht den Vorstellungen der Gruppe entspricht, wird es gern vertuscht. Es gilt, den Schein zu wahren, oft um jeden Preis.

Ein Ehepaar bleibt in seinem viel zu großen Haus wohnen, das es sich eigentlich von ihrem Gehalt nicht mehr leisten kann. Statt in eine günstigere Wohnung zu ziehen, sparen sie lieber bei der Ernährung. Sie wollen sich das Gerede der Nachbarn ersparen. Die wissen ja nicht, dass sie hauptsächlich billige Konserven essen; die Nachbarn sehen nur das, was im Außen ist, nämlich das Haus. Fatal wird es, wenn nicht nur das

Ehepaar selber, sondern auch dessen Kinder unter der schlechten Ernährung leiden. Später heißt es dann: „Es war doch nur zu deinem Besten." Nein, das war es nicht. Hier wurden die Wertevorstellungen der Gruppe über das Wohlergehen der eigenen Kinder gestellt.

Den eigenen Weg gehen

Menschen, die dem Muster der alten Energie nicht mehr folgen möchten, werden in ihrem Umfeld mit Abwehrreaktionen konfrontiert. Grundsätzlich haben diese Menschen es oft schwer, ihre Bedürfnisse verständlich zu machen beziehungsweise ihren Platz zu finden, da sie von der breiten Masse nicht verstanden werden und ihre besonderen Talente keine Anerkennung finden. Bleiben Sie in einem Umfeld, das von alter Energie geprägt ist, werden Sie kaum in die Selbstentfaltung gelangen.

Es geht nicht darum, alles zu verteufeln, was aus der Gesellschaft, der Familie oder der Firma kommt. Aber:

! **Wir sollten uns frei entscheiden können, welche Überzeugungen der jeweiligen Gruppe uns dienen und welche uns in unserer eigenen Entwicklung behindern.**

Das bedeutet, Sie müssen selbst die Verantwortung für Ihr Leben übernehmen und eigene Entscheidungen treffen, statt der Gruppe blind zu folgen. Wenn Ihnen das Spiel nicht mehr zusagt, steigen Sie aus und stellen Ihre eigenen Regeln auf, damit es Ihnen wieder gut geht. Das ist nicht egoistisch, sondern schlicht notwendig. Denn am Ende kommt es auch der Gesellschaft wieder zugute, wenn Sie Ihren individuellen Weg gefunden haben.

! Wir brauchen dringend Vorreiter, welche die neue Energie vorleben, die gut mit sich umgehen und eine Alternative zu unserem überholten Lebensmodell schaffen.

Es sind Freidenker, Freigeister, die sich gegen die Konventionen der Gruppe stellen. Aus dem etablierten System werden keine Lösungen für unsere Zukunft kommen. Im Gegenteil: Die Weltwirtschaft hält eisern an dem Prinzip des unbegrenzten Wachstums fest, obwohl längst klar ist, dass unsere Rohstoff-Vorräte und Umweltressourcen zur Neige gehen, ganz zu schweigen von der menschlichen Belastungsfähigkeit.

Der Ökonom und Universitätsprofessor Tim Jackson hat am eigenen Leib erfahren, wie vehement der Widerstand gegen ernsthafte Reformgedanken ausfallen kann. Er wurde von der britischen Regierungskommission für Sustainable Development beauftragt, für das Jahr 2009 eine Studie über den Zusammenhang von Nachhaltigkeit und Wirtschaft auszuarbeiten, in der er das Konzept des unbegrenzten Wachstums in Frage stellte. Bereits vor der Veröffentlichung wurde er mehrfach ersucht, den Wachstumsaspekt nicht mit in seine Studie einfließen zu lassen. Er tat es dennoch und binnen eines Jahres war die Regierungskommission für Nachhaltigkeit bereits wieder aufgelöst. Niemand wollte hören, dass Wachstum endlich sei und viele der aktuellen Probleme in der Weltwirtschaft verursacht hat.[9]

Anstatt sich für neue Konzepte zu öffnen, intensivieren Unternehmen wie Regierungen ihre Anstrengungen, das alte System trotz aller

---

[9] Vgl. Jackson, Tim: *„Wohlstand ohne Wachstum"*. München 2011.

Hindernisse aufrecht zu erhalten. Dieser Kraftakt bringt uns keine Lösungen, sondern verstärkt lediglich den Strudel der alten Energie und führt schneller ins Verderben.

! **„Alle machen das Gleiche", zu diesem Grundsatz**
• **gesellt sich das Prinzip: „Mehr von demselben. "**

Sehr schön lässt sich das bei den Einkaufszentren auf der „grünen Wiese" beobachten. Wird ein solches Gebiet neu erschlossen, lassen sich ein Discounter, ein Supermarkt, ein Getränkeshop, eine Drogerie sowie ein Laden mit Ein-Euro-Artikeln dort nieder. Ist der Standort günstig und werden die Einkaufsmöglichkeiten gut angenommen, gesellen sich nach und nach weitere Geschäfte hinzu. Diese ergänzen nicht etwa das Angebot, sondern bieten ein sehr ähnliches Warensortiment wie die bereits vorhandenen Läden, und so nehmen sich alle gegenseitig die Kunden weg. Ein Bio-Supermarkt oder eine Bäckerei wären eine sinnvolle Ergänzung, aber alle machen dasselbe. Aus Kundensicht gibt es keinen Mehrwert.

Hinzu kommt, dass das ganze Gebiet nun sehr unübersichtlich geworden ist. Auf den Parkplätzen herrscht Durcheinander, es ist nicht mehr praktisch, dort einzukaufen, sondern mühsam. Zwar fällt das vielen Kunden auf und sie beschweren sich darüber, dass überall dasselbe angeboten wird, doch statt das eigene Verhalten zu ändern und einfach woanders einzukaufen, fügen sie sich in ihr vermeintlich unabwendbares Schicksal. Sie folgen ihrer antrainierten inneren Einstellung („Da kann man nichts machen...") sowie dem Gruppenverhalten („Alle kaufen hier ein...") oder der Macht der Gewohnheit. Vielleicht sind sie auch einfach zu erschöpft, um sich über Alternativen Gedanken zu machen. Nur die Freigeister unter den Kunden entscheiden sich schließlich dafür, ihre

Besorgungen dort zu machen, wo sie sich wohlfühlen und dadurch ihre persönliche Situation verbessern.

Statt „mehr von demselben" sind originelle Ideen gefragt, auch seitens der Wirtschaft. Kleine, findige Unternehmer sind auf diesem Gebiet Vorreiter: der Tante-Emma-Laden, der seinen älteren Kunden bei den Einkäufen hilft und diese sogar zum Auto bringt, die Bäckerei, die morgens frische Brötchen ausliefert, oder der Hofladen, der eigene Marmelade macht und frisches Gemüse der Saison aus eigenem Anbau verkauft. Gratis dazu gibt es noch einen wohltuenden persönlichen Kontakt.

All diese Kleinunternehmer spielen nur eine sehr geringe Rolle bei den Berechnungen des Bruttosozialproduktes. Sie können aber unsere Lebensqualität enorm bereichern, einfach indem sie versuchen, die wahren Bedürfnisse ihrer Kunden zu erkennen und zu erfüllen. Die Inhaber erwarten nicht, jedes Jahr um 10 % zu wachsen, sondern sind froh, wenn sie ihren Lebensunterhalt bestreiten können. Sie haben sich ein Stück weit von dem Gruppenzwang befreit und gehen ihren eigenen Weg – zum Wohle aller.

Der Mangel

Wenden wir uns der zweiten Säule der alten Energie zu, dem Mangel. Per Definition ist Mangel ein Zustand, bei dem etwas nicht ausreichend vorhanden ist.

Stellen Sie sich vor, Sie möchten nach der Arbeit einen Kuchen backen. Sie kommen nach Hause und bemerken, dass Ihnen einige Zutaten fehlen. ‚So ein Pech', denken Sie sich und gehen nochmal einkaufen. Sie bekommen alles, was Sie möchten, und können nun in

Ruhe Ihren Kuchen backen. So einfach kann es sein, den Mangel zu beseitigen. Das war nicht immer so.

Mangel ist „erblich"

In der Kriegs- und Nachkriegszeit war der Mangel an der Tagesordnung, er umfasste alle Facetten des Lebens. Der Wohnraum war knapp, genauso wie Heizmittel, Lebensmittel, Geld beziehungsweise Tauschmittel und Arbeitsplätze. Sie konnten nicht einfach in den Supermarkt gehen und einkaufen, denn die Waren standen nur begrenzt zur Verfügung. Die Auswahl war gering, es wurde genommen, was da war. Das traf auch auf Materialien zu, weshalb alles, was noch brauchbar war, aufgehoben und gesammelt wurde.

In dieser Zeit hat sich das Mangel-Muster in unserem ganzen Land manifestiert. Die Lebensumstände und die damit verbundenen Glaubenssätze haben unsere Großeltern an ihre Kinder, das heißt an unsere Eltern, weitergegeben, und das prägt uns bis heute. Wenn weder die Großeltern noch die Eltern jemals Geld hatten, dann ist es kein Zufall, wenn wir heute auch keins haben. Es hat sich zum Beispiel der folgende Glaubenssatz in uns verankert: „Wir haben kein Geld und kommen gerade so über die Runden." Das hat Einfluss auf unser Denken und Handeln. Solange wir die Überzeugung teilen, nie Geld zu haben, werden wir uns arm fühlen – egal, wie hoch unser Kontostand tatsächlich ist.

! **Ein Muster, das sich manifestiert hat, will bedient werden.**

Die Anstrengungen, den Mangel zu beseitigen, haben in der Nachkriegszeit für ein Wirtschaftswunder gesorgt. Das Muster „Mangel" wurde so erfolgreich, dass es bis heute unter uns weilt. Immer noch dreht sich unser ganzes Tun darum, ausreichend Wohnraum, Heizmittel, Geld, Lebensmittel und Arbeit zu haben.

! **Offenbar tritt der Mangel unabhängig von materiellem Besitz und Geldmitteln in Erscheinung und dominiert unser Verhalten.**

Aber wir haben heute die Möglichkeit, uns davon frei zu machen. Dazu müssen wir den Mangel genauer kennenlernen.

Was macht das Mangeldenken mit Ihnen?

Der Mangel prägt unser Leben spätestens mit Beginn der Schulzeit. Zu diesem Zeitpunkt fängt die Leistungsbeurteilung an. Froh und munter werden unsere Kleinsten in ein Bewertungsschema von sehr gut bis ungenügend gezwängt. Dabei bewirken beispielsweise Klassenarbeiten, dass unsere Art zu arbeiten von Anfang an unter Zeitdruck beurteilt wird.

Hinzu kommt, dass kein Mensch in allen Lernbereichen gleich stark ist. Statt die Kinder in ihren Stärken zu fördern, werden gern die Schwächen beanstandet. Das, was sie gut gemacht haben, geht unter. Der Fokus liegt auf ihren Mängeln. Allmählich werden sie von ihrer eigenen Unzulänglichkeit überzeugt. Verstärkt durch das „geerbte" Muster der Großeltern, schleicht sich der Mangel allmählich in ihr Leben und wird zu einer treibenden Kraft.

Überlegen Sie, wie es bei Ihnen zu Hause aussieht? Wo schaffen Sie sich den Mangel selbst? Gönnen Sie sich mal etwas? Sind die Dinge, die Sie benutzen, funktionstüchtig oder mangelhaft? Tanken Sie Ihr Auto voll oder füllen Sie nur für 15 Euro Benzin ein, weil das Geld zurzeit (vermeintlich) knapp ist? Bleiben wir bei der Vorstellung, dass es finanziell gerade eng ist. In dieser Lage ist bald die nächste Rate für Ihr neues Auto fällig. Bringt Sie das in Zugzwang? Kommen Angstgefühle oder Panik in Ihren hoch? Das ist normal, denn einen Mangel an Geld empfinden wir leicht als Bedrohung. Wir reagieren darauf mit dem Drang, (noch) mehr Geld zu verdienen.

Selbst die Zeit ist heute Mangelware. Die Aussage: „Ich habe keine Zeit." ist längst Bestandteil unserer Alltagssprache. Das bedeutet für Sie, Sie müssen sich beeilen, um dem Zeitmangel zu entgehen.

! Doch egal, wie schnell sie laufen, wie viel sie arbeiten und welchen Aktionismus Sie an den Tag legen – es ist nie genug.

Das Mangel-Muster ist in Ihren Alltag eingezogen und Sie haben es verinnerlicht.

Der Mangel im öffentlichen Leben

Ob Sie dem Mangel begegnen oder ob Ihnen Reichhaltigkeit beschert wird, erleben Sie bei jedem Restaurantbesuch. Sie können dort sehen, was auf Ihrem Teller liegt. Das beginnt schon beim Frühstück. Gibt es in Plastik eingeschweißte Marmeladenkleckse oder ein ganzes Glas, ein paar trockene Scheiben Käse und Wurst oder die Wurst und den Käse in großen Stücken? Ist alles schön und liebevoll arrangiert oder nicht? Wenn der Gastwirt so nebenbei noch erwähnt, dass am Essen ja nichts zu verdienen sei, wissen Sie, dass hier der Mangel gelebt wird.

Auch in Großunternehmen zieht sich oft der Mangel durch: keine Zeit, kein Personal, selbst die Kunden sind knapp. Deshalb investieren Firmen Millionen von Euro in Werbung und Neukundengewinnung. Die Unternehmen geben also Geld für Kunden aus, die sie gar nicht haben! Dadurch steht der Mangel im Zentrum der Aufmerksamkeit.

An die bereits vorhandenen Kunden wird viel seltener gedacht. Ist der Kunde aber einmal gewonnen, wird er so nebenbei bedient. Seine Wünsche sind lästig, er wird nicht wertgeschätzt. Man könnte die Werbe-Millionen auch zum Wohle der Bestandskunden verwenden, zum Beispiel in Form von besserem Service und guter Beratung. Dann gäbe es für die Firmen Werbung durch positive Mundpropaganda. Doch wo bliebe da der Mangel?

Tritt eine Frage oder ein Problem auf, wird der Kunde durch die Mangelphilosophie des Unternehmens geführt. Das Thema beginnt mit einem erschwerten persönlichen Kontakt, bei der schwer auffindbaren Telefonnummer im Internet und zieht sich bis hin zu langen Warteschleifen am Telefon.

Nehmen wir einmal an, Sie möchten eine defekte Internetverbindung bei Ihrem Telekommunikationsanbieter melden. Man sollte meinen, dass der Arbeitsvorgang bei einer Störung Routine sei. Sie machen also einen Termin aus, damit ein Mitarbeiter sich die Sache ansieht, und warten dann zu der vereinbarten Zeit auf ihn. So manches Mal wird der Termin nicht eingehalten und der Mitarbeiter kommt spät oder gar nicht. Hier macht sich Personalmangel auf breiter Linie bemerkbar. Offensichtlich umtreibt das Management die Angst, dass ein Mitarbeiter mal fünf Minuten nicht ausgelastet ist. Bevor das eintritt, werden lieber die Termine so eng gelegt und so wenige Leute eingestellt, dass zwangsläufig Engpässe entstehen.

Der Leidtragende ist der Kunde, der denkbar weit entfernt ist von seinem ehemaligen Status als König. Er wartet vergeblich, bewegt sich durch die Telefon-Warteschleifen und ist in ständiger Bereitschaft. Reklamationen werden mit lapidaren Entschuldigungen abgetan. Viel mehr als schale Worte gibt die Mangelphilosophie nicht her. Eines wird dem Kunden damit klar gemacht:

! Die Zeit des Unternehmens ist sehr wertvoll, die des Kunden gilt als wertlos.

Der Mangel und falsche Bedürfnisse

Die Industrie kennt heutzutage nicht nur unser Konsumverhalten genau. Auch die Mittel, um dieses Verhalten zu kontrollieren, sind schon lange kein Geheimnis mehr.

Die Werbung propagiert: Wenn Sie sich einen bestimmten Wunsch erfüllen, dann wird das Leben schön. Es werden permanent neue Bedürfnisse in uns geweckt. Dadurch haben wir das Gefühl, dass uns etwas fehlt. Wir sind in einem ständigen Mangel, der künstlich erzeugt wird. Was darauf folgt, kennen Sie nur zu gut: Sie ziehen los und gehen einkaufen, ganz einfach deshalb, weil Sie diesen Mangel beseitigen möchten. Doch Ihre Sehnsucht ist nur vorübergehend gestillt, denn Sie haben sich lediglich einer Ersatzbefriedigung hingegeben. Ihr wirkliches Bedürfnis, das Sie vielleicht nicht einmal kennen, ist nach wie vor unbefriedigt.

! Wir sind oft so von künstlich erzeugten Wünschen abgelenkt, dass wir unsere wirklichen Bedürfnisse nicht formulieren können.

Das heißt im Klartext: Es besteht ein Mangel bei der Befriedigung unserer wirklichen Bedürfnisse. Man könnte auch sagen: Sie gehen shoppen, um Dinge zu kaufen, die Sie nicht brauchen, um ein Bedürfnis zu befriedigen, das Sie nicht kennen.

Mangel kostet Energie

Auf energetischer Ebene können wir Geld mit Energie und Lebenskraft gleichsetzen. Das bedeutet:

! **Wenn Sie ständig im Mangel leben, erfahren Sie einen permanenten Energieverlust.**

Unter dieser Voraussetzung gestaltet sich eine Weiterentwicklung äußerst schwierig. Der Mangel hält Sie da fest, wo Sie gerade sind – in Ihrem Muster. Sie sind ständig damit beschäftigt, den Mangel zu kompensieren, und haben keine Energie mehr übrig, um sich den eigentlich wichtigen Dingen zu widmen.

Die Weltwirtschaft ist heute von Gier geprägt, von Menschen, die „den Hals nicht voll kriegen". Überall lässt sich der Mangel beobachten; es ist nicht genug da, es ist nie genug. Diese Situation gestaltet sich im Großen wie im Kleinen. Wir können uns an die eigene Nase fassen: Leben wir den Mangel nicht genauso? Wie viel ist für uns genug? Was brauchen wir wirklich?

Bis zu einem gewissen Einkommen hängt unser Glück tatsächlich von Geld ab. Bevor wir uns um unsere persönliche Zufriedenheit kümmern können, müssen wir zunächst jene Grundbedürfnisse erfüllen, die unsere Existenz sichern. Dazu gehören ein Dach über dem Kopf, Kleidung und genug zu essen, also Dinge, die wir nun einmal mit Geld finanzieren. In unserer Gesellschaft ist dieser Bedarf aber in der Regel gedeckt und wir können uns darüber hinaus sogar einige Luxusgüter leisten. Unter diesen Voraussetzungen führt ein wesentlich höheres Einkommen nicht zwangsläufig zu mehr Glück und Lebensbejahung.

Wesentlich entscheidender ist die Frage nach der Selbstorganisation. Welche Hilfsmittel oder Werkzeuge stehen Ihnen zur Verfügung und worauf richten Sie Ihr Augenmerk? Wie sieht Ihre persönliche Weiterentwicklung aus? Anstatt nach dem zu streben, was Sie nicht haben, können Sie sich an dem freuen, was Sie bereits umgibt. Begrüßen Sie die Fülle und lassen Sie den Mangel im Regen stehen (siehe Seite 122).

Die Angst

Die Angst ist ein sehr wirksames Instrument, um Veränderungen zu unterbinden und in einem Zustand der alten Energie zu verbleiben. Wie oft haben Sie etwas nicht gemacht, weil Sie Angst hatten? Sie haben Ihre Traumfrau bisher nicht zum Essen eingeladen, da Sie Angst hatten, einen Korb von ihr zu bekommen. Lieber bleiben Sie weiterhin Junggeselle. Sie sind noch nicht nach Afrika gereist, weil Sie nicht wissen, was Sie dort erwartet: Kommen Sie mit der Sprache zurecht? Vertragen Sie das Essen?

Um diesen lähmenden Mechanismus zu verstehen, klären wir zunächst, was Angst eigentlich ist.

Das Wesen der Angst

Grundsätzlich ist die Angst ein Gefühl, das uns vor Gefahren warnt. Sehen wir uns mit einer Gefahr konfrontiert, haben wir drei Möglichkeiten zu reagieren: angreifen, flüchten oder uns tot stellen. Wenn Sie als Fußgänger mitten auf der Straße sind, während ein Auto mit überhöhter Geschwindigkeit auf Sie zurast, werden Sie höchstwahrscheinlich die Flucht ergreifen, um so schnell wie möglich auf die andere Straßenseite zu gelangen. In dem Fall hat die Angst ihre Berechtigung, sie zwingt Sie angesichts einer unmittelbaren Gefahr zum Handeln.

In unserem täglichen Dasein sehen wir uns nur selten mit Gefahren konfrontiert, die unser Leben bedrohen. Unser Wohlstand stellt sicher, dass wir nicht verhungern oder verdursten. Wir haben ein Dach über dem Kopf und können unsere Wohnung heizen. Es herrscht Frieden und es gibt Gesetze, die für eine gewisse Ordnung in unserem Zusammenleben sorgen. Eigentlich sollte die Angst also eine untergeordnete Rolle in unserem Leben spielen. Tatsache ist jedoch, dass wir mehr Angst haben als je zuvor in der Geschichte. Wie kann das sein?

Die Angst warnt uns nicht nur vor direkten Gefahren, sie ist darüber hinaus ein Signal für das Unbekannte.[10] Und hier beginnt das Problem! Wir haben unser vertrautes Terrain sehr gut abgesichert: über Rechtsvorschriften und soziale Regeln, über Versicherungen, Verträge und Sicherheitsbestimmungen. Doch außerhalb unseres abgesteckten Lebensbereiches lauert das Unbekannte, der Auslöser für unsere Angst. Wir setzen das Unbekannte mit Gefahr gleich. Verlassen Sie ihren vertrauten Lebensbereich, wissen Sie nicht, was auf Sie zukommt und ob Sie mit dem Unbekannten umgehen können. Sie gehen also ein Risiko ein. Das Unbekannte birgt aber auch Chancen, die Sie zuvor nicht kannten und die Ihnen jetzt offen stehen.

! **Wenn Sie es wagen, die Grenze des Vertrauten zu überschreiten, können Sie neue Möglichkeiten nutzen.**

Im Umgang mit dem Unbekannten werden Sie neue Fähigkeiten entwickeln, und mit jedem erfolgreich gegangenen Schritt wächst Ihr Selbstvertrauen.

---

[10] Vgl. Dittmar, Vivian: *„Gefühle und Emotionen"*. München 2007.

Angst lähmt

Geben wir der Angst vor dem Unbekannten jedoch nach, verweilen wir in unseren alten Mustern. Mit ihnen wissen wir, was wir zu erwarten haben und funktionieren weiter. Wir zahlen unsere Steuern, konsumieren und nähren das System der alten Energie. Diese lebt quasi von unserer Angst und heizt sie weiter an.

❗ Menschen, die vor Angst erstarren, trauen sich nicht, etwas zu verändern.

Die Angst hat vielerlei Gesichter. Neben den pathologischen Ausprägungen gibt es eine Vielzahl von Ängsten, die zum ganz normalen Leben gehören, zum Beispiel:

- Existenzangst
- Angst, an Geld, Macht oder Ansehen zu verlieren
- Angst zu scheitern/zu versagen
- Angst vor der (Selbst-)Verantwortung
- Angst vor Kritik und Zurückweisung
- Angst davor, körperlich oder emotional verletzt zu werden
- Angst vor der Einsamkeit
- Angst vor Konflikten
- Angst vor Kontrollverlust
- Angst, im Konkurrenzkampf zu unterliegen

Einige dieser Ängste betreffen Sie nicht oder nur am Rande, andere werden Sie wahrscheinlich sehr gut kennen. Grundsätzlich hat jede dieser Ängste das Potenzial, zur bestimmenden Kraft in unserem Leben zu werden, sofern wir ihr diesen Platz einräumen. Dann werden wir alles tun, um diejenigen Situationen zu vermeiden, die uns Angst einflößen.

Genau das geschieht zurzeit beispielsweise in den alten Gaststätten der ländlichen Regionen. Vor zwanzig Jahren blühte ihr Geschäft. Die Männer aus dem Dorf kamen jeden Abend nach der Arbeit auf ein paar Bier vorbei. Heute ist das nicht mehr üblich, Männer der nachfolgenden Generationen verbringen weniger Zeit in der Kneipe, sie widmen sich lieber anderen Dingen. Die Gastwirte sind ratlos und leben von einigen wenigen Stammgästen, die noch nach dem alten Muster ihre Biere am Tresen trinken, dabei Fußball gucken und Schnitzel auf Brot essen. Ihr Angebot zu modernisieren und an die neuen Vorlieben ihrer Gäste anzupassen, ist den Wirten zu aufwändig. Entsprechend trostlos ist die Atmosphäre, diese alten Gaststätten befinden sich in einer Abwärtsspirale.

Andere Kneipen hingegen haben die Zeichen der Zeit erkannt und frühzeitig auf ein anderes Konzept gesetzt. In unserer Nachbarstadt gibt es eine Gaststätte mit einer saisonalen Speisekarte, die originelle Gerichte aufweist. Alles wird frisch zubereitet und schmeckt hervorragend. Der Service ist flink und freundlich, die Einrichtung urig, aber nicht altbacken. Wenn man hier einen Tisch will, muss man auch unter der Woche reservieren, denn in dieser Kneipe ist es immer voll.

Neue Ideen sind also längst da und werden vorgelebt, sie funktionieren hervorragend. Und dennoch sind viele Gaststätten nicht in der Lage, Veränderungen für sich umzusetzen. Ihr eigenes Konzept funktioniert nicht mehr, aber sie verweigern sich dem Wandel. Offenbar ist ihre Angst zu scheitern so groß, dass sie lieber bis zum bitteren Ende in ihrem alten Modell verharren.

Angst ist ansteckend

Genauso wie Stimmungen können sich auch Ängste auf andere Menschen übertragen. Ein Beispiel: Teresa ist 55 und hat eine Vollzeitstelle in einer Bank, die sie nicht mag. „Nebenbei" ist sie noch erfolgreich als Heilpraktikerin tätig und arbeitet in der Bewegungstherapie. Trotzdem lebt sie in ständiger Angst, dass das Geld nicht reichen könnte. Sie müsse ja auch an die Altersvorsorge denken. Statt in dem ungeliebten Job kürzer zu treten, arrangiert sie sich lieber mit der Überlastung. Woher kommen diese Existenzängste?

Die Ursache offenbart sich, als uns Teresa einige Geschichten aus dem Alltag in ihrer Bank erzählt. Dort gibt es seit Jahren akuten Personalmangel und das Budget ist zu knapp, um neue Stellen zu schaffen. Dem bestehenden Personal wird es verwehrt, in Teilzeit zu arbeiten. Die Bank hat zu viel Angst, dass sie die freien Arbeitsstellen nicht neu besetzen könne, wodurch viele Arbeiten unerledigt bleiben und alles zusammenbrechen würde. Im Verlauf der Erzählung wird klar: Teresa hat die Ängste und das Mangeldenken ihres Arbeitgebers übernommen. Rational gesehen besteht für sie überhaupt kein Grund, Existenzängste zu haben, doch sie kann sich der kollektiven Energie nicht entziehen.

Die ansteckende Wirkung der kollektiven Energie machen sich auch die Medien zunutze. Fernsehen, Radio und Tageszeitungen versorgen uns mit einem steten Strom an schlechten Nachrichten und schüren damit Ängste. Wir bekommen sogar negative Informationen über Dinge, die mit unserem eigenen Leben gar nichts zu tun haben: Wirtschaftskrise in Russland, Scharmützel in Afrika oder ein Vulkanausbruch in Indonesien. Das alles hat in der Regel keine Auswirkungen auf unser persönliches Leben. Und trotzdem geraten wir in eine diffuse Grundstimmung aus unbegründeten Ängsten. Schon zum Frühstück bekommen wir eine geballte Ladung an Problemen aus aller Welt serviert. Da sie uns nicht direkt betreffen, können wir sie auch nicht lösen. Und so fühlen wir uns angesichts der überwältigenden Größe der Probleme klein und machtlos. Wir bekommen das Gefühl, selbst nichts bewegen zu können – auch nicht im eigenen Leben. Als kleines Rad im Getriebe des Weltgeschehens sind wir gezwungen, weiter mitzulaufen.

Wer Angst hat, strebt danach, sich unter einen schützenden Flügel zu begeben. Deshalb sind wir bereit, Gesetze und Verordnungen zu akzeptieren, die unsere Freiheit immer weiter einengen. Wir nehmen es hin, 40 Stunden und viel mehr pro Woche zu arbeiten, nur damit die Rente sicher ist. Wir sind dazu bereit, uns an der Flughafen-Sicherheitskontrolle halbnackt auszuziehen, damit kein Terrorist eine Nagelfeile an Bord unseres Flugzeugs schmuggeln kann.

! **Der Preis für den Schutz ist hoch: Wir bezahlen mit unserer Selbstbestimmung.**

Die Angst als Energieräuber

Auf energetischer Ebene entziehen uns Ängste Energie. Wir beschäftigen uns damit, was alles passieren könnte. Das meiste davon wird uns niemals persönlich treffen, es nimmt aber unsere Aufmerksamkeit in Anspruch. Und somit steht uns die Energie, die wir in die eingebildeten Probleme investieren, für konstruktives Handeln nicht zur Verfügung. Wir verharren und vertrauen darauf, dass uns der Staat, der Arbeitgeber und das soziale Sicherungssystem vor allen Gefahren bewahren, anstatt unser Leben in die eigene Hand zu nehmen.

Wenn wir Entscheidungen aus Angst treffen, lassen wir uns von der vermeintlichen Sicherheit verführen. Wir halten es zum Beispiel im alten Job aus, weil wir nicht wissen, was der neue bringen wird. Wir hängen unsere Träume an den Nagel und verraten uns dabei selbst. Das ist es, was uns die Energie beziehungsweise die Lebenskraft raubt. Oft haben wir Verlustängste: Geld, den Partner und/oder die Kinder zu verlieren... Doch es ist nicht der Verlust an sich, der uns die meiste Energie nimmt, es ist die lähmende Angst davor.

Wenn wir vertrauen und etwas wagen, werden wir unbekannte Welten erforschen. Dabei können wir Neues und Schönes entdecken und natürlich auch auf Hindernisse stoßen. Dann haben wir die Chance, an ihnen zu wachsen.

! **Flexibel auf Neues zu reagieren und sich immer wieder zu wandeln, wird in Zukunft die größte Sicherheit sein, die wir haben.**

Dafür gibt es kein fertiges Versicherungspaket. Wir stehen also vor der Herausforderung, aus dem Korsett der Angst auszubrechen und uns unseren Ängsten zu stellen. Das erfordert viel Mut. Doch wenn wir bewusst in eine Situation hineingehen, die uns Angst macht, und wir heil aus dieser hervorgehen, werden wir an Vertrauen und Energie gewinnen.

Der Selbstwert als Stimmungsbarometer

Wenn wir uns weiterentwickeln möchten, brauchen wir Vertrauen in uns selber. Wir müssen davon überzeugt sein, dass wir mit den Veränderungen umgehen können. Darüber hinaus müssen wir es uns selbst wert sein, dass es uns gut geht. Unter dem Einfluss der alten Energie geschieht es jedoch häufig, dass wir an unserem Selbstwert zweifeln.

Wie viel ist mein „Selbst" denn wert?

Unser Umfeld gibt uns schon früh im Leben Signale, was wir denn wert sind. Wenn wir eine Sache gut gemacht haben, bekommen wir Lob und Anerkennung. Damit fühlen wir uns gut und unser Selbstwert steigt. Wenn wir uns falsch verhalten haben oder unser Werk nicht gut genug für den Betrachter ist, gibt es Tadel und Missachtung. Dadurch sinkt unser Selbstwert. Treten die negativen Feedbacks gehäuft auf, gelangen wir leicht zu dem Schluss: „Alles mache ich falsch… ich bin nichts wert."

Verstärkt wird das Ganze, wenn Fehler mit Liebesentzug bestraft werden. Ein Kind verinnerlicht dann den Grundsatz: „Ich werde nur geliebt, wenn ich bestimmte Erwartungen erfülle." Der Selbstwert wird also von der Reaktion des Umfeldes abhängig gemacht.

Interessant ist die Frage, welchen Maßstab das Umfeld setzt, um den Wert eines Menschen einzuschätzen. Dabei wird die Messlatte sehr hochgehalten. In den Medien werden gern Spitzensportler gelobt oder Unternehmer mit einem kometenhaften Aufstieg vorgestellt. Das sind jedoch Ausnahmebeispiele, wenn Sie sich an diesen Personen messen, ist ein Scheitern Ihrerseits schon vorprogrammiert. Alles, was Sie jetzt noch tun und für sich erreichen, ist im direkten Vergleich nichts wert.

Schon in der Schule tun sich diejenigen hervor, die gut in Sport sind, gewandt reden, hübsch aussehen und gerne im Mittelpunkt der Aufmerksamkeit stehen. Diese Eigenschaften gelten in unserer Gesellschaft als wertvoll. Sie lassen auf Stärke und Durchsetzungsvermögen schließen. Die Tierwelt macht es vor: Wer am schnellsten rennen kann, wer kräftiger ist als seine Artgenossen, der wird nicht verhungern.

Das Gesetz des Stärkeren funktioniert bei uns genauso und ist zur Grundlage unserer Gesellschaft geworden. Dazu ist es nötig, einfach nur seine Ellenbogen in Bereitschaft zu haben und sich gut in Szene zu setzen. So kommt es, dass nicht unbedingt der Klügere, sondern der Stärkere redet. Das zieht im beruflichen Alltag manchmal nach sich, dass gebündelter Unsinn herauskommt.

Doch was ist mit denen, die andere Talente haben, die überaus intelligent sind, aber vielleicht eher ruhig und nachdenklich wirken, die besonnen handeln und ihre Mitmenschen unterstützen, wenn sie Hilfe brauchen? Die Fähigkeiten der eher introvertierten Menschen werden oft nicht geschätzt, und sie werden leicht übersehen, mit der Folge, dass ihr Selbstwert sinkt.

Im Berufsleben sind diese Menschen dann häufig dafür zuständig, die so schillernd präsentierten Ideen der anderen umzusetzen. Sie selber haben vielleicht die besseren Konzepte im Kopf, kommen damit aber nicht zum Zuge. Denn der Stärkere hat sich durchgesetzt und ist mit Vollgas in die falsche Richtung gefahren.

Immer schön den Selbstwert klein halten!

Ist der Selbstwert erst einmal im Keller, gibt es genug Menschen, die davon profitieren. Immer gibt es einen, der meint, seine eigenen Stärken hervorheben zu müssen, indem er andere kritisiert. Frei nach dem Motto „immer auf die Schwächeren" wird selbst vor den eigenen Kindern nicht halt gemacht. Von den Eltern bekommen sie zu hören: „Das kannst du nicht" oder „Das wird sowieso nichts." Diese steten Entmutigungen sind Energieraub erster Güte. In diesem Beispiel steigert der Erwachsene sein Energieniveau und seinen Selbstwert, während der des Kindes ins Bodenlose fällt.

Wer ein solches Spiel spielt, hat ein Problem mit dem eigenen Selbstwert. Er fühlt sich größer, wenn er andere kleiner macht. Das Fatale ist, dass er sich gerade in einer Machtposition befindet und Kraft seines

Amtes einer anderen Person Energie entziehen kann. Diesen energetischen Trittbrettfahrern begegnen wir nicht nur in der Familie, sondern auch im Berufsleben. Personen mit geringem Selbstwert haben häufig ein großes Geltungsbedürfnis. Gern stören sie Arbeitsabläufe und bringen andere aus dem Konzept, um sich selbst wichtig zu tun.

Handelt es sich dabei um einen Vorgesetzten, müssen Sie sich erst einmal trauen, dagegen zu halten. Mit Worten und Argumenten kommen Sie in der Regel nicht weiter. Es wird Ihnen schnell klar gemacht, dass Sie nichts zu melden haben. Sie sollen gefälligst wieder Ihren Platz auf den untersten Reihen Ihres Selbstwertgefühls einnehmen. Wenn Sie beginnen, durch Fleiß und Überstunden wieder hochzuklettern, werden Sie wieder zurückgeschubst. Sie sind genau auf dem Platz nützlich, auf dem Sie sich befinden, und da bleiben Sie auch. Es geht nur bedingt um Ihre Arbeitsleistung. Anstatt die Karriereleiter hochzuklettern, erweisen Sie sich als Energielieferant für Ihren Vorgesetzten. – Haben Sie es schon bemerkt? Die alte Energie lässt grüßen!

! **Niemand wird Ihnen das geben, was Sie sich selbst verwehren.**

Geben Sie Ihrem Umfeld nicht länger die Macht, Ihren Wert zu bestimmen. Wie der Begriff „Selbstwert" schon sagt, geht es darum, wie viel Sie sich selbst wert sind. Andere Menschen halten Ihnen lediglich einen Spiegel vor. Wenn Sie sich selbst nicht wertschätzen, wie soll es dann ein anderer tun?

Umgekehrt gilt, wer nie gelernt hat, sich selbst zu lieben, kann auch sein Gegenüber nicht wertschätzen. Für einen Vorgesetzten bedeutet das: Nur wenn er seine eigene Arbeit als wertvoll ansieht, kann er auch die Leistung seiner Mitarbeiter schätzen. Der Schlüssel, um aus diesem Teufelskreis auszubrechen, liegt in jedem Menschen selbst.

Wenn Sie mit einem geringen Selbstwert durch das Leben gehen, suchen Sie stets nach Anerkennung. Das macht Sie anfällig für Manipulationen. Sie finden dann Menschen, die Sie ausnutzen. Sie bekommen den Eindruck vermittelt, dass Sie nur einen Wert haben, wenn Sie etwas leisten. Der Nutznießer in dieser Situation sind nicht Sie. Sie geraten in eine Endlosspirale, deren Kontrolle andere übernommen haben. Da hilft es nur noch, die Beine in die Hand zu nehmen und das eigene Thema zu klären. Danach gehen Sie am besten dahin, wo die Wertschätzung zu Hause ist (siehe beispielsweise Seite 137).

Die Tatmotive: Besitzstandswahrung und Kontrolle

Fassen wir noch einmal zusammen, warum die alte Energie nach wie vor unser Leben bestimmt: Die Mechanismen von Gruppenzwang, Mangel, Angst und geringem Selbstwert bewirken, dass wir uns nicht trauen, unser Leben frei zu gestalten. Lieber folgen wir dem anerkannten Lebensmodell der Gruppe, als ausgegrenzt zu werden und allein dazustehen. Denn abseits der ausgetretenen Pfade lauert das Unbekannte. Wir haben so wenig Vertrauen in unsere eigenen Fähigkeiten, dass wir glauben, mit neuen Herausforderungen nicht zurechtzukommen. Aus lauter Angst ziehen wir es vor, uns mit dem Status quo zu arrangieren, und stellen unsere wirklichen Bedürfnisse zurück. Bei all den täglichen Bemühungen, den Mangel in unserem Leben zu kompensieren, haben wir ohnehin keine Zeit, uns mit uns selber zu beschäftigen.

Damit ist das Ziel erreicht, dem alle vier beschriebenen Mechanismen dienen: das grundlegende Muster zu erhalten, nach dem die Gesellschaft funktioniert. Wenn die Menschen an dem Muster der alten Energie festhalten, lassen sie sich leicht steuern und kontrollieren. Indem sie dem aktuellen Lebensmodell folgen, erlauben sie den Nutznießern des Systems, ihren Besitzstand zu wahren. Damit sind die Tatmotive gefunden:

! **Die treibenden Kräfte hinter der alten Energie sind Kontrolle und Besitzstandswahrung.**

Es ist an der Zeit, diese Tatmotive genauer unter die Lupe zu nehmen.

Wie alles begann

Die Wurzel unserer aktuellen Gesellschaftsform liegt im Ackerbau. Zuvor fanden die frühen Jäger und Sammler alles, was sie benötigten, in der Natur und jeder hatte freien Zugang zu diesem Reichtum. Mit dem Einzug des Ackerbaus änderten sich diese Regeln. Nur wer „im Schweiße seines Angesichts" die Felder bestellte, hatte genug zu essen.

Solange das alle taten, war die Welt in Ordnung. Doch dann kamen einige Menschen auf die Idee, lieber andere für sich arbeiten zu lassen. Sie ernannten sich zu Führungskräften, die die Arbeit der anderen organisierten, selbst aber nicht mehr aktiv auf den Feldern mithalfen. Essen wollten die Führungskräfte natürlich trotzdem, also mussten die Bauern mehr Nahrung erzeugen, als sie für den eigenen Bedarf benötigten. Es wurde notwendig, den Ertrag pro Kopf zu steigern. Das war die Geburtsstunde der wachsenden Produktivität, die noch heute bewirkt, dass wir uns immer schneller drehen.

Dieses Prinzip gefiel nicht allen Bauern und sie lehnten sich dagegen auf. Doch die Führungskräfte waren nicht bereit, ihren komfortablen Status aufzugeben und wieder selbst im Ackerbau Hand anzulegen. Um ihre Machtposition zu erhalten, entwickelten sie eine geniale Idee: Sie schlossen die produzierte Nahrung weg. Nur derjenige, der arbeitete, bekam seine Ration. Indem sie die Nahrungsvorräte kontrollierten, hatten sie die Menschen in der Hand.

Die Führungskräfte befanden sich in der Machtposition zu entscheiden, wer überlebte und wer nicht. Die Botschaft an die Bauern lautete: Wenn ihr nicht arbeitet, bekommt ihr nichts zu essen.[11] Aus Sicht der Bauern war damit der Grundstein für die Existenzängste gelegt. Aus der Perspektive der Führungskräfte diente die Kontrolle über die Nahrungsvorräte ihrer Besitzstandswahrung – ein Prinzip, das bis heute hervorragend funktioniert.

Der Patriarch

Um das zu verstehen, sehen wir uns ein Beispiel an, das Ihnen sicherlich schon einmal begegnet ist: den Patriarchen. Einen solchen finden wir oft vor, wenn Eltern und ihre inzwischen erwachsenen Kinder gemeinsam einen Familienbetrieb führen, vielleicht sogar unter einem Dach leben. In der klassischen Struktur wird sich das älteste männliche Mitglied der Familie als Oberhaupt der Gruppe ansehen und sich auch so verhalten. Er hat vor einigen Jahrzehnten den Betrieb aufgebaut, von dem heute alle leben. Längst arbeitet er selbst nicht mehr körperlich mit, aber natürlich leitet er die Firma. Er bestimmt, wer was zu tun hat und wie viel Geld er dafür bekommt. Das gilt nicht nur für seine Ange-

---

[11] Vgl. Quinn, Daniel: *„Ismael"*. München 1992.

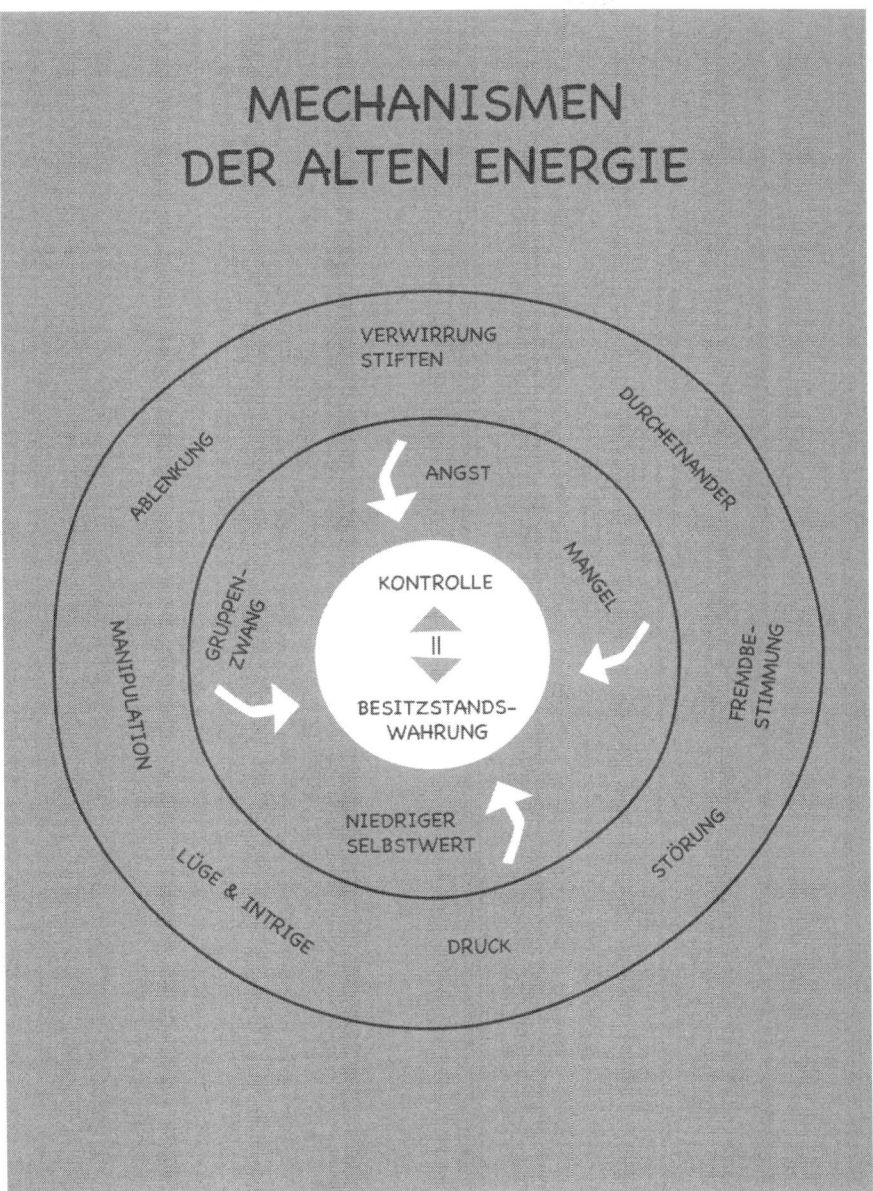

stellten, sondern erst recht für die Familienmitglieder. Mit anderen Worten: Er legt fest, wem der Ertrag aus seiner Firma zufließt, und kontrolliert damit den Zugang zur Nahrung. Sein Lebenswerk und vor allem die damit verbundene Machtposition wird er nicht aus der Hand geben. Mehr noch: Er wird den einmal errungenen Besitzstand mit allen Mitteln verteidigen.

Diese Mittel kennen wir bereits gut: Der Patriarch wird Regeln aufstellen, denen die Gruppe zu folgen hat. Er wird die Familie in der Angst und im Mangel halten, um sicherzustellen, dass sie seine Anweisungen befolgen. Er wird den Selbstwert seiner Familienmitglieder herabsetzen, um sich selbst größer zu fühlen.

Vordergründig kann es sein, dass gemeinsame Vereinbarungen getroffen werden. Doch wir haben in der Praxis sehr oft beobachtet, dass diese Anzeichen einer Demokratie trügen. Gern werden Besprechungen mit dem Satz eingeleitet: „Ich muss dich mal was fragen!" Was folgt, ist aber keine Frage, sondern die Präsentation der eigenen Meinung, die den anderen aufgedrückt wird. Deren Argumente werden nicht gehört oder einfach vom Tisch gefegt. Im Anschluss an die Besprechung macht der Patriarch das, was er ohnehin tun wollte. Das Ergebnis stand also von vornherein fest. Stellt ihn die Familie dann zur Rede: „Das war doch anders abgesprochen!", flüchtet er sich in Ausreden und Lügen. Oder er greift an, indem er seine Gesprächspartner mit Vorwürfen überschüttet. Auf der Verstandesebene können wir einen solchen Menschen kaum von einer anderen Sichtweise überzeugen. Nachzugeben ist für ihn schlicht undenkbar; er will um jeden Preis sein Muster leben.

Dabei geht es nicht nur darum, Geld und Besitztümer zu bewahren. Es kommt vor allem darauf an, an der Macht zu bleiben. Denn Macht ist ein sehr wirksames Mittel, um Energie von anderen Menschen zu gewinnen. Dem Patriarchen fließt jedes Mal pure Energie zu, wenn er seinen Willen durchsetzt oder andere spüren lässt, dass sie von ihm abhängig sind. Umgekehrt bedeutet ein Machtverlust für ihn, dass er Energie verliert. Er weiß nicht, dass es noch andere Quellen gibt, um Energie zu tanken, deshalb greift er auf die einzige Tankstelle zurück, die er kennt: andere Menschen. Die Familienmitglieder werden sich mit einem solchen Oberhaupt machtlos fühlen. Sie haben theoretisch alle Möglichkeiten, ihr Leben frei zu gestalten, und lassen sich dennoch weiterhin die Regeln von dem alten Patriarchen diktieren.

Was im Großen in der Gesellschaft funktioniert, praktizieren wir auch im Kleinen. Deshalb macht es keinen Sinn, auf eine abstrakte Führungselite zu schimpfen, wenn wir etwas ändern wollen. Wir müssen bei uns selbst beginnen. Es ist also an der Zeit, in die Selbstverantwortung zu gehen und mit der alten Energie zu brechen.

Hinterfragen Sie Ihre eigenen Motive!

Wann üben Sie Kontrolle über andere aus? Wann geht es nur darum, Ihre eigenen Interessen oder Ihren Arbeitsplatz zu verteidigen, Ihr Ansehen zu bewahren und zu beweisen, dass Sie im Recht sind? Wenn Sie lügen und betrügen, geht es häufig darum, den Schein zu wahren. Ist es wirklich so wichtig, die Fassade aufrecht zu erhalten, auch wenn das Schiff schon sinkt, den Status quo um jeden Preis zu bewahren und bloß keine Veränderung zuzulassen? Das ist Besitzstandswahrung erster Güte.

Denken Sie darüber nach, was Ihnen in Ihrem Leben wichtig ist: Welche Prioritäten haben Sie? Wenn sich ab morgen Ihr Leben grundlegend verändern würde und Sie dabei nur eine Ihrer Prioritäten mitnehmen könnten: Welche wäre das? Nun überlegen Sie: Wie viel Zeit widmen Sie Ihrer Hauptpriorität und wie viel Zeit vergeuden Sie auf Nebenschauplätzen? Stimmen die Relationen?

! **Ihre Entscheidungen bestimmen Ihr Handeln.**

Stellen Sie sich vor, Sie schauen sich einen Krimi an: Ein Angeklagter sitzt in seiner Gerichtsverhandlung, bei der seine Entscheidungen und Taten genau untersucht werden. Vor allem spielt das Motiv seiner Handlungen eine große Rolle. Die Beweisführung geht dahin, dass der Täter einfach nur Angst hatte. Angst, dass andere besser sind als er, deswegen hat er immer wieder seine Kollegen drangsaliert. Er hatte Angst, bei seinen Chefs an Ansehen zu verlieren, deswegen hat er bis zum Ende seiner Kräfte Überstunden gemacht. Er hatte Angst, dass ihm die Kontrolle über sein Leben, seine Partnerin und seine Wohnung entgleitet. Am Ende hat er all das tatsächlich verloren. Sein Leben ist ihm um die Ohren geflogen.

Seine Motive haben ihn überführt. Er hat sich unbewusst der Kontrolle und der Besitzstandswahrung hingegeben. Dabei hat er durchaus wahrgenommen, dass etwas nicht stimmt. Und trotzdem hat er es versäumt, die Richtung zu ändern. Weder hat er Ruhephasen eingehalten noch professionelle Beratung in Anspruch genommen. Das ist unterlassene Hilfeleistung und der Angeklagte wird verurteilt. Zur Strafe wird er verpflichtet, einen Kurs zu folgendem Thema zu belegen: Wie lege ich meine Scheuklappen ab und öffne mich für Neues?

Wir tun und um uns herum wird getan. Wir beklagen uns über das Schlechte, das überall geschieht. Folgen unsere Handlungen nicht den gleichen Motiven? Üben wir nicht selbst Kontrolle in unseren Lebensbereichen aus und beschweren uns dann, dass überall so viel kontrolliert wird? Sind wir nicht Täter und Opfer zugleich?

Wenn Sie wirklich etwas verändern wollen, macht es Sinn, die Motive zu überprüfen, die hinter Ihren Handlungen stehen. Wir haben alle unsere eigenen Themen. Zusätzlich stehen wir global gesehen vor einem Berg aus Problemen, gegen die wir machtlos erscheinen. Doch der Schein trügt! In uns selbst sowie auf globaler Ebene ist das Motiv entscheidend, aus dem heraus gehandelt wird. Indem wir unsere eigenen Motive hinterfragen und verändern, haben wir durchaus Möglichkeiten, Einfluss auf unser Leben und unser Umfeld auszuüben.

Sie haben die Wahl: Möchten Sie weiterhin nach den Mechanismen der alten Energie leben und dabei Kontrolle und Besitzstandswahrung ausstrahlen? Sie können ja noch einmal auf Seite 86 einsteigen und sich die Inhalte vergegenwärtigen. Oder sind Sie offen für einen neuen Weg? Dann kommen Sie mit uns. Der Einstieg ist denkbar einfach: Hören Sie auf Ihre innere Stimme. Wenn Sie wieder einmal eine Entscheidung treffen, handeln Sie aus Ihrem Herzen heraus. Pfeifen Sie darauf, Besitzstand und Kontrolle zu bewahren. Damit haben Sie Ihr Tatmotiv verändert und zu einem Neubeginn beigetragen.

Lassen Sie uns gemeinsam die neue Energie entdecken!

Wegweiser in die neue Energie

Im vorherigen Kapital haben wir ausführlich betrachtet, wie die Mechanismen der alten Energie wirken und sich durch große Teile unseres Lebens ziehen. Zuhause sind wir, die Autoren, mit unseren Mustern eng verwoben, weshalb wir uns entschlossen hatten, auf Reisen zu gehen, um den Weg in die neue Energie zu finden. In fremden Kulturen fiel es uns leichter, die neue Energie zu entdecken, weil wir die Dinge von außen betrachten konnten. Wir sind den Spuren der neuen Energie gefolgt und haben sie gefunden. Und als wir einmal den Schleier der alten Muster gelüftet hatten, ist uns klar geworden, dass die neue Energie auch daheim schon existiert. Wir müssen nur den Blick heben und hinschauen.

Das ist eine sehr gute Nachricht:

! **Die neue Energie ist längst da, sie ist mitten unter uns. Es liegt allein in Ihren Händen, sich mit ihr zu verbinden.**

Indem Sie sich im ganz normalen Alltagsleben der neuen Energie bewusst werden, ziehen Sie ganz allmählich Veränderungen in Ihr Leben, die sehr positiv sind. Öffnen Sie sich dafür, denn Sie wollen doch nicht Ihr ganzes Leben lang so weitermachen wie bisher, oder?

Veränderungen gehören zum Leben dazu. Als Kind und junger Erwachsener haben Sie sich sogar darauf gefreut. Der Führerschein war ein Meilenstein auf Ihrem Weg in die Selbständigkeit, genauso wie die eigene Wohnung oder der erste Job. Sie haben sich darauf gefreut, eine

Beziehung einzugehen und vielleicht zusammenzuziehen und zu heiraten. Doch schleichend hörten Sie damit auf, Veränderungen einzuleiten. Heute macht Ihnen vielleicht schon der Gedanke daran Angst. Zwar haben Sie bemerkt, dass Ihnen Ihr aktuelles Leben nicht guttut, aber Sie sind bislang nicht ins Handeln gegangen.

Wenn Sie sich im Alltag nicht wohlfühlen, ist das ein deutliches Zeichen, dass eine Veränderung ansteht. Stemmen Sie sich gegen diesen natürlichen Prozess, kostet das enorm viel Kraft und führt in ein Leben, dass Sie so nie gewollt haben. Also fassen Sie Mut und gehen Sie den ersten kleinen Schritt. Sie können sofort damit beginnen, Ihre Aufmerksamkeit in Richtung der neuen Energie zu lenken. Wenn sich der Blickwinkel ändert, werden Sie die eigene Welt neu entdecken.

Die Spuren der neuen Energie haben Sie ja bereits kennengelernt. Sie lassen sich zu vier Prinzipien zusammenfassen, die Ihnen den Weg in die neue Energie weisen. Diese „Wegweiser" zeigen genau in die entgegengesetzte Richtung wie die alte Energie und deren Mechanismen: Aus Mangel wird Fülle, das Vertrauen ersetzt die Angst, die Wertschätzung uns selbst und anderen gegenüber ist hoch und menschliche Beziehungen sind nicht mehr von Gruppenzwang, sondern von Freiheit geprägt.

Wir sprechen im Zusammenhang mit der neuen Energie bewusst von „Wegweisern", nicht mehr von „Mechanismen" wie bei der alten Energie. Es handelt sich hier nicht um ein starres System, das sich manipulativer Mechanismen bedient, um Verflechtungen aus Besitzstandswahrung und Kontrolle aufrechtzuerhalten. Die Wegweiser führen vielmehr in eine offene Form der Lebensgestaltung, in der jeder Mensch seinen individuellen Vorlieben und Talenten folgen kann.

Fülle

Ein Leben in der Fülle, was ist denn das? Lassen Sie sich diesen Begriff auf der Zunge zergehen, sprechen Sie ihn einmal laut aus. Kennen Sie Fülle aus Ihrer Umgangssprache? Oder wirkt Fülle wie ein Fremdwort auf Sie?

Die Fülle hat viele Facetten, sie hat etwas mit Erfüllung zu tun. Sie kann sich auch auf den Füllstand Ihres Autotanks beziehen. Ihr Konto ist gut gefüllt. Ihr Arbeitstag war heute überaus erfüllend. Fülle bedeutet: es ist gut so wie es ist. Sie können sich beruhigt und entspannt zurücklehnen. Sie fühlen sich wohl und geborgen.

Alles nur geträumt?

Mit den Gedanken an die Füllen schlafen Sie ein und beginnen zu träumen. Auf einmal befinden Sie sich im Urlaub in Frankreich. Sie haben ein Zimmer mitten in den Bergen, auf einem ehemaligen Bauernhof. Sie sehen sich im Zimmer um, das liebevoll renoviert wurde. Wenn Sie aus dem Fenster blicken, schweift Ihr Blick verträumt in die Ferne. Sie fühlen sich großartig. Sie begeben sich zum Frühstück, das Sie im Freien einnehmen können. Der Hausherr hat sich selbstverständlich bei Ihnen erkundigt, was Sie gerne frühstücken. Zusätzlich bietet er Ihnen frische Feigen aus seinem Garten an. Dazu gibt es verschiedene Sorten seiner selbstgemachten Marmelade. Während Sie genüsslich speisen, stellen Sie fest, dass Sie nicht nur leben wie Gott in Frankreich, Sie fühlen sich auch so. Es ist für alles gesorgt.

In Gedanken sind Sie bei all den Möglichkeiten, die Sie hier haben. Sie können am Pool liegen und lesen oder in den Wäldern der Umgebung wandern. Wenn Sie Lust auf Kultur haben, fahren Sie in die nahe historische Stadt. Bei der Fülle an wunderbaren Optionen schwelgen Sie im Glück und genießen den Augenblick.

Ihr Traum läuft weiter, Sie finden sich an Ihrem Arbeitsplatz wieder. Hier ist irgendetwas anders als sonst. Ihre Kollegen sind voller Freude bei der Sache. Sie hören ein angeregtes Gespräch von zwei Mitarbeitern über vergangene Zeiten, als es untereinander noch Konkurrenzdruck gab, als negativer Stress und Mobbing an der Tagesordnung waren. Jetzt haben Ihre Kunden höchste Priorität. Eine gute Erreichbarkeit, persönliche Beratung und Servicebereitschaft haben Ihnen sehr zufriedene Kunden eingebracht. Das spart eine Menge Zeit. Außerdem gibt der direkte und ehrliche Umgang miteinander allen ein gutes Gefühl.

Begeistert betritt der Chef die Abteilung. Er hat einen selbstgemachten Kuchen von seiner Frau dabei. „Es gibt etwas zu feiern", gibt er lauthals bekannt. Das aktuelle Projekt läuft erfolgreich, und die Mitarbeiterzufriedenheit ist wie gehabt bei 100 %. Bei all diesen guten Nachrichten fällt Ihnen auf, dass Sie sich richtig auf Ihre Arbeit freuen, hier können Sie mit Leib und Seele wirken.

Mit diesem Gefühl gehen Sie nach Hause. Auch hier hat sich vieles verändert, anstatt Frust bringen Sie Freude mit. Die Arbeit färbt positiv auf Ihr Privatleben ab. Auf dieser Grundlage können Sie ganz anders mit Ihrer Partnerin umgehen. Sie haben Zeit füreinander und genießen die gute Atmosphäre. Sie schenken sich gegenseitig Aufmerksamkeit und hören dem anderen zu. So entsteht erst gar kein Mangel an Aufmerksamkeit, der dann durch kräftezehrenden Streit oder Intrigen – also Energieraub – ausgeglichen werden muss. Sie fühlen sich wohl in Ihrer Haut und strahlen das auch aus.

Als Sie aufwachen, nehmen Sie sich vor, Ihre Zeit in Zukunft nicht mehr mit so vielen Terminen durchzutakten. Es gibt Ihnen ein viel besseres Lebensgefühl, eine Zeitspanne am Stück für sich zu haben. Sie denken dabei auch an Ihr Familienleben. Es sollte wirklich freie Zeit geben, welche die Familie nach ihren Vorstellungen gestalten kann, ungestört von den Verpflichtungen des Alltags. Rückblickend bemerken Sie, dass sich ein positives Erlebnis, eine gute Stimmung – in diesem Fall am Arbeitsplatz – auf alle anderen Bereiche Ihres Lebens überträgt. Alles ist mit allem verbunden.

Worin kann sich Fülle ausdrücken?
Der Umgang mit der Fülle ist von Leichtigkeit geprägt, von Besonnenheit und innerer Ruhe. Es gibt keinen Zugzwang, Sie haben Zeit. Die Fülle ist bedingungslos da. Es ist für alles gesorgt. Oft wird Fülle mit Geld oder Besitz gleichgesetzt und damit rein materialistisch gesehen. Tatsächlich hat die Fülle mit dem, was im Außen ist, reichlich wenig zu tun. Die Fülle findet sich jenseits des Konsumrausches, jenseits der Überreizung durch die Vielzahl der Angebote und jenseits unserer Statussymbole.

Die Fülle drückt sich im Inneren aus, in Form von Erfahrungen und Einstellungen, von ganz persönlichen Werten und Lebensstrukturen. Diese gilt es, für sich zu überprüfen und anzuwenden. Im Folgenden gibt es einige Denkanstöße, wie Ihr Leben in der Fülle aussehen kann.

Sie möchten flexibel sein und neue Sachen ausprobieren, von altbackenen Floskeln haben Sie genug. Aussagen wie „Das haben wir schon immer so gemacht" oder „Das kann ich mir nicht vorstellen" sollten der Vergangenheit angehören. Wenn wir uns an dem orientieren, was sich Einzelne nicht vorstellen können, kommen wir nicht weiter.

Ob in der Freizeit oder im Beruf: Sie möchten nicht eine, sondern eine Fülle an Möglichkeiten haben und ausprobieren. Indem Sie vielseitige Erfahrungen machen, finden Sie das Passende für sich. Sie erfreuen sich am Genuss, haben Spaß an guter Qualität und umgeben sich mit schönen Dingen. Darüber hinaus sind Sie gerne mit angenehmen Menschen zusammen. Sie gehen ehrlich und authentisch durch Ihr Leben, machen anderen und vor allem sich selbst nichts vor. Denn Sie haben Ihre wirklichen Bedürfnisse verinnerlicht.

Sie haben Ihre Prioritäten neu geordnet. Ihnen ist bewusst geworden, dass Sie nicht zusammen mit Ihrem Abteilungsleiter alt werden wollen, sondern mit Ihrem Partner. Sie haben erkannt, dass Ihnen die Menschen, die Ihnen nahe stehen, am wichtigsten sind. Deshalb verbringen Sie viel Zeit mit Ihrer Familie und Ihren Freunden. Es sind Menschen, mit denen Sie Ihre eigenen Wertevorstellungen teilen.

Wenn Sie es nicht gewohnt sind, mit Ihren Lieben Zeit zu verbringen, werden Sie das auch nicht aus heiterem Himmel tun, wenn Sie in den Ruhestand gehen. Betrachten Sie Ihren letzten Urlaub, dann bekommen Sie einen Eindruck davon, in welche Richtung sich das Leben mit Ihren Lieben bewegt.

! Gehen Sie davon aus, dass alles da ist.

- Es ist genug Geld da. Die Grundbedürfnisse Wohnen, Essen und Kleidung sind erfüllt.
- Es ist genug da – immer. Damit entfällt die Existenzangst, das Horten und Bunkern.
- Es ist genug da – für alle. Es gibt keinen Grund, zueinander in Konkurrenz zu treten.
- Es ist genug Liebe da. Es muss nicht auf Ersatzbefriedigungen zurückgegriffen werden. So verlieren mancher Alkoholrausch,

manche Fressorgie oder andere Alltagsdrogen ihre Berechtigung.

- Es ist genug Platz da. Weil Sie selbst ausreichend Raum haben, können Sie anderen Menschen Platz zur Verfügung stellen. Sie freuen sich, wenn andere sich entfalten und neue Impulse in ihr Leben geben.

Worauf richtet sich Ihr Augenmerk?

Schauen Sie, in welchen Bereichen Ihres Lebens jetzt schon Fülle da ist! Dabei ist es überaus interessant, Ihren eigenen Fokus zu überprüfen:

- Betrachten Sie Ihre Stärken oder Ihre Schwächen?
- Richten Sie Ihre Aufmerksamkeit auf Ihre Erfolge oder auf Ihre Misserfolge?
- Und wie sehen Sie das bei anderen?
- Worüber unterhalten Sie sich mit Ihren Freunden, Kunden oder Geschäftspartnern? Ist wieder einmal etwas teurer oder knapp geworden? Darf es zur Abwechslung ein Gespräch über etwas Schönes sein, zum Beispiel eine gute Erfahrung oder ein tolles Erlebnis?

Versuchen Sie ganz bewusst, nicht an Mangel, sondern an Fülle zu denken. Erfreuen Sie sich an Ihren Stärken, an dem, was Sie gut gemacht haben. Erfahren Sie, wie sich etwas anfühlt, das Sie richtig gemacht haben. Das ist Klasse! Richten Sie das Lob an sich selbst und erkennen Sie es an. Es ist gut so wie es ist.

Geben Sie diese Form der Freude, der positiven Bestätigung an andere weiter. So können Sie die Fülle verinnerlichen und auf Ihr Umfeld ausbreiten. Und ganz wichtig: Bleiben Sie bei all dem. Ihr Gehirn wird hin und wieder auf das alte Mangel-Muster zurückgreifen.

Es mag Ihnen mitteilen, dass Sie erst dieses und jenes tun müssen, damit alles gut ist. Doch Sie wissen ja: Wenn Sie diesem Muster folgen, wird es niemals genug sein.

Fülle ist bedingungslos

Von Kindesbeinen an ist unser Leben an Bedingungen geknüpft. Neben unzähligen Verhaltensregeln gibt es gesellschaftliche Normen und eine Idee davon, welche menschlichen Seiten gelebt werden dürfen und welche nicht.

Einen Raum, in dem man sich einfach nur bedingungslos aufhalten kann, gibt es selten. Zu sehr haben wir alle den Glaubenssatz verinnerlicht, dass man etwas leisten muss, um sich Anerkennung zu verdienen, deshalb sind wir immer beschäftigt. Es bleibt selten Zeit für ein nettes Gespräch, sei es bei einer zufälligen Begegnung mit einem alten Bekannten oder im Geschäftsleben. Nachdem wir ein paar Worte miteinander gewechselt haben, müssen wir sofort weiter. Wir laufen verbissen hin und her, manchmal konfus und kopflos – Hauptsache wir zeigen jedem, wie viel wir zu tun haben. Beschäftigt zu sein, gehört zum guten Ton. Wer sich Auszeiten nimmt, verliert an Ansehen. Der Stress tut uns zwar längst nicht mehr gut, aber wir müssen unserem Muster folgen, egal, ob wir dabei gesund bleiben oder nicht. Denn ohne Leistung gibt es keine Anerkennung – das ist die Bedingung!

Wenn Sie in der Fülle sind, fallen diese Bedingungen weg. Sie können eine Pause machen, Sie dürfen in sich ruhen. Sie müssen nicht, Sie können. Die Bedingungslosigkeit darf in Ihr Leben einziehen. Sie dürfen so sein, wie Sie sind. Beginnen Sie bei sich selbst, und nehmen Sie sich so an, wie Sie sind. Ach, Sie sind nicht hundertprozentig perfekt, na und? Umso besser, dann braucht es Ihre Umgebung auch nicht zu sein.

Welche Freunde umgeben Sie? Haben Sie gedanklich Bedingungen aufgeführt, wer von Ihren Freunden Ihnen nützlich ist? Haben Sie Lust, etwas zu tun, was nicht an Bedingungen geknüpft ist?

Beginnen Sie bei sich selbst, nehmen Sie den Druck raus. Betrachten Sie die Anforderungen und Bedingungen, die Sie belasten. Was brauchen Sie davon wirklich? Ist es Ihnen möglich loszulassen, bedingungslos nichts zu tun und sich gut dabei zu fühlen? Darf weniger mehr sein?

Ihr Weg in die Fülle

Wenn alle anderen so tun, als hätten sie nicht genug, ist das noch lange kein Grund, sich genauso zu benehmen. Es ist ein bisschen so, als würde ein Kind schreiend im Sandkasten sitzen, weil es seine Schaufel nicht findet und deshalb nicht spielen kann. Es übersieht dabei, dass sich der Sand auch mit den Händen formen lässt. Sobald sich die Sichtweise ändert, kann das Spielvergnügen jederzeit beginnen.

Ihre Aufgabe ist, sich auf einen neuen Blickwinkel einzulassen. Gehen Sie in sich und übernehmen Sie Verantwortung für Ihr Tun. Sie dürfen in der Fülle sein, Sie dürfen sich so verhalten, als hätten Sie genug.

Wenn Sie jetzt anführen, dass Sie keine Zeit haben, sich mit solchen Dingen zu beschäftigen, dann überlegen Sie doch mal: Was können Sie abgeben oder einfach sein lassen, um mehr Zeit zu haben? Machen Sie sich frei vom Konzept des Zeitmangels, das Sie in der alten Energie manipuliert hat.

! **Sie haben Zeit. Es ist alles da,**
• **es ist genug da.**

Vertrauen

In Verbindung mit der alten Energie haben wir uns mit der Angst befasst und herausgefunden, dass sie unsere persönliche Entwicklung hemmt. Lassen wir die Angst nun hinter uns, denn in der neuen Energie hat sie keine Berechtigung mehr. An ihre Stelle tritt das Vertrauen.

Mit diesem Begriff verbinden wir oft die Frage, ob wir anderen Menschen vertrauen können. In unserer Kultur haben wir gelernt, unbekannten Menschen nicht „über den Weg zu trauen". In der Regel müssen diese zunächst beweisen, dass sie unser Vertrauen verdienen. Mit dieser Haltung möchten wir verhindern, beispielsweise finanziell oder emotional betrogen zu werden. Zur Sicherheit haben wir eine Vielzahl an Kontrollmechanismen in unser Leben eingebaut, was allerdings oft kontraproduktiv ist.

Vertrauen in andere

Es beginnt bereits in der Partnerschaft: Eva war in erster Ehe mit einem notorischen Schürzenjäger verheiratet. Einige Jahre nach der Scheidung hat sie Günther kennengelernt und lebt nun mit ihm zusammen. Sie liebt ihn, hat aber ständig Angst, dass er mit einer anderen Frau eine Affäre beginnt, weshalb sie eine strenge Kontrolle über ihren Partner ausübt. Eva will wissen, wo Günther hingeht, wie lange er bleibt, was er vorhat. Eifersüchtig überwacht sie jeden seiner Schritte, beäugt jeden harmlosen Kontakt zum anderen Geschlecht und sieht manchmal sogar die Anrufliste in Günthers Handy durch. Sie handelt aus Angst, ihren Partner zu verlieren, und wird mit ihrem Kontrollzwang vermutlich genau das erreichen. Denn Günther fühlt sich eingeengt und wird irgendwann aus der Beziehung ausbrechen, um sich endlich wieder frei bewegen zu können.

Wie viel schöner ist es da, dem Partner zu vertrauen und ihn freizulassen. Maria und Markus führen eine solche Beziehung. Sie haben durchaus gemeinsame Interessen und verbringen viel Zeit miteinander. Darüber hinaus pflegen sie aber auch ihre je eigenen Kontakte und Hobbys. Sie lassen sich gegenseitig Raum für die eigene Entfaltung. Dadurch, dass Markus und Maria ihre persönlichen Bedürfnisse stillen können, können sie großzügig auf die Belange des anderen eingehen. Das ist nicht möglich, wenn einer immer das Gefühl hat, zu kurz zu kommen, also im Mangel zu sein. Er erwartet dann vom Partner, dass er diesen Mangel kompensiert, und so beginnt ein Kampf um die Energie.

Markus und Maria vertrauen einander und schaffen damit einen gesunden Nährboden für ihre Liebe. Außerdem gibt es immer Gesprächsstoff, denn jeder kann erzählen, was er erlebt hat. Und sie wissen: Wenn es wirklich darauf ankommt, ist der andere da, um zu unterstützen. Maria und Markus können sich aufeinander verlassen, und dieses Vertrauen gibt ihnen viel mehr Sicherheit als jede Kontrolle.

Auch im Berufsleben kann Vertrauen eine ganz neue Basis für die Zusammenarbeit schaffen. Wenn der Vorgesetzte den Glaubenssatz hegt „Meine Mitarbeiter sind dumm und faul", wird er aufwändige Kontrollmechanismen installieren. Diese sind teuer, zeitintensiv und haben zur Folge, dass jeder menschliche Fehler registriert und kritisiert wird. In diesen engen Grenzen haben die Mitarbeiter gar keine Chance, ihr Bestes zu geben. Wenn jeder Arbeitsschritt genau definiert ist, bleibt kein individueller Handlungsspielraum mehr. Die Angst, einen Fehler zu machen, lähmt jede Kreativität. In dieser Atmosphäre sind die Angestellten froh, wenn sie der Firma den Rücken kehren können, was sie pünktlich zum Feierabend tun.

Was geschieht aber, wenn der Vorgesetzte seinen Mitarbeitern einen Vertrauensvorschuss gibt? Was ist, wenn er davon überzeugt ist, dass sie ihre Arbeit gut und gerne machen? In dem Film „The Wolf of Wall Street"[12] lässt sich sehr schön beobachten, was dann geschehen kann: Ein Wertpapierhändler stellt eine neue Mitarbeiterin ein, die ihn im Vorstellungsgespräch um einen kleinen Vorschuss von 500 Dollar auf ihr erstes Gehalt bittet. Statt der gewünschten 500 Dollar zahlt er ihr 5.000 Dollar aus, weil er an sie und ihre Fähigkeiten glaubt. Einmal angestellt, will die Mitarbeiterin unbedingt beweisen, dass der Broker ihr zu Recht vertraut hat. Sie macht eine hervorragende Arbeit und bringt der Firma hohe Gewinne ein. Beflügelt vom Erfolg hat die Frau sehr viel Freude an ihrer Arbeit. Außerdem ist sie hundertprozentig loyal zu ihrem Arbeitgeber, weil er ihr aus einer Notlage herausgeholfen hat. Der Vertrauensvorschuss hat eine Wechselwirkung aus positiver Energie erzeugt, von dem alle profitieren. – In welchem der beiden vorgestellten Unternehmen möchten Sie lieber arbeiten?

Der Wert eigener Erfahrungen

Von einem vertrauensvollen Umgang miteinander profitieren besonders Kinder. Allzu oft übertragen Eltern ihre Ängste auf die Kinder. Das drückt sich in Sätzen aus wie „Fall nicht hin!" oder „Gib mal her, du kannst das sowieso nicht." Statt ein Kind zu ermutigen, Dinge auszuprobieren, wird es ständig ermahnt, aufzupassen oder sich nicht weh zu tun. Darunter leidet das Selbstbewusstsein.

---

[12] Scorsese, Martin: „The Wolf of Wall Street". USA 2013.

Warum trauen Eltern ihren Kindern so wenig zu? Hängt das vielleicht mit ihrem eigenen Selbstvertrauen zusammen? Mit ein wenig Zeit und Geduld lernen die Kleinen schon alles, was nötig ist. Sie brauchen einfach die Möglichkeit, eigene Erfahrungen zu machen. Jedes Kind wird einmal hinfallen oder etwas nicht schaffen, was es sich vorgenommen hat, zum Beispiel auf den großen alten Baum am Rande der Wiese zu steigen. Aber es wird einen neuen Versuch unternehmen, es wird aus seinen Fehlern lernen und sich beim nächsten Mal etwas anderes einfallen lassen: die Füße auf andere Äste setzen, einen anderen Aufstieg wählen. Mit der neuen Methode klappt es dann vielleicht, bis zur Baumkrone zu kommen.

Eine solche Erfahrung ist enorm wichtig, um das eigene Selbstvertrauen zu stärken. Denn seien wir mal ehrlich: Auch im wahren Leben läuft doch nicht alles so, wie wir es uns vorgestellt haben. Einige Dinge klappen, an anderen scheitern wir. Doch wichtig ist nicht, wie oft uns das Leben in die Knie zwingt. Es zählt nur, dass wir wieder aufstehen.[13]

Deshalb ist es so wichtig, auch als Erwachsener immer wieder kleine Risiken einzugehen. Wir, Petra und Jürgen, machen gern Urlaub in Asien, am liebsten im Dschungel. Auf der Insel Sumatra hatten wir uns in den Kopf gesetzt, eine schwer zugängliche Fledermaushöhle zu besuchen. Zusammen mit einem einheimischen Guide gingen wir los. Die Höhle war dunkel und der Weg anspruchsvoll. Wir kletterten mehr als wir liefen. Es galt, auf steilen Felsnadeln und scharfkantigen Steinen zu balancieren, während wir uns immer weiter in die Höhle vorwagten. Neben den Felsen ging es oft steil den Abgrund hinunter. Jeder Fehltritt hätte gefährlich werden können, doch die Neugier siegte über die Angst.

[13] Vgl. Stallone, Sylvester: *„Rocky Balboa"*. USA 2006.

Von Stein zu Stein kletterten wir weiter. Wir waren mit unserer vollen Aufmerksamkeit in der Höhle und setzten einfach immer einen Fuß vor den anderen. Das machte den Kopf frei. Statt über die Risiken nachzudenken, genossen wir ein neues Körpergefühl. Unsere Geschicklichkeit und unser Gleichgewichtssinn brachten uns sicher durch die Höhle und am Ende wartete die Belohnung: Tausende von Fledermäusen hingen an der Decke, sie flogen durch eine Öffnung hinein oder hinaus – und uns erfüllte eine tiefe Zufriedenheit, es bis hierher geschafft zu haben.

Jedes Mal, wenn Sie Ihre Grenzen überschreiten und etwas Neues wagen, machen Sie eine Erfahrung. Das mag eine gute oder eine schlechte Erfahrung sein. Sie stoßen auf Hürden und überwinden sie, oft anders als vorhergesehen. Irgendwie schaffen Sie es, jenseits der Grenzen zu agieren, und das macht Sie stolz. Sie entwickeln Vertrauen in Ihre eigenen Fähigkeiten und wissen: Wenn beim nächsten Mal etwas Unvorhergesehenes passiert, kann ich mit der Situation umgehen. So öffnet Ihr Selbstvertrauen das Tor zu Ihren Potenzialen. Schritt für Schritt können Sie den Radius Ihrer Aktivitäten erweitern. Das Leben bietet immer neue Möglichkeiten, die Sie entdecken können. Das macht doch viel mehr Freude, als immer nur in demselben Trott zu verharren, oder?

Mut zur Wahrheit

Vertrauen in sich selbst und in andere führt uns zu einem weiteren wichtigen Aspekt: der Wahrheit. Die Wahrheit deutlich auszusprechen, ist in der alten Energie nicht leicht. Aus Angst, nicht so angenommen zu werden, wie wir wirklich sind, spielen wir häufig eine Rolle. Da reicht es schon, mit einer Gruppe aus Freunden unterwegs zu sein, die alle gern „einen drauf machen", während Sie selber lieber in der Hotellounge vor dem Kamin ein Buch lesen möchte. Trauen Sie sich in diesem Fall die Wahrheit zu sagen, nämlich: „Ich habe keine Lust mitzugehen"? Oder finden Sie eine Ausrede praktischer: „Meinem Magen geht es nicht gut. Ich habe wohl das Essen nicht vertragen und muss mich hinlegen."

Wenn der Gruppenzwang stark ist, werden Sie wahrscheinlich zu einer Ausrede greifen. Selbst in diesem harmlosen Beispiel brauchen Sie ein gesundes Selbstvertrauen, um zu Ihrem eigenen Bedürfnis zu stehen. Außerdem benötigen Sie Vertrauen in Ihre Freunde: Wenn Sie sicher sind, dass die anderen Ihre alternative Abendgestaltung akzeptieren, geht die Wahrheit leicht über die Lippen.

Bei ernsteren Themen wird oft sehr viel (alte) Energie investiert, um eine Lüge aufrecht zu erhalten. Das kostet enorm viel Kraft und zehrt an den Energiereserven.

Sicher kennen Sie genug Geschichten von alten Familiengeheimnissen, die sorgsam über Jahrzehnte gehütet werden, nur damit nach außen hin eine makellose Fassade gewahrt wird. Unter der polierten Oberfläche aber brodelt es, alte Verletzungen schwelen und wollen ans Tageslicht. In der neuen Energie wird genau das geschehen: Sind wir im Vertrauen, dürfen sich die lang unterdrückten Wunden zeigen. Wir können mit anderen darüber sprechen und positive Unterstützung bekommen. Am Ende sind wir vielleicht in der Lage, uns selbst und anderen zu vergeben. Kommt die Wahrheit ans Licht, können die Themen heilen und wir sind frei. Dann können wir uns anderen Dingen zuwenden. Das Leben kann weitergehen.

Mit Leichtigkeit in die richtige Richtung

In der westlichen Kultur ist das Konzept der Zielorientierung sehr verbreitet. In vielen Ratgebern wird empfohlen, sich konkrete – am besten messbare – Ziele zu setzen. Diese sollen wir schriftlich fixieren und uns die genauen Schritte überlegen, wie und in welchem Zeitraum wir dorthin gelangen.

Nehmen wir an, Sie wollen bis zum Jahresende einen neuen Partner finden, das ist das Ziel. Sie melden sich bei einer Kontaktbörse im Internet an, um dieses Ziel zu erreichen. Als konkrete Schritte legen Sie für sich fest, jeden Monat zwölf mögliche Kandidaten zu kontaktieren und mindestens drei persönliche Verabredungen zu treffen. Bis Silvester muss dann das Ergebnis vorliegen: der neue Partner.

Wie fühlt es sich an, sich so ein Ziel zu setzen? Können Sie den Druck spüren, der auf Ihnen lastet? Zwei Abende die Woche verbringen Sie jetzt am Computer, um die Kontaktanzeigen zu sondieren und eine erste Auswahl zu treffen. Dann schreiben Sie die aussichtsreichsten Kandidaten an. Das braucht Zeit, denn Sie möchten ja einen guten Eindruck hinterlassen. Ihrerseits haben Sie natürlich einen umfangreichen Katalog an Kriterien ausgearbeitet, die der neue Partner erfüllen soll. Ihr Ziel ist also auch noch an genau definierte Bedingungen geknüpft. Diese Computerabende halten Sie penibel ein – das Ziel will ja erreicht werden. Leider verpassen Sie deshalb unter anderem die Geburtstagsfeier einer guten Freundin, wo Sie die Chance hätten, deren Studienkollegen aus Berlin kennenzulernen – allesamt noch nicht in festen Händen.

Dieses Beispiel mag etwas überzogen sein, aber es wird deutlich, wie sehr wir uns durch eine Zielorientierung begrenzen. Wir sind darauf konditioniert, einen festen Plan auszuarbeiten und an diesem festzuhalten. Dabei entwickeln wir manchmal einen regelrechten Tunnelblick und übersehen gute Gelegenheiten am Wegesrand. Das ist im Fall der verpassten Geburtstagsparty passiert. Es kann natürlich sein, dass sich unter den Berliner Freunden kein Partner für Sie gefunden hätte. Aber zumindest hätten Sie einen schönen Abend in Gesellschaft verlebt, statt allein vor dem Bildschirm zu sitzen.

Eine starre Zielorientierung baut Druck auf. Denken Sie mal an eines Ihrer eigenen Ziele. Vielleicht merken Sie, wie sich eine Anspannung in Ihrem Körper ausbreitet. Beißen Sie die Zähne zusammen oder verkrampft sich Ihr Nacken? Entwickelt sich ein nervöser Tick?

Natürlich ist es gut, eine Vorstellung davon zu haben, wo es im Leben hingehen soll. Aber statt ein Ziel festzulegen, könnten Sie einfach darüber nachdenken, in welche Richtung Sie gehen möchten. Die ersten beiden Schritte können Sie sich durchaus überlegen, das hilft dabei, loszugehen und die richtige Richtung einzuschlagen. Aber planen Sie nicht den ganzen Weg im Voraus. Nehmen Sie sich die Zeit, unterwegs nach links und rechts zu schauen.

Um bei unserem Beispiel zu bleiben: Ist ein offener Wunsch nach einer erfüllten Partnerschaft nicht viel angenehmer als die aufreibende Recherche in der Kontaktbörse? Vielleicht nehmen Sie sich dann vor, in Zukunft öfter mal mit offenen Augen in einem Café als daheim auf dem Sofa zu sitzen. Damit hat dann der Zufall eine Chance, für Sie aktiv zu werden, und schickt Ihnen vielleicht einen Partner, der zwar nicht so schlank ist, wie Sie es sich gewünscht hätten, dafür aber einen wunderbaren Sinn für Humor hat.

Indem Sie loslassen, geben Sie den Dingen Raum, sich von selbst zu fügen. Und das Ergebnis ist dann manchmal viel besser als alles, was wir uns vorher in unserem Kopf zurechtgelegt hatten. Interessanterweise arbeitet das Gehirn auf die gleiche Weise. Sicher haben Sie schon einmal verzweifelt über einem Problem gebrütet, stundenlang, ohne eine Lösung zu finden. Irgendwann haben Sie aufgegeben und sich ausgeruht. Und plötzlich kam unter der Dusche der entscheidende Gedanke auf, wie aus heiterem Himmel. Was war passiert? Sie hatten zwar immer noch den Wunsch, eine Lösung zu finden, aber Sie haben aufgehört, krampfhaft zu grübeln, und losgelassen. In der Denkpause hatte das Gehirn Zeit, sich zu sortieren, neue Verbindungen zu knüpfen und Zusammenhänge zu erkennen. Und siehe da: Plötzlich ist die richtige Idee von selbst gekommen.

Wenn Sie es schaffen zu vertrauen, können Sie viel gelassener durch das Leben gehen. Geben Sie es auf, alles perfekt und nach Plan machen zu wollen – es wird ohnehin anders kommen. Sie können aktiv Weichen stellen, die die Richtung weisen, und dann lassen Sie den Dingen ihren natürlichen Lauf. Mit etwas Vertrauen können Sie erleben, wie das Leben plötzlich leichter von der Hand geht und viel mehr Spaß macht.

Wertschätzung

Im vorigen Kapitel haben Sie erfahren, wie das Vertrauen in uns selbst zu Gelassenheit und Leichtigkeit führen kann. Horchen Sie einmal in sich hinein: Können Sie es ohne weiteres zulassen, dass Dinge leicht gehen? Oder gibt es vielleicht irgendwo in Ihnen einen Widerstand gegen diese Idee?

Der Wert Ihrer Talente

Oft läuft in uns ein Programm, dass Tätigkeiten, die uns leicht fallen und Freude bereiten, nichts wert sind. Nur wenn wir uns richtig anstrengen und an unsere Grenzen gehen, haben wir das Gefühl, etwas geleistet zu haben.

Das Zitat eines Studienkollegen ist typisch für diesen Glaubenssatz: „Wenn der Job Spaß machen würde, würde ich kein Geld dafür bekommen, sondern müsste Eintritt bezahlen." Entsprechend verharrt er bis heute in einer beruflichen Aufgabe, mit der er sich nahezu quält. Die Folge ist, dass er seine Arbeit weder gern noch gut macht.

Die Einstellung „Was leicht geht, ist wertlos" führt Sie weg von Ihren Talenten. Denn Tätigkeiten, für die Sie eine natürliche Begabung besitzen, erledigen Sie „mit links". Und gerade das macht Ihre angeborenen Fähigkeiten so wertvoll: Sie investieren zwar Energie in eine Tätigkeit, aber Sie bekommen genauso viel zurück. Ihr Energiehaushalt bleibt ausgeglichen, weil Sie im Flow sind. Und das Ergebnis fällt viel besser aus, als wenn Sie sich mit einer Tätigkeit verausgaben, die Sie anstrengt und Ihnen überhaupt nicht liegt.

Es macht einfach keinen Sinn, dass ein feinsinniger Mensch mit künstlerischer Ader auf einer Baustelle Mauerarbeiten erledigt. Er wird Mühe haben, mit dem rauen Umgangston zurechtzukommen und acht Stunden am Tag davon träumen, wie es wäre, jetzt an seiner Staffelei zu sitzen und das Licht auf der Leinwand einzufangen. Am Ende des Tages hat er sicher seine Mauern errichtet, aber seine Muskeln schmerzen und er legt sich daheim frustriert und erschöpft auf die Couch. Der Künstler reibt sich in einem Job auf, der ihm nicht entspricht. Die innere Leere, die dabei entsteht, kann kein Geld der Welt füllen.

Wie kam es dazu, dass der Künstler auf einer Baustelle arbeitet? Sein Vater war Handwerker, einer der richtig zupacken konnte und Spaß daran hatte, ein Haus unter seinen Händen entstehen zu sehen. Das künstlerische Talent seines Sohnes hatte er nicht gewürdigt. „Damit kann man kein Geld verdienen. Jetzt sitze nicht in der Gegend herum und pinsele die Leinwand an. Hilf mir lieber, das Kaminholz ins Haus zu schleppen." Bis heute denkt der Künstler, seine Begabung im Malen sei nichts als eine nette Freizeitbeschäftigung. Die wunderbaren Bilder, die mit so viel Leichtigkeit und Hingabe unter seinen Händen entstehen, sind in seinen Augen nichts wert. Als er neulich zwei Werke als Auftragsarbeit für ein kleines Hotel gemalt hat, hat er sie für einen Spottpreis verkauft.

Hinzu kommt, dass der Künstler das Malen nicht als Arbeit im klassischen Sinn ansieht. So geht es vielen von uns, wir betrachten nur einen Teil dessen, was wir tun, als Arbeit. Für viele Handwerker gelten zum Beispiel Bürotätigkeiten nicht als Arbeit. Für sie haben nur handwerkliche Aufgaben einen Wert. Sie vergessen dabei, dass andere Menschen ausschließlich mit Büroarbeiten ihr Geld verdienen. Diese wiederum sind vielleicht der Meinung, dass ein nettes Gespräch mit einem Kunden nichts wert ist. Denn in ihren Augen arbeiten sie nur dann, wenn sie am Computer sitzen.

! Wertschätzung beginnt bei jedem selbst.

Schätzen Sie das, was Sie tun, und seien Sie stolz darauf! Wenn Ihnen etwas leicht fällt oder Sie es nicht als Arbeit betrachten, kann es trotzdem sehr wertvoll sein. Schätzen Sie das, was Sie gut können und gern tun! Hier liegen Ihre Fähigkeiten und Talente, trauen Sie sich, zu ihnen zu stehen und sie immer mehr in Ihr Leben zu integrieren. Wenn Sie aus einer inneren Überzeugung heraus handeln und sich selbst schätzen, werden es auch andere tun.

Die Schlüsselrolle Ihrer Bedürfnisse

Der erste Schritt zur Wertschätzung ist, dass Sie sich selbst und Ihre Bedürfnisse wichtig nehmen. Erkennen Sie, was Sie brauchen, damit es Ihnen gut geht, und handeln Sie danach. Das kann mit Kleinigkeiten beginnen: Sie sitzen gerade nicht bequem? Dann ändern Sie die Sitzposition oder wechseln Sie den Stuhl. Sie möchten sich besser bewegen können? Nehmen Sie sich einen Abend in der Woche Zeit, um einen Yogakurs zu besuchen. Sie sind seit Tagen hundemüde? Sagen Sie am kommenden Wochenende alle Termine ab und schlafen Sie sich einmal richtig aus.

Indem Sie Ihre Bedürfnisse kennen und erfüllen, schätzen Sie sich selbst wert. Wenn es um einen Gegenstand wie zum Beispiel einen Wagen geht, ist es selbstverständlich, ihn regelmäßig zu pflegen. Sie lassen das Auto warten, sie fahren es in die Waschanlage und nehmen das teuerste Öl, damit der Motor gut läuft. Doch von unserem Körper und Geist erwarten wir, ohne ihnen besondere Aufmerksamkeit zu schenken, dass sie dauerhaft funktionieren.

Erlauben Sie es sich, in die Fülle zu gehen und gut für sich selbst zu sorgen. Sie werden schnell feststellen, dass Sie sich zufriedener und ausgeglichener fühlen. Es wird nicht mehr nötig sein, sich Ersatzbefriedigungen hinzugeben, um den inneren Mangel zu kompensieren.

Wenn Sie sich und Ihre Bedürfnisse nicht wertschätzen, machen Sie sich abhängig von der Meinung anderer. Bleibt die Anerkennung für Ihr Tun – also die positive Bestätigung – aus, wird Ihr Selbstwert weiter sinken. Das ist ein Teufelskreis, zumal andere Ihnen im Außen das spiegeln, was Sie im Inneren empfinden. Im Klartext heißt das: Wenn Sie sich selbst wertlos fühlen, werden Ihnen Ihre Mitmenschen immer wieder sagen, dass Sie und Ihre Leistungen unbedeutend sind. Sie bekommen das Gefühl, selbst nichts bewegen zu können. Deshalb legen

Sie Ihr Schicksal in die Hände anderer, damit diese Regie über Ihr Leben übernehmen. Das können der Ehepartner oder der Arbeitgeber sein, vielleicht auch der Versicherungsvertreter, der mit Ihrer Angst spielt, um Ihnen ein dickes Versicherungspaket zu verkaufen. Kurz: Sie werden manipulierbar.

Es gibt nur einen Weg, das zu ändern: Sie müssen sich selbst etwas wert sein! Wenn Sie Vertrauen in Ihre Fähigkeit haben und glauben, dass Ihr Engagement einen Unterschied macht, kommen Sie ins Handeln. Sie können selbst agieren, so wie Sie es für richtig halten, anstatt die Erwartungen anderer zu erfüllen. Auf diesem Wege gelangen Sie von der Fremdbestimmung in die Selbstbestimmung.

Positive Kreisläufe in der neuen Energie

Schaffen Sie es, den Selbstwert hochzuhalten, wird das positive Auswirkungen auf Ihre Umgebung haben. Die neue Energie zieht Kreise. Suchen Sie sich zunächst die Gesellschaft von Menschen, die Sie bedingungslos unterstützen. Eine, zwei oder drei Personen genügen schon.

Tina und Simone sind seit der Schulzeit beste Freundinnen. Tina hat immer wieder neue Ideen für ihre Lebensgestaltung, die bei weitem nicht mit Simones eigenen Vorstellungen übereinstimmen. Und doch steht sie Tina bedingungslos zur Seite, akzeptiert ihre „Eskapaden" und bestärkt sie auf ihrem Weg. Diese bedingungslose Wertschätzung hilft Tina über so manche Hürde hinweg, und wenn etwas mal nicht so läuft wie geplant, weiß sie, wo sie Trost findet. Nach einem Gespräch mit Simone geht es mit neuer Kraft weiter. Die Wertschätzung beruht auf Gegenseitigkeit, denn Simone hat genau das, was Tina fehlt: Sie hat schon sehr früh ein Lebensmodell gefunden, das für sie taugt, und ist mit sich und der Welt im Reinen. Auf diese Weise können beide Freundinnen ihren eigenen Weg gehen und trotzdem füreinander da sein.

Auch am Arbeitsplatz kann gegenseitige Wertschätzung das Arbeitsklima positiv beeinflussen. Überlegen Sie doch einfach mal, welche guten Eigenschaften Ihr Chef hat. Ergänzen diese Talente vielleicht Ihre eigenen Fähigkeiten? Er schüttet vielleicht am Montagmorgen alle Ideen, die er sich über das Wochenende hat einfallen lassen, über Sie aus. Schätzen Sie ihn für seine visionären Eigenschaften oder sind Sie genervt, weil er Ihren Arbeitsrhythmus durcheinander bringt? Kann er wiederum schätzen, dass Sie seine wilden Visionen strukturieren und in kleinen Schritten verwirklichen?

Die Anerkennung gegensätzlicher Talente kann sehr fruchtbar sein. Dann können zwei Personen zusammen viel mehr bewirken, als einer allein es könnte – eins plus eins macht drei. Sie können natürlich auch Ihre Zeit einsetzen, um auf den Schwächen Ihres Chefs herumzureiten, und sich auf einen Machtkampf mit ihm einlassen. Entscheiden Sie sich, welchen Blickwinkel Sie einnehmen wollen, den der alten oder der neuen Energie.

Ab und zu ein Lob oder ein Dankeschön auszusprechen, kann schon vieles verändern. Damit verleihen Sie Ihrer Wertschätzung Ausdruck. Außerdem gehen Sie in die Fülle, denn Sie wissen: Sie verlieren nichts dabei, wenn Sie einem anderen etwas geben, in diesem Falle Anerkennung.

In der alten Energie herrscht ein ewiger Wettkampf. Wenn Sie im Mangel leben, können Sie sich nicht erlauben, jemanden zu loben. Dann könnte der Konkurrent ja an Energie gewinnen und Ihnen eine Nasenlänge voraus sein.

In der neuen Energie hingegen können Sie großzügig sein. Das wird gute Gefühle in Ihrem Gegenüber auslösen. Er hat die Bestätigung, dass seine Fähigkeiten gesehen und geschätzt werden. Das motiviert und er wird sich umso freudiger ans Werk begeben, vorausgesetzt, er sieht sich selbst als wertvoll an. Nur dann wird er Ihr Lob auch aus vollem Herzen annehmen können.

Liebenswerte Fehler

So seltsam es scheint: Ein Lob zu akzeptieren, ist gar nicht so einfach. In unserer Gesellschaft liegt das Augenmerk allzu oft auf unseren Fehlern, statt auf unseren Errungenschaften. Schon in der Schule wird jeder Fehler angestrichen und hervorgehoben, und das setzt schiefe Akzente. Oft haben wir später Angst, überhaupt etwas – geschweige denn etwas Neues – zu tun, es könnte ja falsch sein.

Dabei übersehen wir, dass Fehler etwas Gutes sein können; aus ihnen können wir sehr viel lernen. Stellen Sie sich zum Beispiel vor, Sie machen eine Massage-Ausbildung. Um die erlernten Griffe und Techniken zu üben, geben Sie zwei anderen Ausbildungsteilnehmern eine Massage. Anschließend sollen diese beiden Personen ein Feedback zu Ihrer Behandlung geben. Ihr erster „Klient" genießt die Massage und gibt Ihnen zu verstehen: „Das war toll!" Der zweite Teilnehmer sagt, er habe sich grundsätzlich sehr wohlgefühlt, allerdings habe er zu drei Stellen der Behandlung eine Anmerkung. Sie gehen die drei Punkte gemeinsam durch und finden Möglichkeiten, die Massage noch angenehmer und wirksamer zu gestalten. Sie freuen sich natürlich über das Lob des ersten Teilnehmers, der „alles toll" fand. Aber aus dem konstruktiven Feedback der zweiten Person haben Sie richtig etwas gelernt. Die ursprünglichen Fehler sind zu einer wahren Bereicherung geworden.

Gerade wenn Sie etwas Neues ausprobieren, werden Sie viele Fehler machen – das ist ganz normal. Denken Sie daran, wie es ist, eine neue Sprache zu lernen. Die ersten Gespräche mit Muttersprachlern werden sehr holprig sein, und Sie machen wahrscheinlich in jedem Satz Fehler.

Wenn Sie deshalb Angst haben, sich beim Sprechen zu blamieren, werden Sie im Gastland den Mund nicht aufmachen. Haben Sie aber den Mut, einfach fröhlich drauflos zu plappern, bekommen Sie mit der Zeit immer mehr Übung. Auch wenn Sie Ihre Mitmenschen mit drolligen Fehlern amüsieren, so können Sie sich doch verständigen und haben Ihre ersten Erfolgserlebnisse in der fremden Sprache. Das macht richtig Spaß und motiviert Sie weiterzusprechen. Im Kontakt mit den Muttersprachlern lernen Sie viele neue Redewendungen und Ihre Aussprache verbessert sich. Am Ende Ihres Auslandsaufenthaltes ernten Sie Wertschätzung von den Einheimischen: Sie sprechen immer fließender, und es hat allen Freude bereitet, sich mit Ihnen zu unterhalten. Wieder ist ein Kreislauf aus neuer Energie entstanden: Sie haben Ihre Fehler mit Humor genommen und aus Ihnen gelernt, gute Stimmung verbreitet und werden dafür von Ihren Mitmenschen anerkannt. Versuchen Sie also, Ihre Fehler wertzuschätzen, denn jeder einzelne kann sie weiterbringen.

Loben Sie sich selbst für das, was Sie gut gemacht haben.

Was ist wertvoll für Sie?

In der Wirtschaft werden Gegenstände und Dienstleistungen an ihrem Preis gemessen. Etwas ist so viel wert, wie jemand bereit ist, dafür zu bezahlen. Wenn etwas nichts kostet, ist es demnach nichts wert. Die Vorstellung „Wert ist gleich Preis" haben wir verinnerlicht und in Teile unseres Lebens integriert, in denen sie nichts zu suchen hat.

Ein erholsamer Spaziergang in der sonnigen Schneelandschaft kostet nichts. Ist er deshalb nichts wert?

Eine Krankenschwester kümmert sich in Tag- und Nachtschichten liebevoll um ihre Patienten und verdient damit 1.800 Euro brutto im Monat. Ist ihre Arbeit deshalb weniger Wert als die des Bankmanagers, der das zehnfache Gehalt bezieht? Kann man den Wert eines Menschen in Geld ausdrücken?

Was ist mehr wert: Überstunden machen, damit der Sohn ein teures Smartphone kaufen kann, oder kostenlose Zeit mit ihm verbringen?

Wir leben in einer Konsumgesellschaft. Wir kennen von allem den Preis und von nichts den Wert. Es ist Zeit, sich Gedanken um unser Wertesystem zu machen.

Treten wir einen Schritt zurück, stellen wir oft fest, dass die wichtigen Dinge im Leben keinen oder einen sehr geringen Preis haben: der Partner, die Familie, die Gesundheit, Zeit füreinander und für eigene Interessen, menschliche Zuwendung, persönliche Entfaltung, gemeinsame Erlebnisse mit Freunden... Ergänzen Sie die Liste um das, was Sie schätzen. Wenn Ihnen das schwer fällt, fragen Sie sich, was Sie am meisten vermissen würden, wenn es nicht mehr da wäre. Der Gedanke beispielsweise, die beste Freundin zu verlieren, lässt Sie wahrscheinlich sehr schnell den Wert dieser Freundschaft erkennen.

Die Wertschätzung in der Praxis

In die Wertschätzung zu gehen, erfordert eine neue Sichtweise auf die Dinge. In der alten Energie sind wir daran gewöhnt, Menschen und Situationen zu kritisieren. Die Aufmerksamkeit fließt also zu den Fehlern, die Sie selbst oder andere – Ihrer Meinung nach – gemacht haben. Sie beschäftigen sich darüber hinaus mit Dingen, die fehlen oder unzureichend sind (Mangel) oder vor denen Sie Angst haben.

Sie können sich jedoch bewusst entscheiden, den inneren Kritiker in einen wohlwollenden Beobachter zu verwandeln. Mit etwas Übung wird es Ihnen gelingen, Ihre Aufmerksamkeit immer mehr auf positive Eigenschaften und Ereignisse zu lenken. Auf diese Weise gelangen Sie von der alten in die neue Energie.

Übung

Die folgenden Leitfragen können Sie dabei unterstützen, sich mit der Wertschätzung zu verbinden. Wählen Sie ein oder zwei Fragen aus, mit denen Sie sich den Tag über beschäftigen möchten. Am besten, Sie schreiben sie auf einen farbigen Klebezettel, den Sie an den Kühlschrank, den Computer oder an eine andere Stelle heften, die Sie ständig im Blick haben. Sobald Ihre Gedanken anfangen, um die alte Energie zu kreisen, also sich zum Beispiel mit Mängeln, Fehlern oder Ängsten zu beschäftigen, kehren Sie mit Ihrer Aufmerksamkeit bewusst zu den Fragen des Tages zurück und damit zu den Dingen, die Sie wertschätzen.

- Was habe ich heute besonders gut gemacht?
- Welche meiner Fähigkeiten habe ich dafür eingesetzt?
- Wo kann ich diese Fähigkeit noch einbringen oder besser nutzen?
- Was habe ich heute in einem Bereich vollbracht, den ich nicht als Arbeit betrachte?
- Welches Bedürfnis habe ich heute ignoriert?
- Wie kann ich diesem Bedürfnis morgen Raum geben?
- Wofür bin ich heute dankbar?
- Welchen Fehler habe ich heute gemacht?
- Was habe ich daraus gelernt?
- Was hat einer meiner Mitmenschen heute gut gemacht?
- Was schätze ich an dieser Person?
- Was war heute mein schönstes Erlebnis?

Wie fühlen Sie sich, nachdem Sie sich mit diesen Fragen beschäftigt haben? Wie ist Ihre Stimmung? Ist sie anders als vor der Übung?

Freiheit

Wir leben in Freiheit! Arbeit macht frei, unsere Freizeit auch. Der Marlboro-Mann lebt im Wilden Westen seinen Traum. Der neue Geländewagen „Super Car" verspricht Freiheit pur. Vom aktuellen Smartphone und dem großen Flachbildschirm bis hin zur modernen Einbauküche können wir uns jeden Wunsch erfüllen. Wir haben alles, was wir brauchen, und was wir wollen, kaufen wir. So fühlt es sich an, frei zu sein, oder?

Wir fahren in den Urlaub und haben Spaß. Dank modernster Technik können wir auch da arbeiten, wo andere Urlaub machen. Und dabei brauchen wir nicht auf unsere Freunde und Kollegen zu Hause zu verzichten, denn wir können überall, jederzeit telefonieren, eine SMS versenden oder mailen. Wir haben alle Möglichkeiten.

Doch nach dem letzten Urlaub oder so manchem Wochenende fällt am Montag der Beginn der Alltagswoche schwer. Es kommt der Verdacht auf, dass etwas fehlt. Nur was?

Sind wir wirklich so frei, wie wir denken, oder funktionieren wir nur? Um darüber nachzudenken, brauchen wir Zeit. Aber wie so oft steht schon wieder die nächste Sache an, die es zu erledigen gilt. Der Impuls, über sich selbst nachzudenken, ist verflogen.

Wie können Sie erkennen, was für Sie selbst Freiheit bedeutet? Wenn in Ihrem Leben auf Dauer etwas nicht stimmig ist, macht es Sinn, den Ist-Zustand zu analysieren. Und da gibt es schon die erste Hürde: Sie brauchen den Willen, einmal genauer hinzuschauen; von alleine ändert sich nichts. Spielen Sie Detektiv, nehmen Sie die Spuren, die Sie umgeben, unter die Lupe. Das ist Ihr erster Schritt in die Freiheit!

! Solange Sie nur funktionieren, kommen Sie nicht zum Nachdenken.

Wenn Sie die Möglichkeit haben, Ihrem Alltag mal zu entfliehen, tun Sie das. Zum Beispiel eignet sich eine Reise sehr gut dafür, den Kopf frei zu bekommen. Wenn Sie Ihre Reise selbst gestalten, können Sie Ihren eigenen Rhythmus leben. Wenn Sie Ihren Tagesablauf selbst bestimmen, lernen Sie ganz von allein das Gefühl der Freiheit kennen. Dabei ist es wichtig, ausreichend Freiraum zu lassen. Planen Sie nicht so viel im Voraus, sonst befinden Sie sich schnell wieder im Hamsterrad Ihres Alltags, in dem Sie einfach nur funktionieren. Beobachten Sie, was Ihnen Freude bereitet und was nicht. Der Zugang zu Ihrer Freude zeigt Ihnen Wege in die Freiheit auf. Hören Sie sich selbst zu, wenn sich Ihre wirklichen Bedürfnisse melden.

Sie möchten Boot fahren und über die Weite des Meeres blicken? Dann tun Sie es!

Sie möchten mehr von Ihrem Tagesablauf selbst bestimmen? Dann äußern Sie Ihre Wünsche!

Sie möchten gerne mehr Zeit für sich? Dann nehmen Sie sich diese Zeit!

Tun Sie Dinge, bei denen Sie sich frei fühlen, und orientieren Sie sich an Ihrem Gefühl. Spielen Sie mit Ihren Gewohnheiten, Sie müssen nicht immer das Gleiche tun. Mischen Sie das Vertraute mal mit etwas Neuem und schon sind Sie auf dem Weg zu Ihrer eigenen Entfaltung. Sie beginnen, Ihr Leben selbst in die Hand zu nehmen und zu gestalten. Als Werkzeug haben Sie eigene gesammelte Erfahrungen, die Sie auf Ihrem weiteren Weg bereichern. Sie lernen Ihre wirklichen Bedürfnisse kennen und haben die Freiheit, danach zu handeln.

! **Freiheit ist da, wo das Funktionieren aufhört und die
eigene Entfaltung beginnt.**

Bei den Menschen in Ihrer Umgebung stoßen Sie mit dem Wunsch
nach Freiheit vielleicht auf Unverständnis. „Arbeite lieber, dann kommst
du nicht auf solch einen Unsinn", bekommen Sie da vielleicht zu hören.
Alle haben ein Interesse daran, dass Sie bleiben, wo Sie sind, und nach
den bewährten Mustern funktionieren, nur dann erfüllen Sie einen
Nutzen. Wenn Sie sich weiterentwickeln, könnte die Welt des anderen
in Frage gestellt werden, und die möchte ja ein jeder bewahren. Da ist
sie wieder, die alte Energie: Besitzstandswahrung vom Feinsten.

Sie ist zum Beispiel der Grund, warum es in Ihrem gewohnten Umfeld niemanden interessiert, welche neuen Erfahrungen Sie im Urlaub
gemacht haben. Akzeptieren Sie das und wenden Sie sich Gesprächspartnern zu, die ein offenes Ohr für Ihre Erlebnisse haben. Vielleicht
bringen Ihre neuen Themen jetzt auch neue Menschen in Ihr Leben.

! **Um in die Freiheit zu gehen, genügt zunächst nur
ein Gedanke, eine Idee, die Sie pflegen und mit
der Sie sich beschäftigen.**

Um sich mehr auf die eigenen Gedanken einzulassen, ist es wichtig,
fremde Gedanken oder Belange außen vor zu lassen, da Sie sonst fortwährend mit den Gedanken von anderen beschäftigt sind.

Das macht das Thema Arbeitsplatz so brisant: Sie denken vielleicht,
dass Sie nur Ihre Arbeitskraft gegen ein Entgelt zur Verfügung stellen.
Doch das genügt schon lange nicht mehr. Viele von uns haben sich mit
Leib und Seele an die Firma verkauft. Oder wie wollen Sie die Situation
sonst beschreiben? Wird von Ihnen etwa nicht verlangt, dass Sie den

ganzen Tag in einem Gebäude festsitzen, in dem Privatsphäre, Tageslicht und frische Luft Mangelware und dafür Stress, Druck und Zwang an der Tagesordnung sind. Ihre Gespräche werden – natürlich nur damit Sie sich selbst verbessern – aufgenommen und abgehört. Findet eine Überwachung Ihres Computers statt oder nimmt eine Kamera Ihren Arbeitsplatz in Augenschein? Wie viel Kontrolle braucht es noch? Unter diesen Gegebenheiten und Umständen ist eine persönliche Entfaltung zum Scheitern verurteilt, zumal Sie gedanklich alles Mögliche aus dem Unternehmen mit nach Hause in Ihr Privatleben nehmen. Sie sind in Ihrer Freizeit in Gedanken mit der Firma beschäftigt, auch nachts oder am Wochenende. Vielleicht reagiert Ihr Körper schon mit Symptomen. Das alles hat nichts mehr mit Arbeit zu tun, hier werden Sie systematisch bei der Stange gehalten. Mit Leib und Seele stellen Sie Ihre Lebenskraft zur Verfügung.

Frei sein beginnt in uns selbst

Nehmen Sie sich selbst die Freiheit, aus einer festgefahrenen Situation herauszugehen. Es kann Sie niemand zwingen, in einem Zustand zu verharren, in dem Sie sich nicht wohlfühlen. „Frei sein" bedeutet, dass Sie bei schönem Wetter spazieren gehen können, um aufzutanken. Das sollte auch am Arbeitsplatz selbstverständlich sein, und es kommt allen zugute. Sie selbst wissen am besten, welche Bedingungen Sie brauchen, um gut arbeiten zu können. Ihrem Arbeitgeber obliegt es, Sie dabei zu unterstützen. Fordern Sie seine Hilfe ein!

Es bedarf einer klaren Entscheidung, in welche Richtung Sie gehen wollen. Für Ihre Entfaltung und die Klärung Ihrer Bedürfnisse braucht es Zeit sowie einen geeigneten Rahmen. Auch wenn das bedeutet, dass Sie sich einen neuen Arbeitsplatz suchen oder von bestimmten Personen Abstand halten müssen.

Auch hier gilt: Sie können nicht immer das Gleiche tun und ein anderes Resultat erwarten!

Die Zeit ist reif für die neue Energie

Was in Ihrem persönlichen Umfeld gilt, trifft auch auf die Gesellschaft als Ganzes zu. Mit geballter alter Energie durchschreiten wir seit Jahren eine Krise nach der anderen. Zudem erleben zurzeit unzählige Unternehmen, dass sie gewaltige Marktanteile verlieren und altbewährte Strukturen versagen. So mancher Skandal kommt ans Licht.

Unter Druck und Zwang ist wohl kaum jemand kreativ oder hat revolutionäre Gedanken, die das nächste Wirtschaftswunder erschaffen. Wie kann in einem Rahmen, der rigoros von Bedingungen eingeschränkt ist, etwas Neues entstehen? In jedem Büro, in jedem Meeting sowie im privaten Bereich legt der Hausherr die grundlegenden Bedingungen fest. Und genau innerhalb dieses fest definierten Rahmens, der oft von einer einzigen Person bestimmt wird, sollen andere ihr Bestes geben. Die Motive liegen auf der Hand: Wenn Menschen in einem Arbeitsprozess von Mangeldenken und Angst getrieben werden, möchte jemand seinen Besitzstand wahren.

Doch die Welt verändert sich hin zur neuen Energie. Wer sich jetzt noch von Kontrolle und Besitzstandswahrung als Motive leiten lässt, kann langfristig nicht bestehen. Genau das ist der Grund, warum Altbewährtes nicht mehr funktioniert. Und die Gegenmaßnahme, noch mehr Altbewährtes zu kreieren, führt natürlich auch zu keinem Ergebnis. Hier wird täglich gegen eine neue Entwicklung angekämpft, die nicht mehr aufzuhalten ist. Sie ist längst da, es geht nur noch darum, sich auf sie einzulassen.

Der Weg in eine freie Gesellschaft

Der Markt, die Menschen und unser Land sind im Wandel. Damit verändern sich unser Gedankengut und unsere Energie. Unsere wirklichen Bedürfnisse kommen auf den Tisch. Während die einen sich noch daran ergötzen, ihre Mitmenschen an der Nase herumzuführen, gibt es andere, die Klarheit und Offenheit repräsentieren. Dafür ist ein ganz anderes Know-how erforderlich – und eine Weisheit, die von innen heraus kommt, die gefühlt und gelebt wird. Das schafft Raum für neue Strukturen, in denen sich jeder Einzelne frei entwickeln kann. Mit diesem freien Rahmen wird so manche Führungskraft überfordert sein, für andere ist er längst täglich Brot.

Stellen Sie sich nun vor, dass viele Menschen damit beginnen, ihre Themen zu klären. Damit übernehmen sie die Verantwortung für ihr eigenes Handeln, statt die Schuld immer bei anderen zu suchen. Mit ihrer neuen Einstellung sind sie ein Beispiel für ihre Mitmenschen, die nun ihrerseits ihr Selbstvertrauen stärken und freier leben. Denn wir orientieren uns an dem, was uns umgibt.

Auf diese Weise unterstützen sich die Menschen gegenseitig und alle gewinnen an Lebenskraft. Sie tanken regelmäßig auf und haben ausreichend Energie. Ein jeder hat seine Bedürfnisse und seine Berufung erkannt und beschäftigt sich mit dem, was er liebt. Es spart allen eine Menge Zeit, wenn die eigene Energie nicht mehr auf Kontrolle, Intrigen und taktische Vorgehensweisen verwendet wird, sondern die Aufgabe im Vordergrund steht.

Wo Herzblut und Begeisterung Hand in Hand gehen, lässt der Erfolg nicht lange auf sich warten. Wenn immer mehr Menschen ihr Potenzial erschließen, kann das unser ganzes Land verändern.

Die Voraussetzung für den gesellschaftlichen Wandel ist Freiraum. Und deshalb nimmt in der Bevölkerung auch der Wunsch nach einem bedingungslosen Grundeinkommen zu. Die Idee beinhaltet, jedem Bürger bedingungslos eine Grundsicherung auszuzahlen, ohne Gegenleistung und ohne Bedürftigkeitsprüfung.[14]

Haben wir ein sicheres Einkommen, ist für unsere Grundbedürfnisse gesorgt. Es gibt keinen Druck mehr, das Geld zur Grundlage unserer Entscheidungen zu machen.

Wir können uns den Arbeitsplatz aussuchen, weil er uns zusagt, nicht weil wir ihn unbedingt brauchen.

Wir können uns Freiräume schaffen.

Wir können mit unserer Familie und unseren Freunden mehr Zeit verbringen.

Wir können unsere Werte frei leben und in unsere Arbeit einbringen.

Wir können wieder Freude empfinden und die eigene Freiheit genießen. Dabei fällt es leicht, auch andere „frei" zu lassen.

Freiheit beinhaltet sehr viel Wertschätzung, sich selbst und anderen gegenüber. Wir handeln nicht aus der Not und nicht aus Angst heraus. Wir leben in der Fülle.

Wir unterstützen uns dabei gegenseitig und folgen unserem Herzen.

Wir gehen mit unserem Handeln in die Selbstbestimmung und übernehmen dafür die Verantwortung.

Wir können unser Leben aktiv in die Hand nehmen, uns dem zuwenden, was wir gerne tun, und uns den Menschen widmen, die wir lieben.

---

[14] http://www.grundeinkommen.de

Das Leitmotiv: bedingungslose Liebe

Sie haben nun die vier Wegweiser erforscht, die in die neue Energie führen. Fassen wir an dieser Stelle noch einmal zusammen, wie die *Fülle*, das *Vertrauen*, die *Wertschätzung* und die *Freiheit* zusammen wirken.

Sobald wir uns innerlich darauf einstellen, in der Fülle zu leben, fallen Zeit- und Leistungsdruck von uns ab. Mit der Gewissheit, dass es von allem genug gibt, können wir ruhiger und gelassener agieren. Weil wir uns selbst und anderen vertrauen, wagen wir es, uns auf neue Erfahrungen einzulassen. Wir haben eine klare Vorstellung davon, in welche Richtung wir gehen möchten, und nutzen Gelegenheiten, die sich am Wegesrand für uns auftun. Dadurch geht vieles leichter, zumal wir keine Angst haben, Fehler zu machen. Wir leben authentisch und schöpfen unsere Potenziale aus, denn wir kennen und würdigen unsere eigenen Talente. In einem Zustand der Freiheit ist für die eigenen Bedürfnisse gesorgt. Darüber hinaus tolerieren und schätzen die Leute einander für ihre Eigenarten und Fähigkeiten. So entsteht ein Rahmen, in dem sich Kreativität entfalten kann und sich die Menschen gegenseitig unterstützen.

Wir haben gesehen, dass der alten Energie die „Tatmotive" Kontrolle und Besitzstandswahrung zugrunde liegen. Es stellt sich also die Frage, ob es auch in der neuen Energie eine treibende Kraft gibt, die alles durchdringt. Betrachten wir die Zusammenfassung der neuen Energie, so fällt auf, dass sich alle Situationen durch Bedingungslosigkeit sowie Wohlwollen sich selbst und anderen gegenüber auszeichnen – das ist der gemeinsame Nenner.

Fülle, Freiheit, Wertschätzung und Vertrauen sind bedingungslos da. Niemand muss zunächst bestimmte Anforderungen erfüllen oder Leistungen erbringen, um Anerkennung und Liebe zu bekommen. Die

Menschen werden für das geschätzt, was sie sind. Damit ist jeder frei, um sich entfalten zu können. Er muss sich nicht den Regeln einer Gruppe unterwerfen, um akzeptiert zu werden oder seine Existenz zu sichern, denn es ist für alles gesorgt. Die Menschen haben ein Urvertrauen in das Leben, in sich selbst und ineinander, das man sich nicht mehr verdienen muss, sondern das bedingungslos geschenkt wird.

! Die bedingungslose Liebe ist der Schlüssel zur Veränderung in unserer Gesellschaft.

Das Schöne an der Liebe ist: Jeder ist schon einmal in irgendeiner Form mit ihr in Berührung gekommen, sei es über die Liebe zum Partner, zu einem Kind, den Eltern und Geschwistern, zu Freunden, Tieren oder zu einer Berufung. Auch wenn einige Menschen die Liebe zwischenzeitlich verloren haben, wissen sie, dass es sie gibt. Sie können sich erinnern und die Liebe wiederfinden.

Obwohl wir die Liebe weder sehen noch anfassen können, ist ihre Kraft offensichtlich. Rein wissenschaftlich wird sie gern auf chemische Reaktionen im Körper reduziert, doch wir alle wissen, dass sie sehr viel mehr ist als das. Liebe ist pure Energie, die alles durchdringt, was uns umgibt. Ihre Kraft existiert auf einer feinstofflichen Ebene; wir alle können sie fühlen. Niemand muss uns erklären, was Liebe ist, wir erkennen sie, wenn sie da ist.

Wir alle haben also Zugriff auf die Liebe als Kraft. Wenn wir sie zum Leitmotiv unseres Denkens und Handelns machen, sind wir in der neuen Energie. Wir können uns jederzeit dafür entscheiden. Doch in der Realität schneiden wir uns allzu oft von der Liebe ab und können ihre Kraft nicht nutzen. Stattdessen verharren wir in den Kreisläufen negativer Energie.

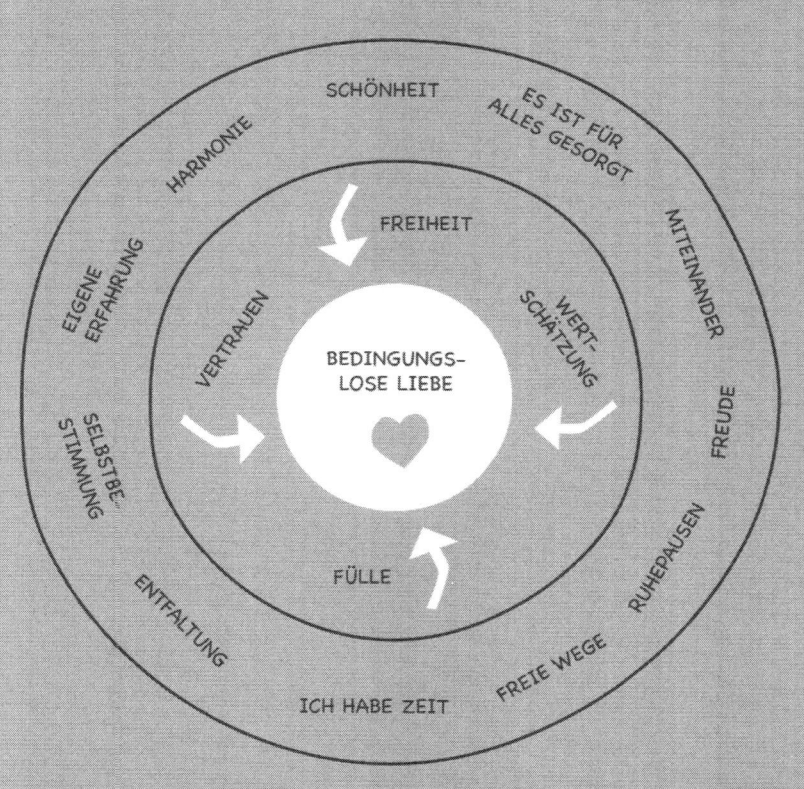

Liebe hat viele Erscheinungsformen

Die Partnerschaft, das heißt die Liebe zwischen zwei Menschen, die ihr Leben gemeinsam verbringen wollen, ist eine Ausdrucksform der Liebe. Wie in all unserem Tun und Handeln lässt sich hier von der ersten Begegnung bis zur Trennung ein gängiges Muster beobachten.

Dem Kennenlernen eines Partners geht unser Wunsch voraus, das gewohnte Single-Leben zu beenden. Die Unabhängigkeit ist so manches Mal attraktiv, doch in stillen Stunden empfinden wir das Alleinsein oft als trist und langweilig, allzu gewöhnlich und im immer gleichen Licht erscheint der Alltag. In diesem Zustand wächst die Sehnsucht nach einem geliebten Menschen, nach Nähe und Geborgenheit.

Die erste Begegnung

Durch eine glückliche Fügung ist es dann endlich so weit: Das Single-Leben ist aufgehoben und Zweisamkeit stellt sich ein. Auf einmal ist das Leben wunderschön. Wir sehen durch eine rosarote Brille, und ein Kribbeln macht sich in uns bemerkbar, als würden Tausende von Ameisen hin und her laufen, alles scheint möglich. Das bisschen Arbeit, das uns sonst so beschäftigt, geht denkbar leicht, und wir sind vollkommen unbeschwert. Wo wir zuvor Ausweglosigkeit gesehen haben, eröffnen sich uns jetzt unzählige Möglichkeiten. Wir bewegen uns frei, leicht und sind dabei bis über beide Ohren verliebt. Plötzlich tun wir Dinge, die wir sonst nicht machen. Da ist es kein Thema, einfach mal Hunderte von Kilometern zu fahren, bloß um den anderen zu sehen. Wir gehen ins Theater und überraschen mit einem Picknick-Korb zum Frühstück am See. Die Begeisterung ist da, und dieses gute Gefühl steckt an. Frisch verliebte Menschen haben eine wunderbare Ausstrahlung, der sich niemand entziehen kann. Nicht nur die beiden Partner strotzen vor Energie, sondern das ganze Umfeld profitiert von der guten Stimmung.

Wie durch Zauberhand gelingen auf einmal auch andere Dinge. Knoten lösen sich und alles scheint sich zu fügen, weil wir in einem positiven Kreislauf voller guter Energie sind. Zu diesem Zeitpunkt haben wir weder einen Anforderungskatalog an unseren Partner noch stellen wir Bedingungen, wie der andere zu sein hat. Wir sind bedingungslos ineinander verliebt, wir sind im Flow. In diesem Zustand leben wir quasi von Luft und Liebe. Wir sind gegenüber Manipulationen von außen kaum empfänglich und konsumieren weniger. Volkswirtschaftlich gesehen ist das natürlich eine Katastrophe.

Da unser Umfeld aber nun mal so ist, wie es ist, lassen wir uns irgendwann wieder von der negativen Energie unserer Umgebung anstecken. Unser logisches Denken setzt ein und wir kehren allmählich in die alten Muster zurück. Mit der kopfgesteuerten Planung für die Zukunft leiten wir gleichzeitig das Ende unserer glücklichen Verliebtheit ein.

Der Anfang vom Ende

Die Gesellschaft macht es vor, also muss es richtig sein: Ein geregeltes Leben muss her, eine gemeinsame Wohnung natürlich auch. Und um die Verbindung offiziell zu machen, wird der Bund der Ehe geschlossen. Damit werden aber auch einige Dinge eliminiert, die zuvor das Leben bereichert und zur freien Entfaltung beigetragen haben. Jetzt geht es darum, den Alltag zu organisieren, und der nimmt alle Aufmerksamkeit in Anspruch. Oft nimmt uns dieser Prozess nicht nur die Freude an unserem Leben, sondern wir beginnen damit, nur noch zu funktionieren – und dabei stirbt die Liebe. Was zuvor von frischer neuer Energie und Leichtigkeit geprägt war, wird starr. Genauso starr, wie die vielen Verpflichtungen, die man sich aufgehalst hat, sowie die Arbeitsprozesse, in die man eingebunden ist. Unbemerkt ist ein Untermieter im gemeinsamen Leben eingezogen: die alte Energie steht wieder im Mittelpunkt.

Im Zustand des Verliebtseins waren unser Herz, unsere Gedanken und unsere Aufmerksamkeit mit der Liebe und dem Partner beschäftigt. Dann veränderte sich der Fokus hin zum Materiellen, zu Besitz und Konsum. Allzu oft steht der Gedanke im Raum: „Wenn wir erst ein eigenes Heim haben, dann ... sind wir glücklich und zufrieden." Dabei war bereits alles vorhanden, was die Partner zu ihrem Glück brauchten. Es waren doch gerade der freie und bedingungslose Prozess, das Ausprobieren und die neuen Verhaltensweisen, die die Frische in den Alltag gebracht haben.

! **Das, was den Zustand des Verliebtseins ausmachte, wird nun einfach unterschlagen. Stattdessen wird der Fokus ins Materielle und in die Zukunft verlegt.**

Der innere Zustand soll mit äußeren Mitteln beibehalten werden, das kann gar nicht funktionieren. Zuvor haben Gefühle und ein intensives Innenleben beide Partner bereichert. Jetzt liegen die Aufmerksamkeit und die Priorität nicht mehr auf der Liebe.

Liebe als Tauschgeschäft

Die Liebe und damit der Partner gehen langsam in Besitz über. Und mit Besitz betreibt man nach den Regeln der alten Energie nichts anderes als Besitzstandswahrung. Die eigene Aufmerksamkeit verfängt sich wieder in alten Mustern, die zuvor schon den Zustand des Single-Lebens geprägt haben. Die Gedanken wandern vielleicht zum Arbeitsplatz, zu Überstunden und To-Do-Listen – oder gar zu anderen Menschen, die jetzt wieder attraktiv erscheinen.

Der „eigene" Partner bekommt hier und da ein Geschenk zugeteilt. Egal ob Schmuck, ein Wellnesstag oder ein neues Auto – das Geschenk ist eine Art Stillhalte-Prämie, die den Mangel an Aufmerksamkeit ausgleichen soll. So ist die Liebe zu einem Tauschgeschäft verkommen. Die Vereinbarung lautet: „Ich habe dir etwas geschenkt und dafür kann ich dieses oder jenes tun, ohne dass du mich dafür kritisieren darfst."

Versprochen ist versprochen

Ein schönes Beispiel dafür zeigen die ersten 20 Minuten in dem Weihnachtsfilm *„Versprochen ist versprochen"*[15] mit Arnold Schwarzenegger. Arnold sitzt einen Tag vor Weihnachten in seinem Büro und weiß, dass sein Sohn heute eine Karate-Prüfung hat. Der sehnlichste Wunsch seines Sohnes ist, dass sein Vater dabei ist und zusieht. Arnold hat es ihm versprochen. Sowohl seine Frau als auch seine Sekretärin rufen ihn an, um an den Termin zu erinnern. In diverse Kundengespräche vertieft, ignoriert Arnold aber die Anrufe und bricht viel zu spät auf. Voller Hektik begibt er sich in den Straßenverkehr, fährt natürlich zu schnell und gerät in eine Polizeikontrolle. Die Karateprüfung findet ohne ihn statt, während andere Eltern sich sehr wohl Zeit für diesen Termin genommen haben.

Als Arnold gestresst nach Hause kommt, spart er nicht an Ausreden. Der Verkehr und der Strafzettel, den er bekommen hat, sind Schuld. Die Idee, dass sein eigenes Verhalten etwas mit der Verspätung zu tun hat, weist er weit von sich. In gewohnter Manier versucht er, seinen enttäuschten Sohn aufzuheitern. Doch dieses Mal hilft es nicht, herumzualbern und Grimassen zu schneiden. Sein Sohn ist traurig und lässt

---

[15] Levant, Brian: *„Versprochen ist versprochen"*. USA 1996.

es ihn spüren. Arnold schafft es nicht, sich auf der Gefühlsebene mit seinem Sohn zu verständigen, weshalb er ganz geschickt einen Bestechungsversuch unternimmt. Auf die Frage: „Gibt es denn sonst noch etwas, was du dir wünschst?" äußert sein Sohn den Wunsch nach der neuen Superhelden-Figur, die gerade in aller Munde ist.

Mit der Bestechung lenkt Arnold das Bedürfnis seines Sohnes nach Anerkennung in die materielle Welt um. Hier kann er mit Geld alles kaufen, damit kennt er sich bestens aus. Das Materielle ist seine Antwort und gleichzeitig sein einziges Repertoire, um den Wunsch nach Liebe zu befriedigen. Etwas anderes hat er nicht kennengelernt. Arnold verspricht seinem Sohn, ihm den Traum von der Superhelden-Figur zu erfüllen. Mit diesen Worten im Ohr schläft sein Sohn ein.

Im anschließenden Gespräch mit seiner Frau stellt sich heraus, dass Arnold diese Figur schon Wochen vorher als Weihnachtsgeschenk hätte besorgen sollen. Er hat es natürlich vergessen. Dennoch lügt er seine Frau ohne mit der Wimper zu zucken an und behauptet, er habe das Weihnachtsgeschenk für seinen Sohn schon gekauft, aber im Büro liegen gelassen. Unter dem Vorwand, es zu holen, zieht er am Weihnachtsmorgen los und versucht, noch eine von den längst ausverkauften Figuren zu ergattern.

Ganz nebenbei fertigt er seine Frau mit Halbwahrheiten ab, genauso wie er im Büro mit seinen Kunden umgeht. Mit Liebe und einem guten Miteinander hat das nichts mehr zu tun. Arnold schenkt seiner Frau nur selten Aufmerksamkeit. Erst als ein anderer Mann ein Auge auf seine Angetraute wirft, rückt sie wieder in sein Bewusstsein. Sofort greifen die Mechanismen der alten Energie und Eifersucht setzt sein. Was Wochen oder Monate lang nicht beachtet wurde, wird wieder interessant, wenn ein anderer damit spielen will. Ein Kreislauf voller negativer Ereignisse hat begonnen.

Arnold weiß nicht, wie ihm geschieht. Weil er das Mangelmuster der alten Energie lebt, steckt er in einem Hamsterrad fest. Es dreht sich immer schneller und er muss immer mehr arbeiten, um es am Laufen zu halten. Damit lässt er seinen Sohn und seine Frau ebenfalls im Mangel zurück. Sie müssen beide auf seine Liebe und auf seine Aufmerksamkeit verzichten. Arnold ist nicht bewusst, dass er sein Augenmerk auf die falsche Priorität gelegt hat. Auf der ewigen Jagd nach dem Geld ist ihm die Liebe entglitten.

So geht es uns oft auch im richtigen Leben: Wir bemerken erst, wenn die Liebe uns für eine Weile verlässt, wie wichtig sie doch ist. Wenn der geliebte Partner nicht mehr da ist, wird alles andere unwichtig. All unsere schönen Errungenschaften wie das neue Auto, das Haus oder der Golfclub verlieren ihre Attraktivität. Erst durch die Liebe ergibt alles einen Sinn, sie ist der größte Motivator in unserem Leben. Im Rausch der ersten Verliebtheit ist das ganz deutlich, weil in dieser Phase alles andere in den Hintergrund tritt.

Die Liebe und das alte Muster

Die Liebe ist ein Gefühl, und in keinem Lehrplan ist vorgesehen, uns beizubringen, wie wir gut mit Gefühlen umgehen können. Wir wachsen in einem System auf, das von Kontrolle und Besitzstandswahrung durchdrungen ist. Über Gefühle zu sprechen, war früher nicht üblich, und so viel hat sich seitdem nicht geändert.

Es ist an der Tagesordnung, dass es zwischen unserem Innenleben und dem, was außen gelebt wird, eine Diskrepanz gibt. Spätestens als Jugendlicher ist klar, dass man die Glaubenssätze der Erwachsenen nicht übernehmen will. Es gibt eigene Ideen, doch das Ventil, den freien Rahmen dafür, gibt es oft nicht.

Irgendwann kommt man einem anderen Menschen näher und beginnt seine ersten Erfahrungen in der Liebe zu machen. Dann wird das Leben für einige Zeit zum Paradies auf Erden.

! **Mit dem Gefühl des Verliebtseins begibt man sich auf eine andere Ebene: auf eine intensive Gefühlsebene, auf eine Ebene der neuen Energie.**

Sie ist geprägt von Leichtigkeit und von freier Entfaltung; wir sind voller Freude und in diesen Momenten ist alles möglich. Wir weichen von unserem gewohnten Verhalten ab und probieren Neues aus. Der Weg in die eigene Kreativität und die individuelle Lebensgestaltung öffnet sich.

Nach dieser Phase der intensiven Gefühle und dieser unglaublichen Energie, die jeder schon erlebt hat, fallen wir ganz unbemerkt wieder in alte Muster zurück. Was wir dabei allzu schnell vergessen, ist die Tatsache, dass das Leben vorher alles andere als perfekt war, es war geprägt von der alten Energie. Wir haben die verschiedenen Muster von unseren Eltern und unserer Umgebung übernommen und gelebt. Doch das hat uns nicht glücklich gemacht.

Trotzdem benutzen wir ab einem bestimmten Zeitpunkt wieder unseren Verstand, die Logik und die Planung, um unsere Zukunft zu gestalten. Wir gehen mit unseren Handlungsmustern wieder in unser altes Leben zurück. Das war vorher nicht stimmig und wird es auch jetzt nicht auf wundersame Weise sein. Wir tun wieder das Gleiche und erwarten am Ende ein anderes Resultat. War die Liebe zuvor frei und ungestüm, so wird sie jetzt in ein starres System geschnürt, in dem sie sich verliert. Es ist, als würde man einen frei fliegenden Vogel in einen Käfig sperren und sich wundern, warum er nicht mehr fliegt.

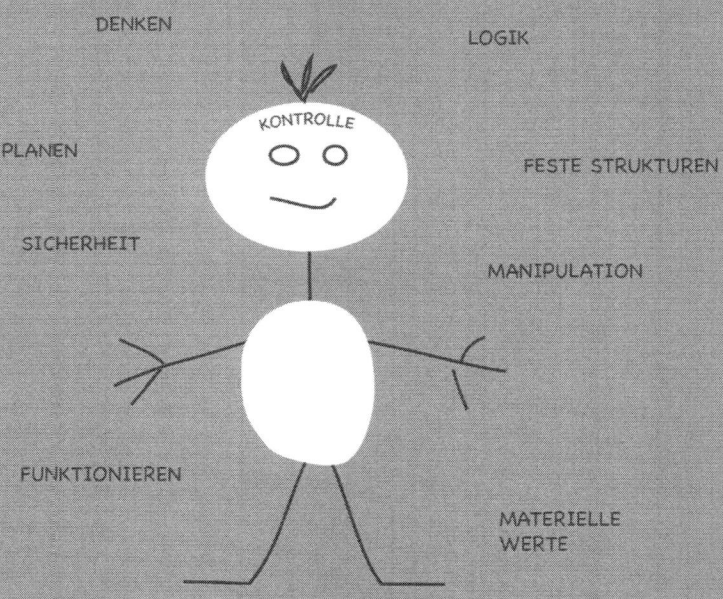

Liebende nehmen ihre Umgebung und ihr Leben vollkommen anders wahr, weil sie sich auf einer anderen Ebene befinden. Es ist eine Ebene, die geprägt ist von guter Energie und einem anderen Gebrauch der Sinne. Beide Partner schenken sich Aufmerksamkeit, und was sie tun, ist bedingungslos. Sie tun es aus freien Stücken, ganz einfach, um dem anderen Freude zu schenken.

Sie mögen jetzt vielleicht denken: „Das passiert einmal im Leben und dann nie wieder." Doch was hier beschrieben wird, ist der Wechsel von der alten Energie in die neue und umgekehrt.

! **Werden Sie sich bewusst, wohin Sie Ihre Aufmerksamkeit lenken und was Sie tun.**

Es genügt noch lange nicht, jemanden etwas zu schenken und Bedingungen daran fest zu machen, das ist nicht der Gedanke eines Geschenkes. Ein Geschenk ist bedingungslos und hat etwas mit einem Gefühl zu tun. Der Beschenkte nimmt dieses Gefühl wahr – und das ist entscheidend.

Über Ihr Gefühl begeben Sie sich auf eine Ebene, die mit dem Zustand des Verliebtseins vergleichbar ist. Das ist die neue Energie, sie ist spürbar. Wenn Sie mit ihr verbunden sind, können Sie den Zustand des Verliebtseins zwölf Monate im Jahr aufrechterhalten, frei, flexibel und bedingungslos.

Wenn Sie Lust auf mehr haben, dann verlassen Sie die Muster der alten Energie und folgen Sie den Wegweisern in die neue Energie.

Zurück zur Freude

Das Funktionieren nach den Regeln der alten Energie lässt die Liebe nach und nach sterben. Das passiert nicht nur im Rahmen einer Partnerschaft, sondern auch in den anderen Bereichen der Liebe. Viele Menschen nehmen sich keine Zeit mehr, eine Leidenschaft zu pflegen, weil ihnen die Belange des Alltags wichtiger erscheinen. Das Haus ist in einem makellosen Zustand, im Job geben wir alles und die Kinder schreiben dank eines strengen Lernplans nun endlich gute Noten in der Schule. Alles ist perfekt durchorganisiert, aber wo ist die Freude geblieben? Macht so ein Leben Spaß?

In unsere Workshops kommen viele Menschen, die es leid sind, immer nur zu funktionieren. Sie möchten wieder einmal echte Begeisterung empfinden und sich von Herzen über etwas freuen. Sie sehnen sich danach, wieder in einen Flow zu kommen, der dem Zustand der Verliebtheit entspricht.

Die Selbstliebe neu entdecken

Was können Sie also tun, um sich wieder mit der Liebe zu verbinden? Die Lösung zu dieser Frage liegt in Ihnen selbst. Der erste Schritt ist, sich selbst zu lieben. Dann sind Sie in der Fülle und können anderen Menschen Zuneigung entgegenbringen, ohne das Gefühl zu haben, dabei etwas zu verlieren. Im Gegenteil: Die Liebe wächst sogar, wenn sie freizügig vergeben wird. Denn andere Menschen spiegeln unser Verhalten und unsere Gefühle. Das bedeutet: Je mehr Liebe Sie selbst ausstrahlen, desto mehr bekommen Sie zurück. Deshalb gibt es in der neuen Energie einen unerschöpflichen Vorrat an Liebe.

Wie ist es momentan um Ihre Selbstliebe bestellt? Stellen Sie sich eine Skala von eins bis zehn vor: Wo ordnen Sie das Niveau Ihrer Liebe zu sich selbst ein? Falls Sie einen Wert von acht bis zehn erreichen, ist

GEFÜHLSEBENE

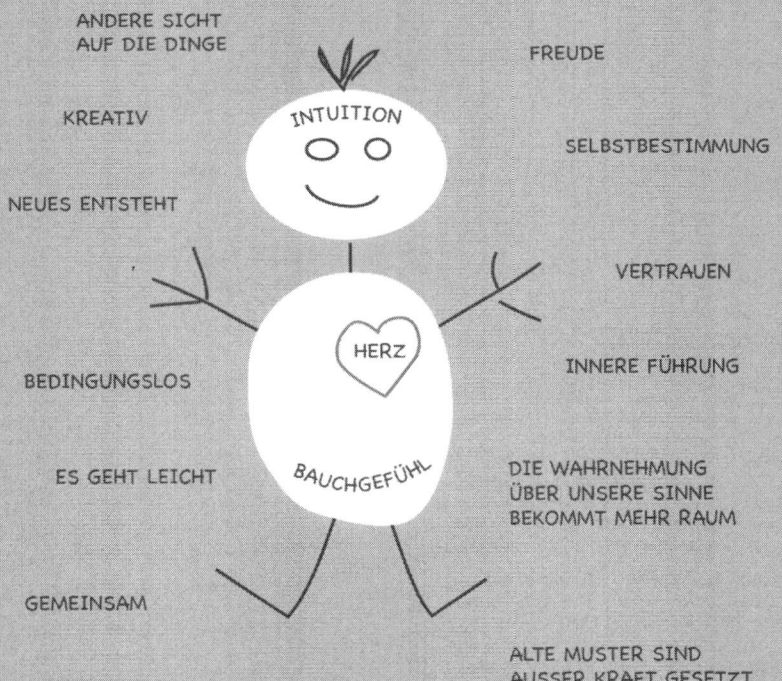

ANDERE SICHT
AUF DIE DINGE

FREUDE

KREATIV

INTUITION

SELBSTBESTIMMUNG

NEUES ENTSTEHT

VERTRAUEN

HERZ

BEDINGUNGSLOS

INNERE FÜHRUNG

ES GEHT LEICHT

BAUCHGEFÜHL

DIE WAHRNEHMUNG
ÜBER UNSERE SINNE
BEKOMMT MEHR RAUM

GEMEINSAM

ALTE MUSTER SIND
AUSSER KRAFT GESETZT

ICH FÜHLE...

alles wunderbar. Wenn Sie darunter liegen, ist es Zeit, sich selbst mehr Aufmerksamkeit zu schenken. Im Kapitel über die Wertschätzung haben wir bereits darüber gesprochen, wie Sie den inneren Kritiker in einen wohlwollenden Beobachter verwandeln. Dieser Punkt ist essentiell! Hören Sie damit auf, sich dafür zu bestrafen, auf einem Gebiet nicht gut genug oder gar gescheitert zu sein.

! **Nehmen Sie sich selbst wichtig und ordnen Sie sich nicht immer den Bedürfnissen anderer unter.**

Lernen Sie, liebevoll mit sich selbst umzugehen und die eigenen Bedürfnisse zu achten. Das ist der erste Schritt, um in die Selbstliebe zu kommen.

Eine Leidenschaft leben

Parallel dazu können Sie anfangen, sich *einer* Sache in Ihrem Leben mit Hingabe zu widmen. Denn wir haben gesehen, dass gute wie schlechte Energie Kreise zieht. Wenn es Ihnen also gelingt, in einen Bereich Ihres Alltags Liebe einzubringen, werden Sie eine positive Kettenreaktion in Gang setzen, die Sie zurück in die Freude führt.

Ein wunderbarer Film zu diesem Thema ist „*Kiss the cook* "[16]. Ein Sternekoch arbeitet in einem Restaurant, in dem er nicht kreativ sein darf. Sein Chef verlangt, dass er die seit Jahren bewährten Menüs jeden Abend aufs Neue serviert. Genau deshalb fällt er bei einem Kritiker in Ungnade, der ihn öffentlich für seine mangelnde Innovationskraft rügt. Daraufhin platzt dem Koch der Kragen. Er attackiert den Kritiker und verliert seinen Job.

---

[16] Favreau, Jon: „*Kiss the cook: So schmeckt das Leben* ". USA 2014.

KREISLAUF

ARBEIT

FREUNDE

FREIZEIT & HOBBY

FAMILIE

POSITIVER ENERGIE

Der Koch hat für seinen Beruf alles gegeben und daran ist auch seine Familie zerbrochen, seinen Sohn kennt er kaum noch. Als er nun vor dem beruflichen Aus steht, kauft sich der Koch einen Imbisswagen, mit dem er quer durch die USA zieht. Das ist natürlich nicht das Umfeld, das er als Sternekoch gewohnt ist, aber hier kann er endlich sein Feuerwerk an Ideen umsetzen. Er bereitet kreative Sandwiches mit karibischem Touch zu, für welche die Menschen an seinem Imbisswagen Schlange stehen, wo immer er auch hinkommt. Endlich hat der Koch wieder Freude an dem, was er tut.

Auf langes Drängen hin begleitet ihn dann sein Sohn in den Sommerferien auf der Reise mit dem Imbisswagen. Auf dem gemeinsamen Trip inspiriert ihn der Koch mit seiner Leidenschaft für die gute Küche. Allmählich entwickelt sich eine liebevolle Beziehung zwischen Vater und Sohn. Am Ende bekommt der Koch nicht nur das Angebot, ein eigenes Restaurant zu betreiben, sondern entdeckt sogar die alte Liebe zu seiner Ex-Frau wieder. Über die echte Hingabe zum Kochen hat der Protagonist nicht nur seinen Selbstrespekt wiedergewonnen, sondern auch die Liebe neu gefunden. Ein positiver Kreislauf aus guter Energie wurde in Gang gesetzt.

Für Ihr eigenes Leben bedeutet das: Es spielt keine Rolle, wo Sie ansetzen, um den Kreislauf der positiven Energie anzustoßen.

! Am besten, Sie fangen dort an, wo es Ihnen am leichtesten fällt.

Lassen Sie ein vernachlässigtes Hobby wieder aufleben oder verbringen Sie ab jetzt mehr Zeit mit Ihren Kindern. Vielleicht können Sie am Arbeitsplatz eine ungeliebte Aufgabe gegen eine neue austauschen, oder Sie treffen Ihre beste Freundin häufiger. Wenn Sie in einem Lebensbereich mehr Freude empfinden, tragen Sie Ihre Begeisterung in andere Gebiete hinein. Sie gewinnen an Ausstrahlung, und wie Sie bereits wissen, überträgt sich die gute Energie auf andere Menschen, die nun ihrerseits mehr Freude empfinden. Auf diese Weise profitiert Ihr gesamtes Umfeld davon, dass Sie Ihre Leidenschaft leben.

Dem Herzen folgen

In der neuen Energie schenken wir unserem Herzen und unseren Gefühlen mehr Beachtung. Wir lernen, auf die feinen Signale der Intuition zu vertrauen und können unser Handeln danach ausrichten. Wenn wir uns nach dem Leitmotiv der Liebe ausrichten, treffen wir die richtigen Entscheidungen für unser Leben.

Für den Verstand mag es an der einen oder anderen Stelle so aussehen, als ob wir den Bezug zur Realität verloren hätten. Es kann zunächst unvernünftig erscheinen, dass der gut bezahlte Job gekündigt wird, um dem neuen Partner in eine andere Stadt zu folgen, oder dass wir von dem großen, prestigeträchtigen Haus in eine handliche Wohnung umziehen, damit mehr Zeit für ein Hobby bleibt.

Doch der Verstand erfasst nur einen Teil der Wahrheit. Das Herz zieht dagegen viele Faktoren in Betracht, die nicht mit logischem Denken oder gar mit wirtschaftlichen Überlegungen zu erklären sind. Wenn wir gut mit unseren Gefühlen in Kontakt sind, wissen wir einfach, was für uns in einem Moment richtig oder falsch ist. Sicher kennen Sie den Gedanken: „Hätte ich bloß auf meine innere Stimme gehört." Es ist, als ob wir mit einer höheren Weisheit verbunden sind, die uns leitet.

Wenn wir unserem Herzen folgen, sind wir in der neuen Energie. Im Gegensatz zur alten Energie gibt es hier kein „Schema F", an dem wir uns ausrichten. Es entsteht ein freies System, in dem jeder die Möglichkeit hat, seinen eigenen Weg zu finden. Wir wissen nicht genau, wie dieser Weg aussieht und wohin er führt, doch er entspricht den individuellen Neigungen und Fähigkeiten. Und so werden wir unser Leben selbst gestalten und die Freude wiederfinden können.

In die eigene Kraft kommen

Die Mechanismen der alten und neuen Energie zu kennen, lässt uns Alltagssituationen in einem neuen Licht sehen. Es wird immer klarer, warum es Ihnen an bestimmten Orten oder im Kontakt mit Personen gut oder schlecht geht.

Wenn Sie diesen Wegweisern folgen, wird sich allmählich herauskristallisieren, was Sie brauchen, um in Ihre Kraft zu kommen, und was Sie daran hindert. Lassen Sie uns gemeinsam anschauen, wie Sie in Ihrem Umfeld Voraussetzungen schaffen, um sich besser zu entfalten.

Die Kräfte in unserer Gesellschaft

Mit gutem Gewissen und voller Elan sind wir einst als jugendliche Menschen in das Arbeitsleben eingezogen. Wir wollten etwas bewirken und uns einbringen, um unser Leben selbst zu bestimmen und zu gestalten. Doch als wir einmal in ein Unternehmen integriert waren, stellten wir schnell fest, dass unser Plan nicht aufging. Oftmals fehlte im Alltag die nötige Kraft, um etwas zu gestalten. Wir gerieten in den Sog der alten Energie, und die Idee, Veränderungen einzuleiten, rückte in immer weitere Ferne.

Was geschieht hier? Was raubt uns die Energie? Welche unterschiedlichen Kräfte wirken überhaupt auf uns ein? Diese Frage ist wichtig, denn Kraft ist nicht gleich Kraft. Vielmehr begegnen uns drei unterschiedliche Formen, die wir im Folgenden näher beleuchten möchten.

Die Arbeitskraft

Die Arbeitswoche hat 40 Stunden, das ist der Standard, an dem sich alle messen, vollkommen unabhängig von dem jeweiligen Beruf oder der Tätigkeit. Und all die anderen Belange, die es außerhalb des Berufslebens gibt, zählen sowieso nicht. Darum sollen Sie sich so nebenbei noch kümmern. Wer sich bei einer Arbeitswoche von 30 Stunden schon müde und erschöpft fühlt, gilt als nicht belastbar. Und in der Regel wird diese Person das auch von sich selbst denken, denn sie erfüllt den gängigen Standard nicht.

Aber die meisten Menschen hatten schon einmal Mühe, diese Norm zu erfüllen; es betrifft längst nicht nur Einzelne. Ob sich die Überlastung in der Volkskrankheit Rückenbeschwerden oder im Burnout manifestiert, ist nebensächlich. Wenn die Menschen den üblichen Bedingungen nicht mehr standhalten und reihenweise in den psychischen und physischen Ruin abgleiten, liegt der Gedanke nahe, dass sich in der Gesellschaft etwas verändern muss.

Fakt ist: Unser gesellschaftliches Leben funktioniert nicht mehr. Die äußeren Bedingungen beeinträchtigen unsere Leistungsfähigkeit massiv. Darüber hinaus macht es uns krank, falsche Werte zu leben.

An dieser Stelle hilft uns der Ansatz der Schulmedizin nicht weiter. Sie will Burnout-Patienten schnellstmöglich aufpäppeln, damit sie bald wieder in den gleichen Strukturen funktionieren, die sie ursprünglich in den Burnout hineingeführt haben. Der Mensch wird notdürftig repariert, um ein System zu bedienen, das grenzenloses Wachstum, Leistungsdruck und Produktivität über menschliche Werte stellt. Sein Wohlergehen und seine eigenen Ideale sind da zweitrangig.

Arbeit macht frei … es war einmal!

Per Definition in der Physik ist Arbeit das Produkt aus Kraft mal Weg. Die klassische Arbeit ist so zu verstehen, dass zum Beispiel ein Mensch mit einer Schaufel eine Grube aushebt. Er befördert mit seiner Kraft die Erde aus der Grube zur Seite auf einen Haufen. Er genießt die Arbeit an der frischen Luft und pfeift fröhlich ein Lied vor sich hin. Am Abend ist die Grube fertig. Über die Kraft des Arbeiters wurde ein Ergebnis produziert, in diesem Fall die ausgehobene Grube. Der Arbeiter hat seinen Auftrag erledigt, er ist stolz auf seine geleistete Arbeit und mit sich im Reinen. Heute wird er gut schlafen können, denn er hat seinen Körper beansprucht und ist müde.

In der modernen Zeit ist es selten geworden, dass man nach einem Arbeitstag erfüllt zu Bett geht. Stattdessen verspüren wir häufig eine innere Leere und das Gefühl, hinter den Erwartungen zurückgeblieben zu sein. Verantwortlich dafür ist das Prinzip der Effizienz: Um mehr Aufträge annehmen zu können, hat der Unternehmer seinen Arbeiter überredet, schneller zu werden. Als Ansporn wird jetzt nicht mehr pro Stunde, sondern pro geleisteter Arbeitseinheit bezahlt. Physikalisch ergibt sich aus Arbeit pro Zeiteinheit die Leistung. Das heißt, je mehr Arbeit er innerhalb einer festgelegten Zeit erbringt, desto mehr Geld kann er verdienen. So ist die Akkordarbeit in das Berufsleben eingezogen.

Am Fließband ließ sich sehr genau beobachten, ob die Arbeiter noch fröhlich waren. Arbeit ist ja kein Zuckerschlecken, und solange die Arbeiter noch gut gelaunt sind, läuft das Band viel zu langsam. Die Unternehmer haben schnell herausgefunden, womit sie die Produktivität noch steigern konnten. Schließlich ging es darum, das eigene Vermögen zu vermehren, und das macht erfinderisch. Bis heute streben viele Firmen danach, Gehälter zu kürzen oder für dasselbe Geld mehr Arbeit zu verlangen. Auf die Konstitution des Menschen wird dabei keine Rücksicht genommen.

Inzwischen ist das Arbeitsleben komplexer geworden. Ursprünglich ging es bei der Akkordarbeit nur um körperliche Tätigkeiten, eben das Ausheben einer Grube oder die Verrichtungen an einem Fließband. Doch heute wird das Prinzip der Arbeitseffizienz rigoros auf alle Berufsgruppen angewendet.

Wir telefonieren und kommunizieren, während wir mit unserer eigentlichen Arbeit hinterherhängen, und uns fühlen wie Hans Dampf in allen Gassen. Wo früher nur ein Arbeitsvorgang abzuwickeln war, sind es heute unzählige. Es gibt zahlreiche Projekte, die parallel bearbeitet werden und noch offen sind. Alle drängen sich gleichzeitig in die Aufmerksamkeit des Mitarbeiters.

Hinzu kommen unrealistische Ziele. So manches Mal lautet die Vorgabe, 30 % mehr Umsatz zu generieren als im Vorjahr. Kaum ist das erreicht, bildet dieser gesteigerte Umsatz die neue Basis, und diese muss im Folgejahr wiederum um 30 % wachsen. Auf diese Weise haben die Mitarbeiter ihre Leistung innerhalb von drei Jahren mehr als verdoppelt, ob sie sich dabei gut fühlen oder nicht, spielt keine Rolle. Wenn ein Mitarbeiter nicht mehr funktioniert, kommt eben der nächste. Die Fluktuation ist hoch, die Burnout-Rate auch, nur der Umsatz gedeiht prächtig. Die erhaltene Leistungsprämie nutzt bei all dem nicht viel, man fühlt sich doch auf den Arm genommen. Das Spiel ist immer das gleiche: Das Ego der Mitarbeiter wird mit allen Mitteln aufpoliert. Da gibt es tolle Boni, das eigene Büro, das Geschäftshandy oder den Firmenwagen. Doch diese Annehmlichkeiten sind nichts weiter als „Bestechungsversuche" und alles andere als bedingunglos. Zu Beginn ist die Freude über die Belohnungen groß, aber im Austausch werden stillschweigend immer mehr Leistung, Überstunden und bessere

Erreichbarkeit verlangt. Das geht natürlich an die Substanz, und das Privatleben wird allmählich in den Hintergrund gedrängt.

Die Intensität ist der Maßstab

Der Begriff der Arbeitskraft ist in vielen Berufen längst überholt. Denn mit Kraft mal Weg im klassischen Sinn hat das Ganze nichts mehr zu tun. Heute ist die Intensität einer Tätigkeit der Maßstab. Und die Intensität unterliegt nicht der Zeit, also auch nicht der wöchentlichen Stundenanzahl. Gerade in Berufen, in denen viel mit Menschen gearbeitet wird, ist diese Intensität sehr hoch. Das sind zum Beispiel pädagogische, soziale, therapeutische, pflegerische und auch einige kaufmännische Berufe.

Diese Menschen müssen ihre Aufmerksamkeit manchmal auf zwanzig andere Personen gleichzeitig verteilen, das können je nach Beschäftigung genervte, bedürftige oder kranke Menschen sein. Damit ist der Energieraub quasi vorprogrammiert und Burnout nur noch eine Frage der Zeit. Es liegt an jedem selbst, sich hier deutlich abzugrenzen.

Vier Stunden von hoher Intensität können ungleich mehr erschöpfen, als so mancher Arbeitsvorgang, der zwölf Stunden andauert. Der Unternehmer fordert lange Arbeitstage und -wochen, doch die Gesamtleistung steigt nicht zwingend mit der Anzahl der Arbeitsstunden. Im Gegenteil: Die Qualität der erbrachten Leistung wird ab einem bestimmten Punkt abnehmen. In vielen Bereichen hat das klassische Modell der 40-Stunden-Woche ausgedient.

Der Unternehmer kauft bei einem Mitarbeiter sein Know-how beziehungsweise seine kreative Ader („Brainpower") ein und denkt, dass diese Quelle ewig sprudelt. So geht er hin und zapft fleißig Wasser ab wie eine Herde dürstender Kamele, die die Wasservorräte leer trinken. Hier fehlt die nötige Reife, um mit guten Leistungen umzugehen, von einer angemessenen Wertschätzung ganz zu schweigen. Dank der steten Belastung versiegt die Quelle allmählich, das heißt, die Lebensenergie des Arbeitnehmers geht verloren. Um die Arbeitskraft langfristig zu erhalten, sind für diese hohen Leistungen Regenerationszeiten sowie ein Rahmen von Geben und Nehmen nötig.

In den letzten Jahren sind in der Wirtschaft viele neue Aufgabengebiete und Strukturen entstanden, die ein besonderes Engagement erfordern. Liegt der Gedanke nicht nahe, dass wir parallel dazu mit unseren körperlichen und mentalen Ressourcen auch anders umgehen und haushalten müssen?

Wir geben heute nicht nur unsere Hände zur Arbeit hin, sondern wir sind mit Leib und Seele dabei. Die Inhalte, Aufgaben und der Umgang mit Menschen in unserem Beschäftigungsverhältnis sind so intensiv, dass unsere Gedanken, auch nach Feierabend und am Wochenende noch lange um die Arbeit kreisen. So kommt es, dass wir in unserer freien Zeit unentgeltlich weiterarbeiten und Überstunden machen. Nicht selten leiden unsere Kraftreserven und unser Privatleben enorm darunter, doch wir werden mit diesen Themen allein gelassen.

Die Geschäftskraft

Es muss also einen Rahmen geben, in dem die Mitarbeiter ihre Lebensenergie und damit ihre Arbeitskraft bewahren können. Doch das wird auf immensen Widerstand bei einer weiteren Kraft stoßen, die sich in unserer Gesellschaft breit gemacht hat: die Geschäftskraft. Diese steuert die Geschicke der Wirtschaft und ist rein auf materielle Werte ausgerichtet, ihre Motive sind Kontrolle und Besitzstandswahrung. In den Augen der Geschäftskraft werden Menschen auf ihre Arbeitskraft reduziert. Diese wiederum soll so sparsam wie möglich eingesetzt werden, um den Gewinn zu erhöhen. Es geht um eine große Kosten-Nutzen-

Rechnung, bei welcher der Mensch als reine Kostenstelle angesehen wird.

Gewinnmaximierung ist der Leitgedanke, der uns und damit die Gesellschaft prägt. So fahren die Unternehmen und damit auch ihre Führungskräfte einen klaren Kurs: der Gewinn muss stetig steigen. Und sind es einmal 2 % weniger als im Vorjahr, wird der Krisenstab einberufen. Ein Unternehmensberater muss her, der die erste Seite seines Handbuches zitiert. „Personalkosten sind schlechte Kosten, wir müssen Personal entlassen", heißt es da. Damit sind der Berater und das Handbuch schon mit ihrem Latein am Ende. Wo bleibt da die Wertschätzung für die Mitarbeiter und deren Arbeitsleistung?

Die Geschäftskraft trifft knallharte Entscheidungen. Sie lebt den Mangel und begeht Energieraub pur. Ist das wohl ein Weg, der glücklich und zufrieden macht? Wie sieht es denn bei diesen Menschen privat aus? Schließlich kommt *Beruf* doch von *Berufung*!

Privat bin ich ganz anders!

„Gefühle kann ich mir nicht leisten", ist eine Devise, die im Geschäftsleben an der Tagesordnung ist. In diesem Umfeld werden Gefühle rigoros unterdrückt. Dem innerlichen Rumoren wird keine Beachtung geschenkt, Geschäft ist schließlich Geschäft. Dem Arbeitnehmer geht es genauso: Um im Geschäftsleben zu funktionieren, schaltet er seine eigenen Bedürfnisse und Gefühle aus. Erst nach Feierabend können die Gefühle wieder Raum bekommen, dafür ist man ja schließlich Mensch.

Doch so einfach ist das nicht. Das, was wir tun, ist ein Teil von uns selbst, ganz egal, wo wir es tun. Das gleiche Muster zieht sich durch all unsere Lebensbereiche. Wer beruflich andere Menschen nicht wertschätzt, wird das auch privat nicht tun. Die Geschäftskraft und die Kosten-Nutzen-Rechnung ziehen in das Privatleben ein. Genauso verhält es sich beim Energieraub: Wer am Arbeitsplatz die Energie anderer Menschen anzapft, wird sich zu Hause nicht als wertvoller Energiespender entpuppen.

Dabei vergessen wir, dass unser eigenes Verhalten Einfluss auf alles in unserer Umgebung hat. Wir leben genau die gleichen Muster, die uns bei anderen stören. Wir vergöttern und verehren die Werte der Geschäftskraft sowie ihre Statussymbole Geld und Macht. Damit leben wir in einem ständigen Widerspruch, denn unterbewusst wissen wir längst, dass uns diese Werte nicht guttun.

Und trotzdem haben wir ein Märchen voller Statussymbole verinnerlicht: ein prächtiges Haus, das schnelle Luxusauto, die langbeinige Blondine am Arm... Wir sehen uns selbst in Designer-Mode über den roten Teppich in Hollywood flanieren. Das ist unser Traum vom erfolgreichen Menschen, der Karriere gemacht hat. Zu diesen Menschen schauen wir auf, wir wollen so sein wie sie. Also orientieren wir uns an der Geschäftskraft und begeben uns in die Welt der „Modenschau". Da zählen nur äußere Werte, unser Gefühlsleben gerät komplett in den Hintergrund. Es geht ausschließlich darum, die Fassade aufrechtzuerhalten – damit kennen wir uns schließlich aus.

Gleichzeitig beschweren wir uns über die Zustände an unseren Arbeitsplätzen, den Druck, den wir erfahren. Wir beklagen uns, weil wir als Kunden mit unseren Belangen nicht ernst genommen werden. In diesen Bereichen erfahren wir eine gewisse Hilflosigkeit und fühlen uns an der Nase herumgeführt – von den gleichen Menschen, die wir andererseits verehren. Allzu leicht geben wir ihnen die alleinige Schuld an den schwierigen Umständen, die wir erleben. Aber damit ist es nicht getan, wir selbst tragen mit unserem Verhalten dazu bei.

! **Wir müssen vor der eigenen Türe kehren und
unsere Werte hinterfragen.**

Bei jeder Roman- oder Filmfigur, die ihren Weg in die eigene Kraft geht, fiebern wir mit, doch bei uns selbst versagen wir. Wir schätzen uns selbst nicht wert und stehen nicht zu unseren Gedanken und Gefühlen. Stattdessen lassen wir uns von den Geschäftskräften leiten, obwohl wir wissen, dass ihre Werte nicht die unseren sind. Wollen wir diese Rolle der nachfolgenden Generation vorleben? Wollen wir unsere Zukunft auf den Leitmotiven Geld und Macht aufbauen?

Was lange währt, ist nicht mehr gut
Die Geschäftskraft ist auf Expansion und Gewinnmaximierung angelegt. Bis vor kurzem hat diese Strategie der alten Energie gut funktioniert. Doch inzwischen brechen die Gewinne weg und die üblichen Personalumschichtungen, Entlassungen und Preiserhöhungen zeigen nicht den gewünschten Effekt. Das Muster der alten Energie hat ausgedient.

Der Markt hat sich geändert. Viele Menschen haben bereits erkannt, dass es sie nicht glücklicher machen wird, noch mehr Konsumgüter anzuhäufen und die Wirtschaft weiter wachsen zu lassen. Unser Wohlbefinden ist nicht allein von materiellen Gütern abhängig, sind die Grundbedürfnisse erfüllt, zählen Werte wie ein gutes Miteinander, liebevolle Beziehungen und ein starkes Selbstvertrauen. Es existieren inzwischen sogar Studien, die nachweisen, dass Menschen, die einfacher leben, auch glücklicher sind. [17]

---

[17] Vgl. Jackson, Tim: *„Wohlstand ohne Wachstum"*. München 2011.

Wenn man mit dem bisherigen Fokus auf die alte Energie nicht weiterkommt, dann muss etwas Neues her. Und da genügt es wohl kaum, den Geschäftsführer auszuwechseln. Voraussichtlich wird dessen Ersatzmann nach den gleichen, überholten Mustern funktionieren und alles ist wieder beim Alten.

Wir brauchen neue Werte in unserer Gesellschaft. Die Geschäftskraft darf nicht mehr das Maß aller Dinge sein. Sie hat uns zwar materiellen Wohlstand gebracht, aber unser Gefühlsleben verkümmern lassen. Denn eins steht fest: Wo man sich nie ein Gefühl leisten konnte, da ist auch keins.

Der neue Markt wird auf der Gefühlsebene bedient. Und dafür braucht es eine neue Herangehensweise, die auf Fülle, Wertschätzung, Vertrauen und Freiheit basiert. In Zukunft werden ganz andere Fähigkeiten gefragt sein, Fähigkeiten, die die Gefühlskräfte mitbringen, das heißt Menschen, die längst auf dem Weg in die neue Energie sind.

Die Gefühlskraft

Jeder kennt Menschen, die in ihrer Gefühlskraft sind. Es sind Personen, die mit Herz und Leidenschaft bei der Sache sind. Sie sind kontaktfreudig, warmherzig, hilfsbereit und man hält sich gern in ihrer Nähe auf. Warum? Weil man sich bei ihnen wohlfühlt. Vielleicht gehören Sie selbst zu diesen Menschen oder es steckt so jemand in Ihnen und will über Ihre Gefühle an die Oberfläche.

Man findet die Gefühlskräfte häufig in sozialen, pädagogischen oder therapeutischen Berufen, überall da, wo kommuniziert wird und wo „Mensch zu sein" noch gefragt ist, sie glänzen dort, wo andere versagen. Menschen mit ausgeprägten Gefühlskräften können sehr gut mit anderen umgehen, ganz einfach, weil das ihre Priorität ist. Sie sind mit ihrer Aufmerksamkeit bei den Menschen und führen nicht schon in Gedanken eine Kosten-Nutzen-Rechnung durch, sie sind aufrichtig und authentisch. Wenn es gilt, dem Kunden eine unangenehme Sache nahe zu bringen, stehen sie in der ersten Reihe. Vorgesetzte und Geschäftsführer schicken sie gern vor, während sie sich selbst lieber verstecken.

Die Gefühlskraft-Menschen versorgen sich selbst mit guter Energie und geben diese an andere weiter. Oft befinden sich in ihrem Umfeld viele bedürftige Menschen, die gerne Energie tanken möchten. Sie betreuen unsere Kinder, alte und kranke Menschen oder leisten Sterbebegleitung bei unseren Angehörigen. Ihre Ausbildungen werden oft nicht entlohnt oder sie müssen sogar ein Schulgeld dafür aufbringen. Auch Fortbildungen werden meist unter Aufwendung eigener finanzieller Mittel und in der Freizeit besucht. Warum tun diese Menschen das? Weil sie lieben, was sie tun. Sie folgen ihrer Leidenschaft, sie helfen gerne.

Die entsprechende Wertschätzung bekommen sie dafür in unserer Gesellschaft nicht! In der Regel sind diese Berufe schlecht angesehen. Wer blickt schon zu einer Kindergärtnerin oder einer Krankenschwester auf? Für solche personalintensiven Dienstleistungen haben wir keinen Respekt und kein Geld übrig. Grundsätzlich haben wir ja alle den Auszug aus dem Handbuch des Unternehmensberaters gelesen: Personalkosten sind schlechte Kosten!

Wenn eine Investition ansteht, werden bereitwillig Millionen von Euro zur Verfügung gestellt. Das ist kein Problem, denn das Geld fließt in die Vermehrung von Besitz. Fragt ein Mitarbeiter aber nach einer Lohnerhöhung oder fordert personelle Unterstützung, greift sofort das Programm des Mangeldenkens. Für Personal möchte man kein Geld ausgeben, selbst dann nicht, wenn die Qualität der erbrachten Dienstleistungen leidet, weil die Mitarbeiter überlastet sind.

Das große Missverständnis: Geschäftskraft versus Gefühlskraft

Die Menschen, die ihr Herz so offen nach außen tragen, haben innere Werte und lehnen die gängigen Vorstellungen von Prestige ab. Aufgrund ihrer beruflichen Erfahrungen haben sie häufig erkannt, wie wertvoll unser Leben ist, und sie verschwenden wenig Zeit für das allgemeine Spiel mit äußeren Fassaden. In diesen Personen befindet sich eine unbändige Kraft. Doch ihre Gefühlskraft können sie oft nicht entfalten, weil sich die Menschen in ihrer Umgebung davon bedroht fühlen.

Wir haben ja bereits gesehen, dass die Geschäftskraft nicht mit Gefühlen umgehen kann und sie unterdrückt; das gilt als normal. Emotionen und Gefühle sind schwer zu kontrollieren, sie haben das Potenzial, den gegenwärtigen Besitzstand zu gefährden. Deshalb tun Geschäftskräfte alles dafür, Menschen mit Gefühlskraft auszubremsen. Wer nicht mit dem Strom schwimmt, bekommt die volle Härte der Besitzstandswahrung zu spüren. Diese Menschen werden klein gehalten, genauso wie ihre berufliche und gesellschaftliche Anerkennung oder ihre Gehaltsklasse.

In der Regel werden Menschen mit Gefühlskräften von Menschen mit Geschäftskräften angestellt. Der eine ist in erster Linie auf seinen Vorteil und auf Geld aus, dem anderen liegt etwas an seinem Wirken für die Menschen. Diese Konstellation ist von vornherein zum Scheitern verurteilt. Eine Kommunikation und ein gemeinsamer Konsens sind fast unmöglich, weil beiden Seiten das Verständnis füreinander fehlt. Die Gefühlskraft fühlt sich in ihren Bedürfnissen übergangen. Was sie benötigt, um gut zu arbeiten, ist für die Geschäftskraft nicht nur unwichtig, es ist ihr vollkommen fremd.

Obwohl sie ihre Leidenschaft leben, sind die Gefühlskräfte in ihrem Inneren sehr oft in Alarmbereitschaft. Sie befinden sich in einem ständigen Konflikt mit der Außenwelt, weil sie eine gute Arbeit leisten möchten, aber keine geeigneten Rahmenbedingungen dafür vorfinden. Aus Gründen der Kostenoptimierung sind sie oft gezwungen, wie am Fließband mit Menschen zu arbeiten. Eine individuelle und umfangreiche Betreuung einzelner Personen ist nicht möglich; die Gefühlskräfte können so ihrem eigenen Anspruch nicht gerecht werden, weshalb ihre Gabe so manches Mal vom Segen zum Fluch wird. In diesen Berufen gibt es nicht nur viel Arbeit, sondern die Intensität ist sehr hoch. Nicht selten kommt es bei den Mitarbeitern zu Erschöpfungszuständen. An ihnen nagt der finanzielle und psychologische Druck, die 40-Stunden-Woche zu bewältigen, um mit ihrem bescheidenen Gehalt ihre Grundbedürfnisse zu sichern.

Oft haben sich die Gefühlskräfte schon die Frage gestellt, ob mit der eigenen Einstellung und der Belastbarkeit alles in Ordnung sei. Das nagt nicht nur am Selbstbewusstsein, sondern es führt zu ständigem Energieverlust. Die eigenen Werte und Überzeugungen können nicht gelebt werden. Stattdessen scheint es wichtig zu sein, in einer Gesellschaft zu funktionieren, die auf äußere Werte, Besitz und Besitzstandswahrung ausgelegt ist.

Da die Arbeitsintensität besonders hoch ist, braucht es auch eine besondere Lösung. Bei Maschinen ist es selbstverständlich, sie zu warten und zu pflegen, um ihre Leistungsfähigkeit zu erhalten. Das Prinzip gilt ebenso für den Menschen. Auch er kann nicht auf Dauer reibungslos funktionieren, ohne dass sich jemand um seine Bedürfnisse kümmert. Die individuell abgestimmte Regeneration, zum Beispiel über sportliche Aktivitäten, Ruhephasen oder Supervision, muss Teil des Beschäftigungsverhältnisses sein.

! **Es muss professionelle Hilfe dort geleistet werden,**
wo das Problem entstanden ist: am Arbeitsplatz.

Die alte Definition von Leistung als Arbeit pro Zeiteinheit ist überholt. Neben der Stundenanzahl brauchen wir ein Maß für die Arbeitsintensität. Unsere gesellschaftlichen Probleme werden wir nicht mit 12-Stunden-Tagen lösen, sondern nur mit Kreativität und frischen Impulsen. Diese entstehen nicht bei der Fließbandarbeit, dazu braucht es Menschen, die mit dem Herzen bei ihrer Arbeit sind, die aus ihrer Gefühlskraft heraus handeln. Deshalb sollten zukunftsorientierte Unternehmen Wert darauf legen, dass sich die Gefühlskräfte in ihren Reihen entfalten können.

Unsere Gefühle sind unsere „neue Hoffnung"

In der Gefühlskraft steckt der Samen der Zukunft. Es beginnt eine Zeit, in der die Menschen sich für ihre Gefühle öffnen und über sie sprechen. Das ist Zeitgeist, es geschieht gerade überall. Die starke Rolle der Gefühle zeigt sich, wenn Sie Künstler beobachten oder sich mit zeitgenössischer Literatur, Musik und Filmen auseinandersetzen. Die Zeiten, in denen pure Muskelkraft angesagt war, sind vorbei. Stattdessen stellen sich die Helden ihren Gefühlen und gehen gestärkt aus dieser Auseinandersetzung hervor. In der heutigen Zeit haben viele Menschen ein intensives Gefühlsleben. Und diese Gefühle wollen raus, sie brauchen Raum zur Entfaltung.

Um in die Gefühlskraft zu kommen, ist es wichtig, sich über seine Bedürfnisse im Klaren zu sein. Diese gilt es gut zu versorgen, um das eigene Gleichgewicht zu erhalten. Dabei kann es kontraproduktiv sein, sich selbst mit anderen Menschen zu vergleichen. Es geht hier um sehr individuelle Prozesse, die wir nicht im Außen, sondern nur im Inneren klären können. Dort werden wir unsere wahren Werte finden und dadurch die Prioritäten in unserem Leben verändern.

Unsere Innenschau wird die Grundlage für eine neue Gesellschaft sein. Denn wir selbst sind es, die sie gestalten, wir sind die Gesellschaft. Was wir selbst nicht tun und nicht leben, können wir auch nicht von anderen erwarten. Es beginnt damit, sich selbst gegenüber ehrlich zu sein und die eigenen Fähigkeiten und Gefühle wertzuschätzen. Das ist die Aufgabe, der sich jeder von uns stellen muss. Dafür braucht es bestimmte Rahmenbedingungen, die wir uns in den folgenden Kapiteln näher anschauen wollen.

Die Bedeutung von Raum und Zeit

Um einen guten Zugang zu Ihrer Gefühlskraft zu finden, brauchen Sie (Frei-)Raum. Dabei versteht sich der Begriff „Raum" im übertragenen sowie im physischen Sinn.

Der Raum aus energetischer Sicht

Am Anfang des Buches haben wir darüber gesprochen, dass jeder Mensch ein eigenes Energiefeld hat. Kommt Ihnen jemand zu nah, dringt also in Ihren persönlichen Raum ein, überlagert sich Ihr eigenes Feld mit dem der anderen Person. Sofern Sie beide dieselben Interessen haben, ist das in Ordnung, dann können Sie gemeinsam Energie in eine bestimmte Richtung lenken und sich gegenseitig inspirieren.

Gibt es jedoch einen Interessenkonflikt, kann Sie die Überlagerung der Felder aus dem Gleichgewicht bringen. Auf einmal ist es dann nicht mehr so leicht, mit der Aufmerksamkeit bei Ihren Bedürfnissen zu bleiben. Stellen Sie sich eine Situation vor, in der Sie richtig in eine Sache vertieft sind. Sie sind ganz für sich allein in einem großzügigen, hellen Raum. Hier können die Gedanken und die Energie frei fließen, so dass Ihnen viele neue Ideen kommen. Alles läuft rund und Sie sind im kreativen Flow.

Plötzlich betritt jemand den Raum. Er muss gar nichts sagen, sondern nur da sein. Was passiert? Sie werden einen Teil Ihrer Aufmerksamkeit dieser Person zuwenden. Sie fragen sich unwillkürlich, was er macht und was er will. Selbst wenn Sie kein Wort miteinander wechseln, mischen sich die Belange der zweiten Person mit Ihren eigenen. Sie werden in ihrem Flow gestört.

Wenn der andere Mensch ein dominantes Wesen hat, verschärft sich das ganze. Er wird Ihre Aufmerksamkeit einfordern und auf seine Interessen lenken. Passiert das in regelmäßigen Abständen, zerstreut sich Ihre Energie immer mehr. Sie sind nicht mehr zentriert, sondern im Außen. Ihre Aufmerksamkeit liegt nicht mehr bei dem, was Sie gerade tun und was Ihnen wichtig ist. In diesem Zustand funktioniert auch Ihre Wahrnehmung nicht mehr gut. Das bedeutet, Sie verlieren den Zugang dazu, wie es Ihnen geht und was Sie fühlen.

Raum = Lebensraum

In der alten Energie hat niemand Interesse daran, dass Sie sich entfalten und etwas Neues entsteht. Denn hier geht es ja darum, die Kontrolle zu behalten und den alten Besitzstand zu wahren. Wenn Sie eigene Ideen verfolgen, könnten Sie damit eine Veränderung einleiten und den gegenwärtigen Zustand gefährden, und das darf ja keinesfalls geschehen. Deshalb wird Ihnen in der alten Energie niemand freiwillig Raum geben.

Schon die imperialistischen Eroberer haben den Naturvölkern keinen Lebensraum zugestanden. Um jeden Preis wollten sie ihre eigene

Lebensweise den Ureinwohnern aufzwingen. Die Pflege der überlieferten Traditionen wurde verboten, die ganze Kultur der Naturvölker sollte ausgelöscht werden. Wer sich den Eroberern widersetzte, wurde grausam hingerichtet. Wer sich anpasste, bekam immerhin einen Platz am Rande der Gesellschaft zugeteilt. Bis heute werden in den USA und Kanada die Angehörigen der First Nations in Reservate abgeschoben. In der „normalen" Gesellschaft bekommen sie keinen Raum für sich und ihre Lebensweise.

Was hier im Großen geschieht, spielt sich in Ihrem Alltag im Kleinen ab. Denken Sie zurück an die „Spurensuche": In der alten Energie waren Wege versperrt und es gab keinen Platz, alles war zugestellt. Es fing in der Wohnung von Frau Maier an, wo Sie keinen klaren Gedanken fassen konnten, weil der ganze Wohnraum mit Gerümpel angefüllt war, es gab keinen Raum für Ihre Belange. Im Großraumbüro setzte sich das Muster fort, dort war es den Mitarbeitern nicht möglich, konzentriert bei der Sache zu bleiben; ständig gab es Störungen und die Aufmerksamkeit war in alle Winde zerstreut.

Noch extremer ist es in den amerikanischen Büros, wie Sie sie sicher aus diversen Spielfilmen kennen. Jeder sitzt dort in einer winzigen Kabine, in welcher die Angestellten auch den Lärm und die Ablenkungen von außen mitbekommen. Zusätzlich sind sie in ihrer Koje eingezwängt, die Gedanken werden eingekesselt. Hier können weder Energie noch Kreativität fließen. Bei diesem Raumkonzept handelt es sich eher um eine Art Legebatterie, in der die Mitarbeiter stur den ihnen zugewiesenen Job erledigen, ohne nach rechts und links blicken zu können.

In der alten Energie ist auch der Wohnraum knapp. Die Zeitungen berichten mit Vorliebe darüber, dass in den Ballungsgebieten Wohnungen fehlen und die Mieten in die Höhe schnellen. Raum bekommt also nur derjenige, der es sich leisten kann. Und wer kann das? Die Menschen, die treu das System bedienen und Geld scheffeln. Wer da nicht mitmacht, wohnt in einer kleinen, billigen Wohnung irgendwo am Stadtrand. Ist das nicht ebenfalls eine Art von Reservat? Von hier aus haben die Leute in der Regel lange Wege zu ihrem Arbeitsplatz in der Stadt. Das ist anstrengend und kostet Energie, die nicht für die eigene Lebensgestaltung zur Verfügung steht.

Doch auch wer in der Lage ist, mehr Geld für eine Wohnung zu bezahlen, bekommt dafür nicht automatisch mehr Raum. Weil ja der Wohnraum so knapp ist, ist die teurere Wohnung nicht unbedingt größer, sie hat vielleicht nur mehr Komfort: einen Parkettfußboden statt Laminat, moderne Fliesen im Bad oder eine schicke Einbauküche. Dieser kleine Luxus ist sicher angenehm, lenkt aber vom Wesentlichen ab: Es gibt nach wie vor keinen Raum, um sich frei entfalten zu können.

Leitsysteme und freie Wege

Ebenso essentiell ist die Frage, ob es freie Wege gibt oder ob Wege versperrt sind. Achten Sie doch einmal darauf, wenn Sie als Kunde mit einem Unternehmen zu tun haben. Wenn Sie zum Beispiel eine Bank betreten, ist Ihnen sofort klar, wohin Sie sich mit Ihrem Anliegen wenden müssen, oder sind Sie erst einmal orientierungslos? Haben Sie einen freien Zugang zum Serviceschalter oder gibt es ein sogenanntes „Kunden-Leitsystem", bei dem Sie sich durch einen schlangenförmigen Gang aus Absperrbändern bewegen sollen, um an dessen Ende bedient zu werden?

Perfektioniert wurden die Kunden-Leitsysteme an Flughäfen. Ob vor den Sicherheits- und Passkontrollen oder am Gate, ständig werden Sie als Passagier auf einem genau festgelegten Weg durch die Hallen geschleust. Anders ist kein Durchkommen möglich, es gibt nur diesen einen Weg. Die Fluggäste haben keine andere Wahl, als diesem Leitsystem wie die Lemminge zu folgen. Einen eigenen Weg zu finden, dabei Erfahrungen zu sammeln und sich weiterzuentwickeln, wird unmöglich gemacht. Dann könnte ja niemand mehr den Passagierstrom kontrollieren.

Was am Flughafen noch akzeptabel sein mag, ist es spätestens in der Familie nicht mehr. Erinnern Sie sich an den Patriarchen? Wir haben oft beobachtet, dass solche Menschen gern Dinge horten und mit ihren „Schätzen" Wege versperren. In der Wohnung oder in der alten Scheune gibt es dann nur einen schmalen Korridor, durch den man zum anderen Ende gelangt, der Rest ist mit Plunder vollgestellt. Sämtliche Versuche anderer Familienmitglieder, hier mal Ordnung zu schaffen, sind zum Scheitern verurteilt. Kaum gibt es irgendwo mal Platz, wird der entstandene Freiraum wieder zugepackt. Damit ist sichergestellt, dass niemand von dem vorgegebenen Weg abweichen kann, im wörtlichen wie im übertragenen Sinne.

Ein Modell für den Freiraum

Jemandem physischen Raum zur Verfügung zu stellen, bedeutet, ihm Raum für die eigene Lebensgestaltung zu geben. Damit gibt der eine die Möglichkeit auf, Kontrolle und Macht über den anderen auszuüben. Auf energetischer Ebene muss die alte Energie der neuen weichen.

Wie das aussehen kann, haben wir in der thailändischen Metropole Chiang Mai beobachtet. In einem modernen Einkaufszentrum gibt es im oberen Stockwerk ein Studentencafé. Am Eingang steht ein Schild: „Come here to study, to meet, to talk, to eat and drink."[18] Mit anderen

---

[18] Übersetzung: Komm hierher, um zu lernen, dich mit anderen zu treffen, zu reden, zu essen und zu trinken.

Worten: „Hier ist ein Raum, in dem du machen kannst, was du willst. Du bist willkommen." Der Betreiber des Cafés hat hier etwas Großes geschaffen: Er hatte die Vision, einen Raum zu kreieren, in dem jeder seinen Interessen nachgehen kann. Er stellt den Studenten (Lebens-)Raum zur Verfügung. Und diese haben ihn in der Tat mit Leben gefüllt.

Das Konzept wird sehr gut angenommen. Egal, wann wir an dem Café vorbeikamen, es war immer voll. Auf einer riesigen Fläche gibt es verschiedene Zonen: eine Bar an der Fensterbank, von wo aus die Gäste das bunte Treiben im Einkaufszentrum beobachten können, runde und eckige Tische, mal mit Stühlen, mal mit Sitzkissen auf dem Boden, abgetrennte Räume für Besprechungen oder Gruppenarbeit. Die einzelnen Zonen sind in variantenreichen Farben und Materialien gestaltet. Sie verteilen sich außerdem auf verschiedene Ebenen, mal höher, mal niedriger. Es gibt sogar ein Baumhaus, das über eine Wendeltreppe zu erreichen ist.

In dieser Vielfalt tun sich ganz neue Möglichkeiten zu arbeiten auf. Jeder kann sich den Platz aussuchen, der ihm gerade für die aktuelle Aufgabe am besten taugt. Wer sich mit anderen austauschen will, geht in einen Meetingraum. Wer konzentriert am Rechner arbeiten will, setzt sich an einen der Tische, die natürlich alle Stromversorgung und eine kostenlose Internetverbindung haben. Wer einen Überblick gewinnen will, klettert hinauf ins Baumhaus. Hier kann er tatsächlich das Gefühl der Übersicht erleben und die Lage aus einer anderen Perspektive heraus betrachten.

Was für ein Unterschied zu den Arbeitsplätzen in einem Unternehmen! Hier gibt es oft nur eine Arbeitsplatzvariante, die für alle Aufgaben taugen soll. Wenn ein Mitarbeiter frische Ideen produzieren muss, kann er sich nicht einfach mit einem Schreibblock in der Hand gemütlich in ein Sitzkissen auf dem Fußboden lümmeln. Er hat das bitte schön am Schreibtisch vor dem Computer-Bildschirm zu erledigen, genau an dem Platz, wo er sonst die Reisekosten-Abrechnungen macht. Kann dabei wirklich etwas Neues entstehen?

Gerade wenn die Gedanken mal festgefahren sind, ist es wertvoll, die Position zu wechseln. Damit nehmen Sie automatisch einen anderen Blickwinkel ein. Indem Sie einen Schritt zur Seite treten, können Sie Abstand gewinnen und die Dinge in einem anderen Licht betrachten. Die Frage ist, ob das erwünscht ist.

Zurück zum Studentencafé in Thailand: Das Konzept stellt den Besuchern frei, ob sie hier etwas konsumieren wollen oder nicht. Es gibt eine Theke, an der man auf Wunsch Speisen und Getränke bestellen kann. Wer nichts essen oder trinken möchte, lässt es einfach sein und kann trotzdem bleiben, solange er möchte.

Höchst erstaunlich ist die Ruhe in dem Café. Obwohl an diesem Ort pro Quadratmeter mehr Menschen versammelt sind als im übrigen Shopping-Komplex, ist es hier still. Jeder arbeitet fokussiert an seinem individuellen Projekt. Wie kann das sein? Vorhin haben wir doch festgestellt, dass sich bei einem begrenzten Raum die Energiefelder der einzelnen Personen überlagern. Das tun sie auch in dem Studentencafé, der große Unterschied ist allerdings, dass Menschen in einer Atmosphäre zusammentreffen, die von der neuen Energie bestimmt wird. Jeder hat hier Raum, sich seinen Projekten zu widmen und seine Ideen frei fließen zu lassen, auf seine eigene Weise und in seinem eigenen Tempo. Dieses Anliegen vereint alle Menschen in diesem Café. Sie sind mit der Absicht hergekommen, etwas zu gestalten und konzentriert an ihrer Sache zu arbeiten.

Auf diese Weise ist eine Interessensgemeinschaft entstanden, ein loser Verbund aus Personen, die ein ähnliches Gedankengut miteinander teilen. Niemand will hier dem anderen seine Struktur aufzwingen oder fremde Arbeitskraft für die eigenen Zwecke missbrauchen. Wenn sich in einer freien Atmosphäre die Energiefelder überlagern, hat das einen positiven Effekt: Das Feld der Gemeinschaft unterstützt den Einzelnen auf energetischer Ebene und fördert damit sein persönliches Vorhaben, statt es zu blockieren. Für Menschen beziehungsweise Unternehmer, die wirklich etwas bewegen wollen und auf der Suche nach Innovationen sind, hat das Modellcharakter.

Der Faktor Zeit

Darüber hinaus sei noch erwähnt, dass das Studentencafé 24 Stunden am Tag geöffnet ist. Wann immer die Studenten arbeiten möchten, können Sie das tun, ganz nach ihrem individuellen Geschmack. Das ist klug, denn jeder Mensch hat seinen eigenen Biorhythmus. Zu diesem Thema wurde viel geforscht, und das Ergebnis ist eine Kurve, die die Leistungsfähigkeit eines Menschen über den Tag verteilt in Höhen und Tiefen darstellt. Die Mehrheit der Arbeitnehmer mag sich hier tatsächlich wiederfinden, und deshalb wurden die gängigen Arbeitszeiten dieser Kurve angepasst.

Und doch gibt es eine Vielzahl von Menschen, deren Biorhythmus hiervon abweicht. Sie haben ihren Leistungshöhepunkt einfach zu anderen Tageszeiten und können zum Beispiel nachts am besten arbeiten, wenn alles um sie herum ruhig ist. Die üblichen Arbeitszeiten nehmen keinerlei Rücksicht auf individuelle Rhythmen. Es werden einfach alle Menschen über einen Kamm geschert. Denn wenn jemand seine Hochleistungsphase von 21 bis 24 Uhr hat, wer soll ihn dann kontrollieren? Statt diesem Mitarbeiter freizustellen, wann er arbeiten möchte, akzeptiert man lieber, dass er morgens um 8.30 Uhr übermüdet und kraftlos am Schreibtisch sitzt. Das einzige, was noch wichtiger ist als die Leistung eines Arbeitnehmers, ist, dass die Kontrolle gewahrt bleibt. Das ist wohl auch der Grund, warum sich bis heute Heimarbeitsplätze nicht wirklich durchgesetzt haben, obwohl dem längst keine technischen Hürden mehr im Wege stehen.

Das Thema Zeit ist nicht nur mit der Zeitspanne gekoppelt, in welcher die Arbeit verrichtet wird, sondern natürlich auch mit der Dauer der Arbeitszeit. In den 1980er-Jahren, als die Gewerkschaften noch recht stark waren, gab es eine Bewegung, die wöchentliche Arbeitszeit auf 32 bis 36 Stunden zu verkürzen. Dieser Trend hielt nicht lange an, im Gegenteil: Heute wird für einen Vollzeit-Job bereits die 42-Stunden-Woche angestrebt. Die Folge davon ist, dass nicht mehr viel Energie übrig bleibt, wenn der Job verrichtet ist.

! Eine gängige Formulierung in Arbeitsverträgen macht das sehr deutlich, hier heißt es: „Der Arbeitnehmer verpflichtet sich, seine ganze Arbeitskraft seinem Aufgabenbereich bei seinem Arbeitgeber zu widmen."

Damit ist alles gesagt. Neben der Arbeit gibt es ja noch die täglichen Verrichtungen wie Kochen, Einkaufen, sich um die Familie und den Haushalt kümmern. Wenn das dann alles endlich erledigt ist, sinken die meisten Menschen nur noch müde aufs Sofa und lassen sich vom Fernseher berieseln.

Auch Teilzeitarbeit wird nicht gern gesehen, und wenn doch, dann sollen die Arbeitnehmer oft auf Abruf bereitstehen, falls sie unvermittelt zu einer bestimmten Zeit in der Firma gebraucht werden. Unter diesen Bedingungen ist es selbst in der Freizeit schwierig, ein selbstbestimmtes Leben zu führen.

Schritte in die Veränderung

Die langen Arbeitszeiten sind kein Zufall. Denn was geschieht, wenn die Menschen Energie für sich selbst übrig haben? Sie kommen vielleicht auf den Gedanken, sich Fragen zu stellen wie: Was will ich wirklich für mein Leben? Was steht mir dabei im Wege? Was möchte ich verändern?

Da ist es wieder, das Unwort „Veränderung", das die aktuelle Gesellschaft so sehr fürchtet. Aber wie wir bereits gesehen haben, bilden wir alle zusammen die Gesellschaft. Und genau das ist der Knackpunkt: Viele Menschen vermeiden es, ihre wahren Bedürfnisse anzuschauen, weil sie Angst vor der Veränderung haben. Lieber lassen sie sich am Wochenende durch die vielfältigen Angebote der Freizeitindustrie schleusen. Dann sind sie beschäftigt und kommen nicht auf dumme Gedanken. Nebenbei erfüllen sie noch ihre Funktion als Konsument.

Doch Sie können sich durchaus dafür entscheiden, in die Innenschau zu gehen. Bei diesen Überlegungen kommt dann zum Beispiel heraus, dass Sie nebenberuflich ein kleines Geschäft eröffnen oder ein Hobby vertiefen möchten. Vielleicht wollen Sie auch einfach mehr Zeit haben, um sich der Familie zu widmen oder auf Reisen zu gehen.

Vertrauen Sie darauf, dass sich eine Lösung findet, um Ihren Traum in die Tat umzusetzen. Wenn Sie konsequent dazu stehen, kommen Sie in Ihre Kraft. Wir haben selbst erlebt, dass sich das Umfeld plötzlich unseren eigenen Bedürfnissen anpasst. So war es auf einmal möglich, Teilzeit zu arbeiten, um nebenberuflich Seminare zu geben, oder unbezahlten Urlaub zu nehmen, um sechs Wochen reisen zu gehen. Sobald Sie für sich selbst zu innerer Klarheit gelangen, kann Energie in Ihre Lebensgestaltung fließen, und im Außen verändert sich etwas. Auf diese Weise entsteht Schritt für Schritt eine neue, freiere Gesellschaft. Jeder Einzelne kann dazu beitragen, indem er sich auf den Weg begibt.

Luft und Licht als Energielieferanten

Wenn Sie in einer festgefahrenen Situation stecken und etwas verändern wollen, müssen Sie sich zunächst einmal Luft verschaffen und Licht in die Sache bringen, und zwar im wahrsten Sinne des Wortes. Neben Zeit und Raum sind dies die nächsten großen Ansatzpunkte, um in Ihre Kraft zu kommen.

Über den Atem versorgen Sie Körper und Geist mit frischem Sauerstoff. Doch der Atem leistet noch viel mehr für Ihr System: über ihn nehmen Sie Lebensenergie auf. Überlieferte Traditionen wie zum Beispiel Yoga wissen um die zentrale Rolle des Atems, sie kennen komplexe Übungssysteme, um den Körper über die Atmung besser mit Lebensenergie zu versorgen.

Gleiches gilt für das Licht: Pflanzen nehmen über den Prozess der Photosynthese Energie aus dem Sonnenlicht auf. Im Prinzip gilt das auch für den Menschen; wir betreiben zwar keine Photosynthese, aber dennoch spendet uns das Licht Lebensenergie. Warum wohl suchen die Menschen in ihrem Urlaub sonnige Orte auf, um sich zu erholen und „Energie zu tanken"? Dass uns die Sonne zum Beispiel mit Vitamin D versorgt, ist wissenschaftlich bestätigt. Umgekehrt kann ein Mangel an Sonnenlicht im Winter sogar zu depressiven Verstimmungen führen.

Das bedeutet, dass Sie dort, wo Luft und Licht fließen, gut mit Energie versorgt werden. Betrachten Sie einmal unter diesem Aspekt die Umgebung, in der Sie sich täglich aufhalten: Haben Sie zu Hause, am Arbeitsplatz oder bei Ihren Freizeitaktivitäten freien Zugang zu frischer Luft? Kann das Licht hineinströmen?

Wo die Luft steht und kein Licht hinkommt, siedelt sich negative Energie an. Beobachten Sie einmal im Sommer, wo sich Mücken aufhalten. Tagsüber hocken Sie gern in dunklen, zugestellten Ecken, in die weder Licht noch Luft eindringen. Hier fühlen sie sich so richtig wohl. Wie geht es Ihnen, wenn Sie an einer solchen Ecke vorbeikommen? Die Mücken werden aufsteigen und sich auf Sie stürzen. Der bloße Gedanke daran fühlt sich nicht gut an.

Die Menschen halten sich inzwischen sehr viel in künstlichen Welten auf, in denen sie von Licht und Luft abgeschnitten sind. In Einkaufszentren, öffentlichen Gebäuden oder Firmensitzen sind Fenster selten. Und falls doch welche vorhanden sind, lassen sie sich häufig nicht öffnen. Stattdessen gibt es künstliches Neonlicht und der Sauerstoff wird durch eine Klima- oder Umluftanlage in die Räume geleitet.

Hier geraten Sie wieder einmal in die Fremdbestimmung hinein. Der Betreiber des Gebäudes kontrolliert die Versorgung der Menschen mit Luft und Licht und damit den Zugang zur Lebensenergie. Denken Sie an ein Krankenhaus, in dem die Lebensenergie nicht frei fließen kann. Wie sollen die Menschen dort gesund werden?

Wenn die Luft über Schächte durch das gesamte Gebäude geleitet wird, können sich im Übrigen auch Energien wunderbar übertragen und einander angleichen. Genau wie Rauch, der auf diesem Weg zum Beispiel von einem Hotelzimmer in ein anderes ziehen kann, verbreiten sich auch schlechte Energien in einem ganzen Komplex – und schon sind die Menschen gleichgeschaltet. Das ist eine sehr effiziente Methode, um Kontrolle auszuüben, zumal Personen, die nicht mehr mit Lebensenergie versorgt werden, geschwächt und damit angreifbar sind.

Inzwischen haben wir uns auch zu Hause in weiten Teilen von Licht und Luft abgeschnitten. In den letzten Jahren wurden Häuser und Wohnung flächendeckend isoliert. Oft sind die Gebäude nun so gut abgedichtet, dass wiederum eine Belüftungsanlage den notwendigen Sauerstoff bereitstellt. Darüber hinaus haben die Fenster eine doppelte, manchmal sogar dreifache Verglasung. Hinter letzterer gehen die Pflanzen ein, denn sie bekommen nicht mehr genug Sonnenlicht für die Photosynthese. Was passiert in einer solchen Wohnung wohl mit Ihrer Lebensenergie? In einem modernen Gebäude sind Sie tatsächlich isoliert: von Licht, Luft und sogar von anderen Menschen.

Wenn Sie in Ihre Kraft kommen möchten, achten Sie darauf, täglich genug Licht und Luft zu tanken. Falls Sie in einem großen Hochhaus arbeiten oder in einem öffentlichen Gebäude waren, planen Sie danach einen Spaziergang im Freien ein. Egal, wo Sie sind, öffnen Sie regelmäßig die Fenster und lassen Sie frische Luft von draußen hineinströmen. Schauen Sie sich an, ob Sie in Ihrer eigenen Wohnung genug Luft und Licht haben. Wenn nicht, nehmen Sie die notwendigen Veränderungen vor. Reißen Sie die dunkle Holzdecke heraus und verabschieden Sie sich von den schweren Vorhängen.

Auf unseren Reisen ist uns aufgefallen, dass wir uns in solchen Häusern besonders wohlfühlen, die einen weiten Blick in die Landschaft bieten. Sie haben entweder große Fensterfronten oder gemütliche Plätze im Freien, zum Beispiel eine schöne Terrasse oder eine Veranda. Oft sind die Decken hoch, so dass die Luft und damit die Energie frei durch den Raum fließen können. In diesen Häusern können Visionen und Ideen entstehen, es kommt Bewegung in die Dinge. Der weite Blick zum Horizont öffnet Möglichkeiten, Blockaden lösen sich und es kann etwas Neues entstehen. Wählen Sie Ihren nächsten Urlaubsort doch einmal nach diesen Kriterien aus und lassen Sie sich auf das ein, was passiert.

Von Statussymbolen zu inneren Werten

In einer Welt, die von alter Energie geprägt ist, spielen Statussymbole eine große Rolle. Über das teure Auto, das große Haus oder die Markenkleidung demonstrieren die Menschen die Höhe ihres Einkommens beziehungsweise ihres Vermögens. Diese Darstellung im Außen ist wichtig, weil wir allzu oft den Wert anderer Menschen an ihrem Geld messen. Aus diesem Grund öffnet der Kontostand nicht nur den Zugang zu materiellen Gütern. Das Geld bestimmt auch die Rangordnung, die eine Person innerhalb der Gesellschaft einnimmt, und damit ihren Einfluss und ihre Macht. Die Tatsache, dass Statussymbole mit einer gesellschaftlichen Bedeutung aufgeladen sind,[19] macht es für den Einzelnen so schwierig, auf sie zu verzichten.

Tief in unserem Inneren haben wir dann nämlich Angst, den Anschluss zu verlieren und eine niedrigere Stellung innerhalb der Gesellschaft einzunehmen. Schließlich machen alle anderen das Spiel mit und üben damit einen gewissen Gruppenzwang aus. Doch was passiert beispielsweise, sobald Sie ein neues Auto angeschafft haben? Eine Weile genießen Sie den gehobenen Status, den es Ihnen verschafft, doch dann kauft der Nachbar einen noch größeren Wagen. Und schon sind Sie auf der gesellschaftlichen Leiter wieder eine Stufe hinabgerutscht.

Der ewige Wettlauf um die oberen Plätze gibt Ihnen das Gefühl, dass es nie genug ist – Sie sind also permanent im Mangel. Das zieht nach sich, dass sie immer mehr und effizienter arbeiten müssen, um Ihre berufliche Position zu sichern und zu halten. Selbst in der Freizeit leben Sie diesen Wettbewerb: So spielen Sie vielleicht Golf, weil das

---

[19] Vgl. Jackson, Tim: *„Wohlstand ohne Wachstum"*. München 2011.

prestigeträchtig ist und Sie sich dabei im Konkurrenzkampf mit anderen messen können. Doch immer zu versuchen, die Nase vorn zu haben, ist sehr anstrengend und macht auf Dauer sicher nicht glücklich.

Werte im Wandel

Wir brauchen dringend neue Werte in unserer Gesellschaft, Werte, die nicht mehr den Mangel, die Angst und den Gruppenzwang nähren, sondern solche, die der neuen Energie entsprechen. In seinem Porträt einer zukunftsfähigen Gesellschaft fordert der Autor Harald Welzer dazu auf, *„seine Handlungsmaximen radikal umzustellen: nicht Effizienz, sondern Achtsamkeit, nicht Schnelligkeit, sondern Genauigkeit, nicht Weitermachen, sondern Innehalten wären Maximen für den Weg in die … Moderne“.*[20]

Tatsächlich können sich Werte und Statussymbole wandeln. Denken Sie nur daran, dass es eine Zeit gab, in der das Tragen von Pelzmänteln hoch angesehen war. Das ist heute undenkbar geworden, denn Pelzmäntel tragen zu Recht das Stigma der Quälerei und der sinnlosen Abschlachtung von Tieren; sie sind heute nicht mehr gesellschaftsfähig.

Schauen wir uns einmal an, wie sich andere Statussymbole verändern könnten: Haben Sie einmal beobachtet, welche Autos vor einem Discount-Supermarkt stehen? Man könnte erwarten, dass es alte, rostige Schaukeln sind, die dort parken. Aber weit gefehlt: Fahrer der großen Luxusmarken geben sich die Klinke in die Hand. Klar können Sie jetzt denken: „Was für ein schönes Auto. Dieser Mensch hat sicher viel Geld.“ Sie könnten aber auch den Blickwinkel ändern: „Der arme Kerl zahlt so hohe Raten für seinen Autokredit, dass ihm kein Geld mehr

---

[20] Vgl. Welzer, Harald: *„Selbst denken: Eine Anleitung zum Widerstand“.* Frankfurt 2013.

bleibt, um hochwertige Lebensmittel einzukaufen. Vielleicht drücke ich ihm schnell zwei Euro in die Hand."

Ein anderer Mensch kauft regelmäßig im Bio-Laden ein, weil er nämlich viel Wert auf gute Lebensmittel legt, frisch und regional sollen sie sein. Das Gemüse muss ohne Pestizide gedeihen und die Tiere sollen ein glückliches Leben mit viel Platz, frischer Luft und gutem Futter haben. Das ist wichtig, schließlich kommen die Lebensmittel in direkten Kontakt mit dem eigenen Körper, nähren uns und nehmen somit enormen Einfluss auf die Gesundheit und das Wohlbefinden. – In einer solchen Situation können Sie für sich abwägen, was mehr wert ist: Das Auto als Statussymbol im Außen oder eine hochwertige Ernährung.

Generell gibt es unter bewussten Menschen einen Trend zu mehr Qualität. Das beginnt bei den Nahrungsmitteln und setzt sich bei Konsumgütern fort. Das neue Polyester-Kleid aus dem Billig-Laden ist zwar nett anzusehen, aber nach der ersten Wäsche gehen schon die Nähte auf. Ein halbes Jahr später erinnert das gute Stück bereits an einen Lumpen. Außerdem wurde es in Bangladesh gefertigt, wo die Näherinnen trotz 12-Stunden-Tagen kaum genug verdienen, um menschenwürdig leben zu können. Die „Geiz-ist-geil"-Mentalität gehört definitiv der Vergangenheit an und ist Mangeldenken pur. Wie viel mehr Freude macht es da, ein Kleidungsstück aus hochwertigen Naturmaterialien zu kaufen, das zudem ein Gütesiegel für soziale und umweltfreundliche Standards trägt. Es hält viele Sommer lang und trägt sich angenehm auf der Haut. Es ist nicht nur ein wertloser Wegwerf-Artikel, sondern begleitet Sie ein Stück auf Ihrem Weg durchs Leben. Fühlt sich das nicht besser an?

Worauf legen Sie wert?

In den Kaufentscheidungen, die Sie treffen, zeigt sich Ihre innere Einstellung. Darüber hinaus beeinflusst Ihr Wertesystem auch Ihr Verhalten.

Nehmen wir noch einmal das Beispiel Arbeit zur Hand. Arbeit an sich kann Begeisterung auslösen, wenn wir dabei unsere Werte leben. Sie kann aber auch Ausdruck von innerer Armut sein, wenn sie lediglich als Statussymbol dient. Denken Sie an den Stereotyp des erfolgreichen Mannes, der noch am Strand Handy und Notebook aus der Tasche zieht, um Aufgaben an seine Mitarbeiter zu delegieren. Wiederum hängt es von Ihrem Wertesystem ab, ob Sie sich an diesem Menschen orientieren und so sein möchten wir er. Eine mögliche Denkweise ist: „Wow, dieser Mensch hat auch im Urlaub alles unter Kontrolle und gönnt sich keine Pause. Was für ein dynamischer Typ."

Wenn Sie aber für sich beschlossen haben, dass eine Balance aus Ruhe und Aktivität, aus Arbeit und freier Zeit wichtig ist, beurteilen Sie das Verhalten des Geschäftsmannes sicher völlig anders: „Was für ein armer Kerl. Er muss da arbeiten, wo andere sich erholen. Immer erreichbar, immer in Hektik – wie soll er da besonnen handeln und weitsichtige Entscheidungen für seine Firma treffen? Der kann sich ja noch nicht einmal selbst organisieren!" In diesem Fall werden Sie dem Beispiel des Geschäftsmannes nicht folgen, sondern Ihr Handy in der Freizeit ausschalten. So können Sie sich ganz auf die vielen neuen Erfahrungen im Urlaub einlassen. Mit all den Ideen, die Sie dabei sammeln, können Sie zu Hause wiederum Ihren Job bereichern und mit frischem Enthusiasmus Ihre Aufgaben anpacken.

Sie sehen also: Ihre persönlichen Werte wirken sich auf alle Lebensbereiche aus. Deshalb lohnt es sich, zu fragen, worauf Sie jetzt und in der Zukunft Wert legen möchten.

Die Symbolkraft von Gesten

Schon die Gestik eines Menschen sagt viel über sein Wertesystem aus. Ein gutes Beispiel dafür ist der Händedruck. Sicher haben Sie schon einmal erlebt, dass Sie einen fremden Menschen per Handschlag begrüßten und Ihnen dabei fast die Finger zerquetscht wurden. Offensichtlich sind Sie hier auf einen Menschen gestoßen, der gleich zu Beginn der Begegnung seine Macht demonstrieren musste.

Ursprünglich war das Händeschütteln eine Geste, um zu zeigen: „Meine Hände sind leer, ich trage keine Waffen." Die Idee, seine guten Absichten zu demonstrieren, wurde als Begrüßungsritual in die heutige Zeit übernommen. Doch mit einem übertrieben starken Händedruck wird der Gruß von Herzen ad absurdum geführt. Denn hier setzt jemand den Händedruck als Waffe ein. Er möchte um jeden Preis die Oberhand bewahren und zwingt seine Mitmenschen in die Knie. Und das tut er sogar im Kontakt mit Kindern oder anderen Personen, die ihm körperlich unterlegen sind. Wenn jemand seine vermeintliche Stärke so aufdringlich beweisen muss, hat er wahrscheinlich einen gewaltigen Minderwertigkeitskomplex.

Wie wird es wohl sein, sich mit dieser Person zu unterhalten oder zusammenzuarbeiten? Ein echter Austausch mit dem Ziel, etwas zu bewegen, wird hier kaum stattfinden. Der Gesprächspartner wird in erster Linie damit beschäftigt sein, Kontrolle auszuüben und seine Position zu untermauern oder gar zu verteidigen. Eine sachorientierte Diskussion gerät gegenüber diesen persönlichen Zielen in den Hintergrund.

Wie schön wäre es doch, wenn statt dem ewigen Konkurrenzkampf ein harmonisches Miteinander im Mittelpunkt stünde. Dann gäbe es Raum, um gut mit sich selbst und anderen umzugehen. Statt ständig seinen Platz in der Rangordnung zu verteidigen, könnten sich die Menschen darauf konzentrieren, gemeinsam etwas Neues zu schaffen. Sie könnten sich mit ihrer ganzen Persönlichkeit einbringen, würden für das geschätzt, was sie beitragen, und könnten andere damit inspirieren. Sollte unsere Aufmerksamkeit nicht darauf liegen?

Eine weitere symbolische Geste ist es, mit dem Finger auf andere zu zeigen. In vielen Kulturen gilt diese Geste als grob und unhöflich. Mit Recht, denn der Fingerzeig wirkt wie ein Angriff auf das Energiefeld des Gegenüber. Derjenige wird sich sehr unwohl fühlen; es ist, als ob jemand mit einem spitzen Gegenstand in einen Luftballon sticht.

Wenn jemand mit dem Finger zeigt, ist das in der Regel eine Anklage: „Du hast etwas Schlimmes getan." Er lenkt von sich selbst ab und weigert sich, Verantwortung für die Situation zu übernehmen, stattdessen beschuldigt er einen anderen Menschen. Das ist natürlich sehr viel angenehmer, als die eigenen Verfehlungen und Schwächen anzuschauen.

Selbst vor Kindern wird dabei nicht halt gemacht. Da gibt es Sprüche wie: „Du bist faul! Setzt dich hin und lern, damit deine Noten besser werden. Sonst wird nichts aus dir." Drückt das die Meinung des Vaters über seinen Sohn oder vielmehr über sich selbst aus? Hatte er selbst vielleicht kein Interesse an der Schule und bekam deshalb nicht den Ausbildungsplatz, den er eigentlich wollte? Ist er mit seinem Leben unzufrieden und verlangt nun von seinem Sohn, dass er seines Vaters Träume wahr werden lässt? Hinter dem Fingerzeig steckt die Aufforderung: „Du musst jetzt schaffen, was mir nicht gelungen ist." Doch das ist nicht möglich, denn jeder muss bei sich anfangen, etwas zu verändern. Es kann damit beginnen, sich selbst zu vergeben.

Die Wahrheit hinter der Fassade

Die eigenen Themen zu klären, ist ein zentraler Punkt in der neuen Energie. Es geht es darum, authentisch zu sein und die eigene Wahrheit zu leben. Mit den alten Statussymbolen pflegen die Menschen eine Fassade. Sie zeigen, was sie haben, und sind sehr mit der Präsentation im Außen beschäftigt. Den Schein zu wahren, hat oberste Priorität. Doch wie sieht es hinter der Hochglanz-Fassade aus? Ist auch die Hintertreppe des Palastes sauber und ordentlich oder hat sich hier Schmutz angesammelt? Sind die Räume mit lebendigen Erinnerungsstücken gefüllt oder herrscht gähnende Leere? So mancher Prunkbau entpuppt sich bei näherem Hinsehen als Mahnmal einer gescheiterten Persönlichkeit.

Je älter Sie werden, desto mehr strahlen Sie das aus, was Sie sind. Ist Ihr Innenleben harmonisch und lieben Sie sich selbst oder haben Sie Ihre Träume und Gefühle unter den Teppich gekehrt? Haben Sie in Ihrem Leben anderen geholfen oder sie übervorteilt? Leben Sie eine glückliche Beziehung oder harren Sie des Geldes wegen in einer kaputten Ehe aus? Die Antworten stehen in Ihrem Gesicht geschrieben und haben sich in Ihre Seele gegraben.

In der neuen Energie wird sich niemand mehr vor sich und anderen verstecken können. Der Blick geht durch die Fassaden und wir erkennen die Wahrheit dahinter. Räumen Sie in Ihrem Inneren auf. Hinterfragen Sie Ihre Werte und ersetzen Sie sie dort, wo es notwendig ist, durch neue Prioritäten. Widmen Sie Ihre Aufmerksamkeit den Themen, die Ihnen wichtig sind, und fangen Sie an, diese zu leben. Mehr und mehr werden Sie nach außen das darstellen, was sie tatsächlich sind, und das wird eine völlig neue Qualität in Ihr Leben bringen.

Was Sie für sich selbst tun können

Sich selbst organisieren

In den letzten 20 Jahren sind die Kosten im Gesundheitswesen explodiert. Das hat bei den Krankenkassen immer wieder zu Gesundheitsreformen geführt. Dabei wurden viele Gesundheitsleistungen umstrukturiert oder ganz aus dem Katalog gestrichen. Parallel dazu hat sich ein neuer Gesundheitsmarkt für private Leistungen entwickelt. Hier gibt es zahlreiche Angebote aus der wissenschaftlichen und alternativen Medizin, um Krankheiten vorzubeugen und die Gesundheit zu erhalten. Die vielfältigen Möglichkeiten zeigen vor allem eines: Die Gesellschaft, wie wir sie heute kennen, krankt. Und damit ist wohl eine Menge Geld zu verdienen. Grundsätzlich stellt sich die Frage, was diesen enormen kollektiven Bedarf an Gesundheitsmaßnahmen hervorgerufen hat.

Die Ursachen hierfür mögen vielschichtig sein. Eine davon ist jedoch schlicht und ergreifend die Art, wie Sie Ihr Leben gestalten und wie Sie mit sich selbst umgehen. Es mag für Sie selbstverständlich sein, eine To-do-Liste zu erstellen, Ihren Tagesablauf zu planen und dabei einen Organizer zur Hilfe zu nehmen. Doch welche Werkzeuge stehen Ihnen zur Verfügung, um sich selbst und Ihr Wohlbefinden zu organisieren?

! Sie strahlen das aus, was Sie sind.

Wie oft hetzen Sie von einem Termin zum anderen, haben Streit in der Familie oder an Ihrem Arbeitsplatz! Ganz gleich, wo Sie hingehen, Sie haben sich selbst immer mit dabei. Wenn Ihr Familienleben nicht funktioniert, nehmen Sie die Probleme mit auf Ihren Arbeitsplatz. Umgekehrt tragen Sie Frust vom Arbeitsplatz mit nach Hause und lassen diesen an Ihren Liebsten aus.

Sie versuchen vielleicht, sich das nicht anmerken zu lassen. Die Zeiten, in denen es funktionierte, seine wahren Gefühle zu verbergen, sind vorbei. Es ist egal, ob Sie darüber sprechen oder nicht: Ihre Umgebung ist längst informiert, wie es Ihnen wirklich geht. Ihre Mitmenschen nehmen Ihre Ausstrahlung beziehungsweise Ihr Energiefeld mit allen Sinnen wahr. Sie spürt es und reagiert darauf. So ist es nur logisch, wenn es nach einem Streit im Büro auch zu Hause eine Auseinandersetzung gibt.

Es ist an der Zeit, Verantwortung für Ihre Selbstorganisation und Ihre Stimmungen zu übernehmen. Damit dienen Sie sowohl Ihrem eigenen Wohl als auch dem Ihrer Umgebung.

Echte Veränderungen einleiten

Trotz aller Vorsätze und Maßnahmen sind Sie nach Feierabend müde und ausgelaugt. Das ist Ihnen mittlerweile in Fleisch und Blut übergegangen. „Meine Arbeit erschöpft mich", dieser Glaubenssatz hat einen festen Platz in Ihrem Gehirn erhalten, Sie haben sich daran gewöhnt. Als Ausgleich gehen Sie schwimmen, machen Sport oder besuchen ein Entspannungstraining, damit es Ihnen kurzfristig besser geht. Doch damit beseitigen Sie nur die Symptome, nicht die Ursache, Sie kratzen lediglich an der Oberfläche. Denn nach der Entspannung gehen Sie in die gleiche Situation zurück, aus der Sie gekommen sind und die Ihnen nicht guttut. Mittlerweile müssen Sie einen enormen Aufwand betreiben, um diese Situation durchzustehen.

Das macht keinen Sinn, denn das Regenerationskonzept zielt darauf ab, Sie wieder genau in die Umgebung einzugliedern, gegen die Sie Widerstände in sich tragen. Kann das von Erfolg gekrönt sein? Ist es nicht besser, etwas Grundlegendes zu verändern? Sie können nicht immer das Gleiche tun und ein anderes Resultat erwarten!

Sie haben bereits herausgefunden, was Ihnen guttut, zum Beispiel das Entspannungstraining oder etwas Vergleichbares. Wie wäre es damit, mehr Energie in die wohltuenden und weniger in die erschöpfenden Maßnahmen zu investieren? Es ist doch sinnvoll, die Phasen zu verlängern, in denen es Ihnen gut geht. Damit haben Sie den ersten Schritt auf dem Weg zu Ihrem inneren Gleichgewicht getan.

Im Folgenden stellen wir Ihnen einige Möglichkeiten vor, besser mit sich selbst umzugehen und auf diese Weise immer mehr in Ihre Kraft zu gelangen. Es geht uns dabei nicht darum, dass Sie unsere Anregungen Punkt für Punkt in einer bestimmten Reihenfolge abarbeiten. Für einen leichten Einstieg in die neue Energie suchen Sie sich vielmehr den einen oder anderen Vorschlag heraus, den Sie einfach umsetzen können.

Erinnern Sie sich an den Kreislauf der neuen Energie (siehe 169): Es spielt keine Rolle, an welcher Stelle Sie in den Kreislauf eintreten. Wählen Sie den Einstieg, der Ihnen am leichtesten fällt, dann kann das Rad in Schwung kommen und eine eigene Dynamik annehmen.

Das Wichtigste ist, dass Sie überhaupt den Mut haben, nach innen zu schauen und sich auf eine persönliche Entwicklung einzulassen. Die Erkenntnisse, die Sie in diesem Prozess über sich selbst sammeln, werden Ihr Leben beeinflussen. Was Sie einmal wissen, können Sie nicht mehr nicht wissen. Deshalb werden Sie früher oder später Dinge im Außen verändern wollen, um sich selbst gerecht zu werden. Akzeptieren Sie diesen Prozess; er kann Sie dahin führen, im Außen das zu leben, was Sie im Inneren fühlen. Damit beginnen Sie, authentisch zu sein.

Die Energiebilanz ausgleichen

Ganz entscheidend ist es, im Alltag Ihre persönliche Energiebilanz auszugleichen. Wenn Sie von Energieräubern umgeben sind oder in Situationen gelangen, die Ihnen zuwider sind, verbrauchen Sie Energiereserven, der Ladestand Ihrer Batterie sinkt. Tun Sie etwas, womit Sie sich wohlfühlen und das Ihnen Freude macht, können Sie Energie auftanken. Ihre Batterie lädt sich auf, Sie haben wieder „Power". Wenn Sie sich auf Dauer abgeschlagen und erschöpft fühlen, stimmt Ihre Energiebilanz nicht. Sie verbrauchen jeden Tag mehr Energie als Sie gewinnen und Ihr innerer Akku verliert allmählich an Lebenskraft.

Anhand der „Spurensuche" haben Sie ja bereits herausgefunden, was Sie in die alte Energie hineinzieht beziehungsweise was Sie mit neuer Energie versorgt. Wenn Sie diese Mechanismen erkennen, sind Sie bereits auf einem guten Weg. Jetzt geht es für Sie darum, ins Handeln zu kommen und aktiv Maßnahmen zu ergreifen, um einerseits den Energieraub zu reduzieren und andererseits Energie aufzunehmen.

Energieraub reduzieren
1. Lernen Sie, „Nein" zu sagen

Anderen zu helfen und ihnen einen Gefallen zu tun, verschafft uns Anerkennung und stärkt die Gemeinschaft – eine schöne Sache. Sobald Sie jedoch merken, dass jemand Sie ausnutzt oder Sie emotional erpresst, falls Sie mal nicht seinen Wünschen folgen, sollten Sie auch mal „Nein" sagen. Es mag für alle bequem sein, dass Sie jedes Jahr den Weihnachtsbasar für Ihren Verein organisieren, aber in diesem Jahr kann das mal jemand anderes übernehmen.

Darüber hinaus dürfen Sie Ihre eigenen Angelegenheiten wichtig nehmen. Sie müssen Ihren freien Samstag nicht mit der Kollegin tauschen, die eigentlich Dienst hätte, wenn Sie selbst mit einer Freundin in die Sauna gehen wollten. Im Ausnahmefall ist es in Ordnung, die eigenen Pläne umzustellen, aber nicht regelmäßig.

Egal, ob im Job, in der Familie oder in der Freizeit, es ist wichtig, sich abzugrenzen, damit Sie selbst nicht auf der Strecke bleiben. Das hat nichts mit Egoismus zu tun, sondern dient der Wahrung Ihrer Lebenskraft.

2. Situationen vermeiden oder verlassen

Wenn Sie anhand Ihrer Spurensuche oder Ihres Gefühls feststellen, dass Ihnen eine Person oder eine Situation nicht guttut, setzen Sie einen Schlusspunkt. Ihr Gesprächspartner führt unbeirrbar einen Monolog oder möchte Ihnen um jeden Preis seinen Willen aufdrücken? Beenden Sie das Gespräch und gehen Sie weg. Wiederholt sich das Ganze bei jeder Begegnung, meiden Sie demnächst seine Gesellschaft. Sie können die jährliche Faschingsfeier im Verein nicht ausstehen? Dann gehen Sie nicht mehr hin. Im Job verweigert man Ihnen konsequent die Rahmenbedingungen, die Sie zum konstruktiven Arbeiten brauchen? Fangen Sie an, Bewerbungen zu schreiben.

Falls Sie im Kontakt mit einem Menschen oder an einem bestimmten Ort immer wieder auf Hindernisse stoßen, die Sie trotz aller Versuche nicht beseitigen können, lassen Sie es einfach sein. Verlassen Sie die Situation und vermeiden Sie sie in Zukunft. Damit befreien Sie sich aus dem Sog der alten Energie und können Ihre Kraft woanders sinnvoll einsetzen.

3. Aus Spielen aussteigen

Jeder von uns hat einige „rote Knöpfe" in seinem System, also Themen, bei denen wir in die Luft gehen und angreifbar sind. Gerade Familienmitglieder kennen diese roten Knöpfe ganz genau und machen sich einen Spaß daraus, sie zu drücken. In der Regel geht es darum, mit einer bestimmten Handlung eine vorhersagbare Reaktion auszulösen. Das können harmlose Sachen sein wie der Ehemann, der seine dreckigen Socken auf den Boden statt in die Wäschetonne wirft und damit bei seiner Frau eine Schimpftirade verursacht. Es können aber auch tiefe Wunden angesprochen werden. So löst vielleicht der Satz „Du bist doch sowieso zu nichts nutze!" ein Gefühl von Hilflosigkeit und Versagensangst aus. Wer bei Ihnen in der Lage ist, einen roten Knopf zu drücken, hat Macht über Sie, und das macht die Knöpfe so attraktiv. Um aus diesem Spiel auszusteigen, ist es notwendig, Ihre Knöpfe kennenzulernen und Ihre Reaktionen zu verändern, eventuell mit Hilfe einer psychologischen Beratung.

Wenn sich die Ehefrau in Zukunft nicht mehr über die Sockenröllchen aufregt, wird ihrem Mann das Spiel schnell langweilig. Wenn es jemanden gelingt, den eigenen Selbstwert zu steigern, prallt die Bemerkung „Du bist doch sowieso zu nichts nutze!" einfach an ihm ab. Sobald es dem anderen nicht mehr gelingt, auf Knopfdruck die erwartete Reaktion auszulösen, wird er nach einigen Versuchen aufgeben. So wird ein solcher Mensch Sie nicht mehr kontrollieren können, und Ihre Energie verbleibt dort, wo sie hingehört: bei Ihnen selbst.

Energie gewinnen

Sie haben nun Ihre Energielecks geschlossen. Lassen Sie uns jetzt Möglichkeiten erkunden, um Ihre Energiereserven aufzufüllen.

1. In den Körper kommen

Im Alltag verstricken wir uns häufig in immer wiederkehrende Gedankenspiralen, die zu nichts führen, aber sehr viel Raum einnehmen.

Dem ein oder anderen mag es gelingen, in der Meditation zu versinken und seine Gedanken dabei auszustellen. Doch so manches Mal nehmen die Endlosschleifen während der Meditation erst recht an Fahrt auf.

Hier kann es helfen, mit dem eigenen Körper Verbindung aufzunehmen. Das gelingt am besten über die Bewegung. Finden Sie eine Aktivität, die Ihnen wirklich liegt und Spaß macht. Es geht nicht darum, ein weiteres Pflichtprogramm in Ihren Alltag einzufügen, sondern sich selbst etwas Gutes zu tun. Für den einen ist es vielleicht der Kampfsport, um mal so richtig Dampf abzulassen, der andere bevorzugt die fließenden Bewegungen in einem Kurs mit Yoga oder Feldenkrais[21]. Ein Dritter liebt es, nach Feierabend einfach allein im Wald spazieren zu gehen. In der Bewegung haben Sie die Möglichkeit, den Kopf frei zu bekommen und die Gedanken zur Ruhe zu bringen. Die Energie, die vorher in die Endlosschleifen geflossen ist, steht Ihnen nun wieder zur Verfügung.

2. Freude und Schönheit

Orientieren Sie sich auch in Ihren anderen Lebensbereichen daran, was Ihnen Freude bereitet. Geben Sie zumindest in Ihrer Freizeit Beschäftigungen auf, die Sie nur aus Pflichtgefühl oder aus Gewohnheit betreiben, und wenden Sie sich den Dingen zu, die Ihnen am Herzen liegen.

Auch Schönheit ist ein Kriterium, an dem Sie sich ausrichten können. Es muss nicht immer alles einen Zweck erfüllen. Sicher wäre es praktisch, im Vorgarten Kies zu streuen oder einen Parkplatz daraus zu machen. Dann hat man zwar wenig Arbeit, aber nichts, was das Auge

---

[21] Die Feldenkrais-Methode wird im Anhang erläutert.

und die Seele erfreut. Eine schöne bunte Blumenwiese hat eine viel bessere Energie.

3. Kreativität entfalten

Kreativität ist eine wunderbare Möglichkeit, um Energie zu tanken und in den berühmten Flow zu kommen. Sie tritt in den unterschiedlichsten Formen auf: Malen, Schreiben, Schneidern, Musizieren, ein Puzzle legen oder alte Autos restaurieren – Ihrer Phantasie sind keine Grenzen gesetzt. Entscheidend ist nicht, was Sie tun, sondern dass Sie ganz in dieser Tätigkeit aufgehen können. Ob Sie dabei ein Ergebnis erzielen, spielt eine untergeordnete Rolle. Es geht in erster Linie um den Prozess des Tuns, um die Freude, die Sie dabei empfinden. Wenn Sie Spaß am Singen haben, ist es egal, ob Sie jemals ein Konzert geben. Machen Sie sich frei von dem Gedanken, dass Ihre Tätigkeit einem bestimmten Zweck dienen soll. Das schafft einen wertvollen Gegenpol zu Leistungs- und Termindruck, wie sie auf anderen Gebieten herrschen. Über die Kreativität machen Sie die Erfahrung, auf einer kleinen Insel im Alltag frei zu agieren und Ihre Energie ungehindert fließen zu lassen.

4. Themen klären

Alte Verletzungen und Wunden binden unnötig Energie und können Sie daran hindern, sich frei zu entfalten. Wenn ein Thema tief in Ihnen verwurzelt ist, sind Sie eventuell nicht in der Lage, es allein zu klären. Scheuen Sie sich nicht, sich in einem solchen Fall professionelle Unterstützung zu holen. Das können eine individuelle psychologische Beratung oder ein Coaching sein. Auch ein Seminar, das Ihre Problematik behandelt, kann Hilfestellung oder neue Impulse bieten. Hier können Sie sich im Rahmen einer Interessensgemeinschaft mit anderen Menschen austauschen. Es gibt die Möglichkeit, regelmäßig eine Beratung zu nutzen, zum Beispiel einmal in der Woche, oder aber punktuell bei Bedarf einen einzelnen Termin zu buchen. Entscheiden Sie nach Ihrem Bauchgefühl, was besser für Sie ist.

Probieren Sie, kleine konkrete Schritte festzulegen, die Sie in die richtige Richtung führen. Wenn Sie sich zu viel auf einmal vornehmen, besteht die Gefahr, sich zu verzetteln oder vor der Größe der Aufgabe zu kapitulieren. Es spielt keine Rolle, wie klein die einzelnen Etappen sind, die Hauptsache ist, dass Sie sie gut bewältigen können. Dann erzielen Sie erste Erfolge, die Sie dazu ermutigen weiterzugehen. Und wenn Sie nach einer Weile zurückblicken, haben Sie schon einen guten Teil des Weges hinter sich gebracht.

5. Ablenkungen reduzieren

Wir sind es gewohnt, im Alltag Multi-Tasking zu betreiben. Während Sie damit beschäftigt sind, den Kindern bei den Hausaufgaben zu helfen, klingelt es an der Tür und die Nachbarin kommt auf einen Schwatz vorbei. Während Sie reden, setzen Sie schon einmal Wasser auf dem Herd auf, denn Sie wollen gleich die Pasta für das Abendessen vorbereiten. Genau wie Sie im Internet einem Link nach dem anderen folgen, springt Ihre Aufmerksamkeit ziellos von hier nach da. Wenn Sie drei Sachen gleichzeitig machen, zerstreuen Sie Ihre Aufmerksamkeit. Jede Ablenkung stört Sie in Ihrem Gedankengang und bringt Sie weg von dem, was Sie eigentlich tun wollen.

Gewöhnen Sie sich an, die Dinge nacheinander zu erledigen und bei einer Sache zu bleiben. Checken Sie nicht zwischendurch Ihre Emails, während Sie am Rechner einen Bericht schreiben. Erledigen Sie keine Telefonate, wenn Sie gerade kochen. Ihr Gehirn hat zwei Hälften und kann maximal zwei Dinge gleichzeitig erledigen, alles andere ist eine

Illusion. Das Multi-Tasking verleitet dazu, die Aufmerksamkeit unkonzentriert von einer auf die andere Sache wandern zu lassen. Dabei geht allzu leicht die Übersicht verloren. Schalten Sie diesen Prozess bewusst aus, denn Sie wissen ja:

> **!** **Aufmerksamkeit ist pure Energie – und die sollte**
> **für das Wesentliche zur Verfügung stehen.**

6. Klare Prioritäten setzen

Unser Gehirn lässt sich sehr gern von äußeren Einflüssen ablenken. Um sich zu zentrieren, hilft es, klare Prioritäten zu setzen. Das, was Sie morgens als erstes tun, stuft das Gehirn als das Wichtigste ein. Diese Tatsache können Sie nutzen, indem Sie sich am Morgen vor allem anderen Ihrer obersten Priorität, Ihrer Nummer eins widmen.

Als wir dieses Buch verfassten haben, machten wir es zu unserer Priorität, die ersten vier Stunden am Tag zu schreiben. Erst danach haben wir zum Beispiel Emails gelesen oder den Anrufbeantworter abgehört. Das Buch war das Wichtigste, alles Übrige wurde erst im Anschluss bearbeitet. Es hat funktioniert, das Buch ist fertig geworden.

Wenn Sie morgens als erstes in Ihre Mailbox schauen, stuft Ihr Gehirn das als Priorität ein und schon sind Sie mit Ihrer Aufmerksamkeit bei den Angelegenheiten anderer Menschen, die auf den diversen Kommunikationskanälen zu Ihnen gelangen. Ihr eigenes Projekt spielt auf einmal nur eine untergeordnete Rolle und geht vielleicht irgendwann in der Fülle der Alltagsbelange unter.

7. Freiräume schaffen

Raum und Zeit zu haben, ist essentiell, um in Ihre Kraft zu kommen. Schaffen Sie sich deshalb im Alltag räumliche und zeitliche Ruhezonen, die nur Ihnen gehören. Es kann auch hier mit kleinen Schritten beginnen: ein gemütliches Zimmer, in dem Sie eine Stunde lang ungestört sein können, ein Hobby, das Sie an zwei Abenden in der Woche pflegen. Wenn das zu Hause nicht möglich ist, gehen Sie aus. Gehen Sie allein spazieren oder besuchen Sie einen Abendkurs – all das ist ein guter Anfang.

Sie können auch einen längeren Urlaub nutzen, um zu sich zu kommen. Probieren Sie in dieser Zeit etwas aus, was schon lange in Ihrem Herzen schlummert. Wenn Sie immer davon geträumt haben, auf einem Pferd am Strand entlang zu reiten, tun Sie das. Sie haben seit langem den Wunsch, Spanisch zu lernen? Buchen Sie einen Sprachkurs in Andalusien und probieren Sie es aus.

Versuchen Sie, dieses Jahr vier Wochen statt zwei Wochen Urlaub am Stück zu machen. Es mag sein, dass das in Ihrer Firma revolutionär ist, aber trauen Sie sich, Pionier zu sein und den anderen ein Vorbild zu geben. Schmieden Sie eine Allianz mit Ihren Kollegen, die Sie in der Zeit vertreten. Nehmen Sie ein paar unbezahlte Tage zusätzlich oder tauschen Sie Ihren Jahresbonus in Freizeit um. Auch ein „Sabbatjahr" ist denkbar. Es gibt immer Möglichkeiten, sich eine längere Auszeit zu nehmen. Wenn Sie mehr als nur ein paar Tage verreisen, kann Ihr System herunterfahren und sich neu sortieren. Dann gewinnen Sie Kraft und bekommen Lust, etwas anzupacken und konstruktiv zu gestalten, statt dem „Schema F" der Gesellschaft zu folgen.

Alternativ oder zusätzlich können Sie sich die Frage stellen, ob Sie nicht Teilzeit statt Vollzeit arbeiten möchten. Wenn Sie Ihre gesamte Arbeitskraft im Job lassen, bleibt für Sie selbst keine Energie mehr übrig.

Mit einer Teilzeitstelle haben Sie mehr Freizeit und Ihr Kopf ist freier für Ihre eigenen Belange. Dabei sind Sie abgesichert und müssen nicht unnötig Energie darauf verschwenden, sich Sorgen um Ihre Existenz zu machen. Wenn Sie mehr Zeit für sich haben möchten, ist es sinnvoll, sich finanzielle Freiräume zu schaffen. Der erste Schritt ist es, eventuell vorhandene Schulden abzubauen. Wer Schulden hat, ist nicht frei. In der aktuellen Niedrigzins-Phase mag es verlockend sein, einen Kredit aufzunehmen, um sich diese und jene Annehmlichkeit zu gönnen. Doch auch wenn der Zinsbetrag sich in Grenzen hält, muss die Kreditsumme in monatlichen Raten getilgt werden. Diese Verbindlichkeit sitzt Ihnen im Nacken, wenn Sie ein Haus gekauft haben bis zu 30 Jahre lang.

Vielleicht würden Sie wirklich gern Teilzeit arbeiten, um mehr Zeit für sich zu haben. Aber wenn Sie das tun, reicht das Gehalt nicht mehr aus, um Ihren Immobilienkredit abzuzahlen. Überdenken Sie, ob Sie das wirklich wollen. Wo liegen Ihre Prioritäten? Wie wäre es, das Haus zu verkaufen, den Kredit zurückzuzahlen und in eine schöne Wohnung zu ziehen? Die können Sie eventuell direkt bezahlen und haben so gegenüber Ihrer Bank keine Verbindlichkeiten mehr.

Außerdem ist es ratsam, Ihre laufenden Kosten einmal kritisch unter die Lupe zu nehmen. Brauchen Sie wirklich alle Versicherungen, für die Sie Beiträge zahlen? Ist es notwendig, dass jeder in der Familie ein eigenes Auto hat oder kann eines davon beispielsweise durch ein Mofa ersetzt werden? Lesen Sie die Zeitschriften, die Sie abonniert haben, und bereichert der kostenpflichtige Fernsehsender Ihr Leben? Nehmen Sie Ihre Kontoauszüge zur Hand und hinterfragen Sie jeden Posten, den Sie dort finden. Alle Kosten, die Sie streichen können, verschaffen Ihnen finanziellen Raum. Damit gewinnen Sie an Handlungsfreiheit und können Ihre Energien für andere Dinge nutzen.

Sicher werden Sie nach diesen Anregungen eigene Möglichkeiten finden, um Ihre Energiebilanz auszugleichen. Das übergeordnete Ziel ist dabei, dass Sie mit sich selbst in Kontakt kommen und Ihr Gleichgewicht finden.

In die Selbstbestimmung gehen

Es braucht einige Zeit, um einen Zugang zu sich selbst zu finden. Unsere Sinne sind es gewohnt, auf äußere Reize zu reagieren. Deswegen ist es zunächst kein Wunder, dass es sich etwas befremdlich anfühlt, seine Aufmerksamkeit bei sich zu halten. Dieser Prozess benötigt etwas Übung und Erfahrung. Lesen und Schreiben haben Sie ja auch nicht über Nacht gelernt.

Ein Sprichwort besagt: „In der Ruhe liegt die Kraft." Und damit sind mehr als fünf Minuten Ruhe gemeint. Es geht um Ihr inneres Gleichgewicht, das Sie auf Ihren Lebensweg führt. Besinnen Sie sich auf das, was Sie wollen! Natürlich können Sie die Marschroute auch unter Stress und in Momenten der Hektik bestimmen. Doch sind es dann Ihre eigenen Werte und Ziele, nach denen Sie Ihr Leben ausrichten?

Beginnen Sie damit, sich selbst zu beobachten. Begeben Sie sich auf den Weg zu Ihren Werten und Bedürfnissen. Suchen Sie sich eine der folgenden Ideen aus und beschäftigen Sie sich damit.

1. Lernen Sie Ihre wirklichen Bedürfnisse kennen

Verbringen Sie etwas Zeit damit, sich selbst besser kennenzulernen. Lassen Sie zu, dass Informationen über Ihren gegenwärtigen Gemütszustand die Schwelle zu Ihrer Aufmerksamkeit überschreiten. Es ist wichtig, wahrzunehmen, wie es Ihnen geht, und auf Signale Ihres

Körpers zu hören. Allmählich können Sie nicht nur Ihre Befindlichkeit erkennen, sondern auch Ihre Bedürfnisse. Und auf das, was Sie wahrnehmen, können Sie Einfluss nehmen.

Beschäftigen Sie sich mit ein oder zwei der folgenden Fragen, wobei es nicht nötig ist, diese wie gewohnt präzise zu beantworten. Denn dann sind sie abgehakt und aus Ihrem Bewusstsein verschwunden.

> **!** **Es geht vielmehr darum, einen Denkprozess anzustoßen, der Sie eine Weile begleiten wird.**

- Was brauche ich?
- Wie fühle ich mich? Wenn es mir nicht gut geht: Welche Situation ist dem vorangegangen?
- Wie wichtig nehme ich mich selbst? Wie gehe ich mit mir um?
- Was bedeutet mir meine Gesundheit?
- Wie fühlt es sich an, mir selbst zu vertrauen, statt Angst zu haben? Wie fühlt es sich an, „Fülle" statt „Mangel" zu denken?
- Welche Themen habe ich noch zu klären?

2. Überprüfen Sie Ihre Werte!

Glauben Sie an das, was Sie täglich tun? Oder handeln Sie gegen Ihre Überzeugungen?

> **!** **Schaffen Sie Klarheit – für sich und andere.**

Wenn Sie beruflich und privat unterschiedliche Werte ausleben, entsteht eine Diskrepanz. Sie müssen so täglich Energie aufwenden, um Ihr Handeln gegenüber sich selbst zu rechtfertigen, denn Sie betrügen sich selbst. Ein ähnliches Dilemma entsteht, wenn Ihr Partner und Ihre Familie die oberste Priorität für Sie darstellen, Sie ihnen aber keine Zeit widmen. Das kostet Sie jeden Tag Energie in Form von Streit, Lügen oder heimlichen Handlungen. Und der Kreislauf geht weiter, wenn Sie dieses Konstrukt aufrechterhalten wollen.

In diesen Fällen befindet sich Ihr Leben in einem ständigen Widerspruch. Wenn Sie das jeweilige Dilemma auflösen, müssen Sie dafür keine Energie mehr aufwenden. Damit haben Sie Klarheit geschaffen und können Ihre Energie für sinnvolle Dinge nutzen.

Gehen Sie wieder spielerisch an das Thema heran und beschäftigen Sie sich mit den Fragen, die für Sie hilfreich sind:

- Welche Prioritäten strebe ich an?
- Mit wem will ich meine Zeit verbringen?
- Was bedeuten mir die Menschen in meiner Umgebung: meine Familie, meine Partnerschaft und meine Freunde?
- Sind all diese Menschen nur ein Bild in meiner Brieftasche oder verbringe ich gerne Zeit mit ihnen?
- Wo kann ich mich selbst leben? Wo wende ich Energie für eine Fassade auf, die mir nicht entspricht?
- Wofür investiere ich meine Energie?
- Gibt es bei dem, was ich tue, und bei dem, was ich mir wünsche, einen Widerspruch? Lebe ich nach den Wünschen eines anderen?
- Sind die Werte, die ich lebe, meine eigenen? Kann ich mich selbst so annehmen, wie ich bin? Schätze ich mich selbst wert? Schätze ich die Menschen in meiner Umgebung wert?
- Liebe ich das, was ich tue? Entspricht mein Beruf dem, was ich immer machen wollte? Oder sitze ich nur meine Lebenszeit ab?
- Lasse ich mich von Geld oder von Idealen motivieren?

- Lebe ich das, woran ich glaube? Oder sollen es nur die anderen tun? Will ich mit meinen Werten ein Vorbild sein?

3. Der Wert der eigenen Erfahrung

Wir lieben es, in Filmen mit den Helden mitzufiebern oder auf einer Spielkonsole bei den verschiedensten Abenteuern mitten im Geschehen zu sein. Wir identifizieren uns mit all diesen Phantasien und brauchen dafür noch nicht mal den bequemen Wohnzimmersessel zu verlassen.

Was wir virtuell so schätzen, vermeiden wir in unserem alltäglichen Leben konsequent. Dabei sind es unsere eigenen Erfahrungen, die unser Leben bereichern. Als Kinder und junge Erwachsene haben wir euphorisch unser gewohntes Umfeld verlassen und uns auf neues Terrain begeben. Denken wir an unsere ersten Erfahrungen in einer neuen Wohnung, an einem neuen Arbeitsplatz, in einem fremden Land oder daran, als wir uns trauten, unseren Partner anzusprechen, um das erste Mal die Liebe zu erforschen. Haben wir uns da nicht großartig gefühlt?

Wenn wir älter werden, verabschieden wir uns oft davon, neue Erfahrungen zu machen. Dieser Prozess verläuft fließend und unbemerkt, bis wir schließlich nur noch unseren Gewohnheiten folgen. Doch das muss nicht so bleiben, Sie können jederzeit damit beginnen, Ihre Gewohnheiten zu überprüfen. Machen Sie in Ihrem Alltag etwas anders als sonst, lassen Sie sich auf neue Erfahrungen ein. Dazu gibt es nachfolgend einige Anregungen:

- Unterbrechen Sie Ihren üblichen Trott, nehmen Sie zum Beispiel einen anderen Weg zur Arbeit oder zum Einkaufen. Machen Sie unterwegs einen Stopp, um einen Kaffee zu trinken.

- Überprüfen Sie, welche Gewohnheiten sich für Sie bewährt haben und welche nicht. Was bereitet Ihnen Freude?
- Sie denken häufig an einen Menschen, den Sie lange nicht gesehen haben? Ergreifen Sie die Initiative und nehmen Sie Kontakt zu ihm auf.
- Gehen Sie für eine halbe Stunde an der frischen Luft spazieren.
- Verbringen Sie Ihren nächsten Urlaub an einem Ort, an dem Sie noch nie waren.
- Jeder Mensch handelt nach dem Bild, das er von sich selbst hat. Um Ihr Handeln zu verändern, beginnen Sie damit, Ihr Selbstbild zu verändern. Lassen Sie sich auf eine Phantasiereise ein: Wer sind Sie in Ihren Träumen? Wie möchten Sie sein?
- Tun Sie Dinge, bei denen Sie sich wohlfühlen. Und trauen Sie sich, etwas Neues auszuprobieren. Es darf ruhig etwas Ungewöhnliches oder Verrücktes sein.

Weitere Anregungen finden Sie in unserem Blog unter „Feldenkrais im Alltag": www.feldenkrais-main-kinzig.de.

4. Fähigkeiten erwerben und Talente ausbauen!

Wenn wir unsere Fähigkeiten betrachten, denken wir meist nur an Kenntnisse, die wir auf den vorgegebenen Bildungswegen erworben haben, also in Ausbildungen, Fortbildungen, Studiengängen usw. Hier tappen wir erneut in eine Falle: Was eine sinnvolle Beschäftigung für uns ist und welche Fähigkeiten dabei einzusetzen sind, bestimmen andere. Wenn Sie auf Ihrem Weg Fähigkeiten über eigene Erfahrungen sammeln, ist das scheinbar nichts wert. Wer braucht schon Menschen mit Selbstvertrauen, Selbständigkeit und eigenen Vorstellungen? Dabei liegt es zuallererst an Ihnen selbst, Ihre erfahrenen Werte zu schätzen.

Bei Ihren Hobbys, bei Ihren Leidenschaften, bei dem, was Ihnen leicht von der Hand geht, zeigen sich Ihre wahren Talente. Und das sind vielleicht genau die Fähigkeiten, die morgen gefragt sind. Wer hätte denn vor 25 Jahren gedacht, dass heute an den meisten Arbeitsplätzen Computer zu finden sind, ohne die im Grunde nichts mehr funktioniert?

In der neuen Energie geht es um Ihre Entfaltung und Ihre Gefühlskraft. Die Fähigkeiten, die Sie dabei entdecken, helfen Ihnen, sich weiterzuentwickeln. Über die Selbsterfahrung stärken Sie Ihr Selbstvertrauen, fördern Sie Ihre Kreativität und entwickeln Sie eine Begeisterung dafür, neue Dinge auszuprobieren. Das ist die essentielle Ausrüstung, um Ihr Leben selbst zu bestimmen und zu gestalten.

Welche Fähigkeiten haben Sie? Notieren Sie alles, was Ihnen in den Sinn kommt, und gerade die Fähigkeiten, die Sie für wertlos halten.

5. Loslassen und ausprobieren

In vergangenen Zeiten war das Sammeln und Horten von Gegenständen sinnvoll, ganz einfach, weil viele Güter knapp waren. Heute ist es dagegen eine Kunst, in einem reichhaltigen Angebot an Informationen und Einkaufsmöglichkeiten den Überblick zu behalten. Dafür ist eine andere Form der Selbstorganisation notwendig. Klug auswählen statt anhäufen heißt die Devise. Verschaffen Sie sich Klarheit über das, was Sie wollen. Dann können Sie nach Ihren eigenen Kriterien eine Entscheidung treffen und genau das kaufen, was Sie brauchen. Wenn Sie ein neues Fahrrad benötigen, überlegen Sie genau, was Sie damit tun möchten und welche Ausstattung dafür erforderlich ist. Dann stellen Sie zum Beispiel fest, dass ein komfortables Tourenfahrrad genau das Richtige für Sie ist. Mit all den Mountainbikes, Rennrädern und E-Bikes müssen sie sich gar nicht mehr auseinandersetzen. Lassen Sie diese Optionen einfach los.

Ähnlich verfahren Sie mit Dingen, die Sie bereits besitzen. Verschaffen Sie sich einen Überblick über Ihre Wohnräume und räumen Sie nicht nur auf, sondern misten Sie aus. Lassen Sie los, was nicht mehr nützlich ist und Ihnen nur im Weg steht. Da kann es auch mal vorkommen, dass Sie ein Gefühl der Erleichterung verspüren, wenn Sie sich von alten Sachen trennen.

Genauso wie Sie in Ihrer Wohnung Dinge loslassen, können Sie in Ihrem Alltag aufräumen. Gehen Sie spielerisch damit um. Bei all dem, was jeden Tag auf Sie einströmt, haben Sie die Möglichkeit, „Nein" zu sagen. Nach den ersten Versuchen wird es Ihnen immer leichter fallen. Stehen Sie zu dem, was sie möchten. Lassen Sie sich nicht in die Themen und Absichten von anderen einbinden.

Das gilt für Ihre Mitmenschen genauso wie im Kontakt mit Unternehmen, die Sie gern mit den sogenannten „Kundenbindungsprogrammen" für sich einnehmen möchten. Wer gebunden ist oder sich einbinden lässt, ist definitiv nicht frei. Vielleicht haben Sie eine Kundenkarte in einem Kaufhaus oder nehmen Ihr Mittagessen regelmäßig in demselben Lokal ein. Um Stammkunde zu sein, müssen Sie nichts weiter tun, als immer wieder das Gleiche.

Lassen Sie Ihre alten Gewohnheiten los und probieren Sie stattdessen etwas anderes aus. Sie können ja jederzeit wieder auf das Altbewährte zurückgreifen – natürlich nur für den Fall, dass es dann noch interessant ist. Als Neukunde sammeln Sie Erfahrungen und können Vergleiche anstellen. Das gilt für all Ihre täglichen Belange, ob Sie zum Frisör gehen, eine neue Autowerkstatt ausprobieren oder in therapeutischer Behandlung sind: testen Sie Ihre Möglichkeiten und Alternativen aus.

Verzichten Sie auf lange Vertragslaufzeiten. Warum sollen Sie sich ein Jahr lang binden, wenn Sie von Monat zu Monat neu entscheiden können? Hat da ein Unternehmen Angst, Kunden zu verlieren, weil es nicht hält, was es in der Werbung versprochen hat? Wenn der Kunde mit der Leistung des Unternehmens zufrieden ist, wird er aus freien Stücken bleiben. Mit ein bisschen Erfahrung sehen Sie schon bald auf Anhieb, ob man Sie als Kunde freilässt oder binden will. Achten Sie darauf, ob ein Angebot übersichtlich ist oder ob es im Kleingedruckten überraschende Bedingungen gibt. Bei klarer Gestaltung, guter Beratung und wohlwollenden Absichten sind Sie als Kunde gut aufgehoben.

Betrachten Sie aus diesem Blickwinkel auch Ihren Arbeitsplatz: Sind Sie dort komplett eingebunden und haben Sie das Gefühl, ohne Sie geht gar nichts? Fühlen Sie sich damit noch wohl oder laugt Sie Ihr Job aus?

Vielleicht geht es Ihnen wie Timm Thaler[22] in der Fernsehserie von 1979. Timm willigte leichtfertig ein, einem reichen Geschäftsmann sein Lachen zu verkaufen. Während der ursprünglich griesgrämige Geschäftsmann sich nun im Kreislauf der Freude wiederfindet, wird Timms Leben immer unglücklicher. Ihm ist das Lachen vergangen, weil er es gegen Geld eingetauscht hat.

Schauen Sie in Ihrem Arbeitsvertrag nach, was Sie Ihrem Arbeitgeber überschrieben haben. Steht da etwa, dass der Arbeitnehmer seine Arbeitskraft vollständig dem Arbeitgeber zur Verfügung stellen muss? Dann ist es ja kein Wunder, dass Sie zu Hause keine Kraft mehr haben. Denn Sie wissen ja: Arbeitskraft ist Lebenskraft!

Können Sie das so hinnehmen? Haben Sie da nicht das Gleiche getan wie Timm Thaler und Ihr Lachen verkauft? Das ist nicht nur eine Formsache, sondern genau der Punkt, auf den es ankommt.

---

[22] Rothemund, Sigi: *„Timm Thaler“*. Deutschland 1979.

Sie haben immer die Möglichkeit, loszulassen und etwas zu verändern, auch Ihren Arbeitsplatz. Sie können ein Gespräch mit Ihrem Arbeitgeber führen und erfahren, ob er auf Ihre Bedürfnisse eingeht oder nicht. Die größte Wertschätzung erhalten Sie wahrscheinlich erst in dem Moment, in dem Sie kündigen. Testen Sie Ihren Marktwert. Hinterher fragen Sie sich vielleicht, warum Sie eine unbefriedigende Situation so lange ertragen haben. Veränderungen gehen mit der Zeit immer leichter und Sie lernen sich selbst besser kennen und schätzen. Darum geht es!

Lassen Sie los! Damit haben Sie ein sehr wertvolles Instrument für Ihr Leben in der Hand.

6. Der eigenen Intuition folgen

Wir alle nehmen viel mehr wahr als uns bewusst ist. Viele Wahrnehmungen gehen jedoch unter, weil wir mit unseren Gedanken nicht bei dem sind, was wir gerade tun. Außerdem ist unser Denken derart auf Daten und Fakten fixiert, dass wir dem, was wir hören, sehen, riechen, schmecken oder anfassen können, wenig Bedeutung beimessen. Informationen, die wir über unsere Sinne aufnehmen, betrachten wir nicht als Orientierungshilfe, ganz zu schweigen von unserem Bauchgefühl.

Die Intuition lässt sich nicht in Zahlen ausdrücken oder rational erklären, deshalb hat sie in unserer Welt keinen Platz. Doch wenn wir eine Situation rückblickend betrachten, stellen wir oft fest, dass im Vergleich zum analytischen Denken die Intuition der bessere Wegweiser gewesen wäre. Im Nachhinein heißt es oft: „Hätte ich doch nur auf mein Bauchgefühl gehört!“

In unserer Gesellschaft wird ein Umgang mit der Intuition nicht geschult. Und dennoch hat jeder damit schon seine Erfahrungen gemacht.

Vertrauen Sie sich selbst und Ihren Gefühlen. Und um sich von den Gefühlen leiten zu lassen, ist es wichtig, Ihre Aufmerksamkeit bei sich selbst zu halten. Wenn Sie sich ständig von anderen ablenken lassen, verschwimmt Ihre Wahrnehmung. Auch Ihr Vernunftdenken und Ihre eigenen Ängste führen Sie weg von Ihrer Intuition.

Mit Hilfe der Spurensuche, die Sie jetzt an der Hand haben, entscheiden Sie selbst, ob Sie sich manipulieren lassen oder selbstbestimmt agieren. Aus einem vormals unbewussten Prozess ist jetzt eine klare Situation entstanden. Sie können auf das Spiel, das mit Ihnen gespielt wird, Einfluss nehmen.

! **Beginnen Sie, auf Ihre innere Stimme zu hören, anstatt sie zu unterdrücken.**

Wenn Sie zuhören, bekommen Sie auch Informationen. Dann können Sie zuverlässig unterscheiden, wer es ehrlich mit Ihnen meint oder wer Sie täuschen möchte. Zum Beispiel bedeutet ein „Herzlich willkommen" nicht immer, dass Sie tatsächlich willkommen sind oder dass der Gruß von Herzen kommt. Es kann einfach nur eine reine Floskel sein oder eine gezielte Manipulation, um Sie in Sicherheit zu wiegen. Ihr Bauchgefühl verrät Ihnen, ob Ihnen die neue Energie nur vorgegaukelt wird oder ob sie echt ist.

Sie können ab sofort Ihre Intuition in Gespräche einbeziehen:

- Was nehme ich wahr?
- Ist die Situation ungezwungen?
- Gerate ich unter Stress oder wird (Zeit-)Druck auf mich ausgeübt?

Ihre Wahrnehmung liefert viele wertvolle Informationen, um die Lage richtig einschätzen zu können. Mit ihrer Hilfe erkennen Sie, worauf Sie sich einlassen.

7. Authentisch sein und leben

Sie haben nun zahlreiche Anregungen bekommen, um selbstbestimmt zu agieren. Alles, was Sie hiervon umsetzen können, führt Sie hinein in ein Leben, das Ihr eigenes ist. Es ist ein Weg, auf dem Sie die manipulativen Mechanismen der alten Energie aufbrechen. Sie durchschauen die ewig wiederkehrenden Muster aus Mangel, Angst, Gruppenzwang und geringer Wertschätzung. Immer seltener lassen Sie sich kontrollieren oder dafür missbrauchen, den Besitzstand anderer zu wahren. Sie trauen sich, selbst zu denken, statt blind der Masse und der Berichterstattung der Medien zu folgen. Dinge zu hinterfragen, wird immer mehr zu einer Selbstverständlichkeit in Ihrem Leben. „Brauche ich das?" und „Will ich das?" sind Leitfragen, die Sie bewusst Entscheidungen treffen lassen, wohin sich Ihr Leben entwickeln soll.

Wenn Sie dabei Ihrer Intuition und Ihren eigenen Werten folgen, werden Sie früher oder später auf Dinge stoßen, die Sie von Herzen gern tun. Verlassen Sie sich darauf, dass diese Leidenschaften etwas wert sind. Widmen Sie diesen Themen Zeit und Energie, und genießen Sie es, immer mehr in den Flow zu kommen.

Über Ihr Tun gelangen Sie auf den Weg der neuen Energie, der Sie mit Fülle, Freude und Wertschätzung in Verbindung bringt. Sie müssen nur vertrauen und losgehen. Ihre Belohnung wird es sein, ein authentisches Leben zu führen, ein Leben, das Ihnen entspricht, das Sie erfüllt, weil Sie das tun, woran Sie glauben.

Interessengemeinschaften

Bisher sind die Menschen, die sich von der neuen Energie leiten lassen, noch einzeln verstreut. Viele haben schon seit geraumer Zeit das Gefühl, anders zu sein und nicht mehr in die Gesellschaft zu passen. Sie denken von sich selber, sie seien nicht belastbar genug und zu sensibel.

Vielleicht haben Sie selbst schon erlebt, dass Sie in Ihrem Bekanntenkreis auf taube Ohren stoßen, wenn sie von Themen wie Energieverlust oder Krafttanken sprechen. Über so etwas spricht man nicht in einer Gesellschaft, in der es wichtig ist, leistungsfähig zu sein und zu funktionieren. Über seine wahren Gefühle breitet man einen Deckmantel des Schweigens aus, und jeder leidet still vor sich hin. Lieber spricht man über die nächste Party, das neue Auto oder die Probleme der Kinder in der Schule.

! **Wenn Sie es leid sind, ständig die gleichen belanglosen Gespräche zu führen, dann beginnen Sie damit, sich einzubringen. Treten Sie vor und legen Sie die Themen, die Sie wirklich bewegen, auf den Tisch. Es wäre zu schade, wenn Ihre wertvollen Gedanken dem Klatsch und Tratsch von anderen weichen müssten.**

Einen Weg abseits der gesellschaftlichen Normen zu gehen, kann sich zunächst unbequem anfühlen. Indem Sie Dinge anders sehen und anpacken als Ihre Umgebung, stoßen Sie auf Widerstand. Wer gegen den Strom schwimmt, fragt sich unweigerlich, ob er mit seiner Auffassung wirklich richtig liegt. Dann besteht die Gefahr, sich wieder der

Menge anzupassen und in alte Muster zurückzufallen. Wenn sich Ihre Zweifel zeigen, kann es sehr wertvoll sein, positive Unterstützung von anderen Menschen zu erfahren.

Suchen Sie sich deshalb ein Umfeld, das Ihre Interessen teilt, wo man hören möchte, was Sie zu sagen haben. Sobald Sie Menschen begegnen, die in dieselbe Richtung denken wie Sie selbst, erscheinen Ihre Ideen gar nicht mehr so verwegen. Dazu brauchen Sie nichts weiter als einen einzigen weiteren Gesprächspartner. Schon sind Sie Teil einer Interessengemeinschaft, die Sie selbst begründet haben.

Der entscheidende Punkt ist: Sie selbst können beginnen, sich mit anderen auszutauschen oder eine Mini-Interessengemeinschaft ins Leben zu rufen. Es genügt, sich zunächst nur mit zwei oder drei Menschen zu treffen. Damit ist schon eine Plattform entstanden, um über das zu sprechen, was Sie beschäftigt. Das ist ein wichtiger Schritt hin zur Selbstermächtigung.

! Selbstermächtigung beginnt bei den Themen, die Ihnen am Herzen liegen, darum: loslegen, treffen, reden.

Bei einer Interessengemeinschaft handelt es sich um einen losen Verbund von Menschen, die dasselbe Gedankengut teilen, nicht etwa um einen Verein oder eine formelle Organisation. Eine Interessengemeinschaft entsteht zum Beispiel auf einem Seminar, bei dem Leute zusammenkommen, die an demselben Thema interessiert sind. Das können zum Beispiel Workshops zu gesunder Ernährung, zu Energiearbeit oder Feldenkrais sein. Es sind auch wöchentliche Gesprächskreise oder gemeinsame Projekte denkbar – jede Form, die einen lebendigen Austausch fördert. Wichtig ist, dass in einer Interessengemeinschaft jeder frei ist, zu kommen und zu gehen, seine eigenen Ideen vorzustellen und zu leben. Es gibt keinen Gruppenzwang und keine Ideologie, der alle folgen müssen.

Im Gespräch werden Sie erfahren, dass Sie mit Ihren alternativen Gedanken nicht allein dastehen, dass plötzlich viele die gleichen Themen haben und dankbar sind, endlich einmal darüber reden zu können. Es muss nicht mehr jeder allein damit zurechtkommen. In dieser Gemeinschaft können Sie sich darüber unterhalten, was Ihnen guttut. Sie können zum Beispiel dieses Buch dafür nutzen, gemeinsam auf Spurensuche zu gehen. Entdecken Sie die alte und die neue Energie gemeinsam. Teilen Sie Ihre Beobachtungen und bereichern Sie damit andere, die wiederum ihre eigenen Erfahrungen offenlegen. Auf diese Weise kommen kreative Prozesse in Gang, in denen jeder Einzelne eine Funktion erfüllt und dazu beiträgt, dass sich neue Verhaltens- und Denkweisen in der Gesellschaft etablieren. Es bildet sich ein Gegenpol zu der althergebrachten Lebensweise und ein Kreislauf aus positiven Energien kann angestoßen werden.

Immer mehr Menschen fangen an, sich Fragen zu stellen, selbstbestimmt zu denken und zu handeln. Wenn all diese Leute an einem Strang ziehen, wird sich herausstellen, dass sie inzwischen eine große Gemeinschaft sind. Diese Bewegung ist nicht mehr aufzuhalten, sie ist bereits heute Realität.

Wir möchten es noch einmal betonen: Schon drei bis fünf Prozent der Bevölkerung genügen, um eine tiefgreifende Veränderung in der Gesellschaft herbeizuführen. Voraussetzung ist, dass sich das alternative Gedankengut durch alle Gesellschaftsschichten und Berufsgruppen zieht.[23] Wenn diese relativ kleine Gruppe anfängt, neue Werte und

---

[23] Vgl. Welzer, Harald: *„Selbst denken: Eine Anleitung zum Widerstand“.* Frankfurt 2013.

Modelle vorzuleben, können sich andere daran orientieren und ihnen folgen, hinein in ein authentisches Leben. Jeder Einzelne kann etwas bewirken.

Das Rad des Lebens

Der Weg in die Selbstbestimmung bringt Sie der Antwort auf die großen Fragen des Lebens ein Stück näher: Wer bin ich? Wohin will ich in meinem Leben? Welche Aufgaben möchte ich erfüllen?

Diese Fragen tauchen spätestens in der Lebensmitte (wieder) auf. Irgendwann im Alter von 35 und 50 Jahren drängen sie in unser Bewusstsein und wollen beachtet werden. Gern wird das Phänomen als „Midlife Crisis" belächelt. Aber diese Phase zu durchlaufen, ist essentiell für ein erfülltes Leben. Wir haben hier noch einmal die Chance, Weichen zu stellen und zu überdenken, wie wir den Rest unseres Lebens gestalten wollen. Möchten Sie sich selbst leben oder weiter blind dem gesellschaftskonformen Modell folgen?

Das gängige Modell bemisst den Wert eines Menschen nach seiner produktiven Leistung, das heißt nach seiner Arbeits- und Geschäftskraft. Diese nimmt einen linearen Verlauf, wie es in der Grafik auf der folgenden Seite dargestellt wird. Zunächst geht es stetig bergauf mit der Leistungskraft. Der junge Mensch wird ausgebildet, steigt in das Arbeitsleben ein und beginnt, produktiv zu werden. Jahr für Jahr sammelt er weiteres Wissen an und gewinnt an Erfahrung. Dadurch wird er für ein Unternehmen und die Volkswirtschaft als Ganzes wertvoller. Doch irgendwann erreicht die Leistungskurve ihren Höhepunkt und fällt anschließend ab. Die klassische Arbeitskraft eines Menschen lässt nach,

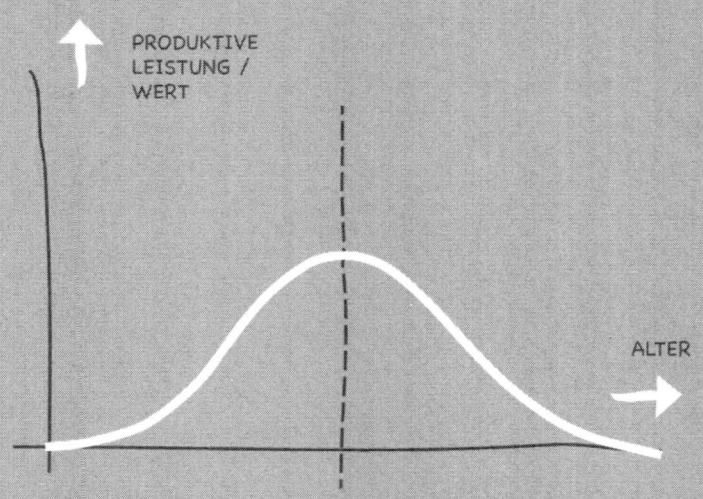

seine Schnelligkeit und Belastbarkeit nehmen ab. Nach allgemein gülti-
ger Auffassung geht es bergab mit ihm.

Dabei bleibt unberücksichtigt, dass andere Qualitäten an die Stelle
der Leistung treten: Mit zunehmendem Alter gewinnen die Menschen
an Übersicht, erkennen komplexe Zusammenhänge, können andere
führen und beraten. Sie handeln besonnener und umsichtiger als in ihren
frühen Jahren. Diese wertvollen Eigenschaften gilt es nun zu kultivieren
und zu schätzen, auch oder gerade weil sie in unserer Gesellschaft nicht
viel gelten. Wenn Sie Ihren Selbstwert von der klassischen Leistungskurve abhängig machen, fühlt es sich irgendwann so an, als hätte Ihr
Leben keinen Sinn mehr. Es gibt keine Hoffnung, sie steuern unweigerlich auf den Abgrund zu.

Zu dieser linearen Sichtweise gibt es eine Alternative, die uns
von den Naturvölkern überliefert wurde. Sie begreift das Leben nicht
als Kurve, sondern als einen Kreislauf. Es handelt sich um das so-
genannte Lebensrad. Dieses Rad zeigt die Entwicklungsphasen, die jeder
Mensch im Laufe seines Lebens durchläuft, von der Geburt bis zu
seinem Tod.[24]

In der Kindheit entwickelt der Mensch nach und nach ein eigenes
Bewusstsein. Zunächst ist er noch vollkommen abhängig von der
sozialen Gruppe, in die er hineingeboren wird. Die Familie deckt seinen
Bedarf an Nahrung und Kleidung, Schutz und Obdach. In dieser Kind-
heitsphase werden Lebensweise und Meinungen der Gruppe zunächst
ungefiltert übernommen. Wenn das Kind heranwächst, wird es langsam
selbständiger. Es beginnt, eigene Wege zu gehen, entdeckt individuelle
Talente und testet seine Grenzen aus.

---

[24] Vgl. Paul, Norbert: *„Der Neue Abendländische Schamanismus"*. Radeberg 2012.

Um das 14. Lebensjahr herum tritt der junge Mensch in die Phase der Pubertät ein. In dieser Zeit steht das Leben Kopf. Auf psychischer und physischer Ebene setzen umfassende Transformationen ein, die tiefe Verunsicherungen auslösen können. Das Lebensmodell der Eltern wird hinterfragt, die Jugendlichen sind auf der Suche nach dem eigenen Entwurf für ihre Zukunft. Teenager haben ein sehr feines Gespür für Recht und Unrecht, für Wahrheit und Lüge. Sie durchschauen durchaus, dass unser Gesellschaftsmodell in eine Sackgasse führt, und rebellieren dagegen. Was sie jetzt brauchen, sind funktionierende Vorbilder aus der Welt der Erwachsenen, Menschen, die ihnen Werte vorleben, an denen sie sich orientieren können, Menschen, die ihre Themen geklärt haben, das leben, an was sie glauben, die ehrlich und authentisch sind. Merken Sie etwas: Die Rede ist von Ihnen. Sie sind einer derjenigen, der diese Vorbildfunktion erfüllen kann.

Nach der großen Orientierungsphase der Pubertät glätten sich die Wogen wieder. Wenn alles gut verläuft, wird der junge Mensch in einem Verfahren aus Ausprobieren und Verwerfen (Trial and Error) herausfinden, wohin er im Leben will, und seine Energie in die entsprechende Richtung lenken. Es folgen eine Zeit der Ausbildung und der Eintritt in das Berufsleben, es wird geheiratet, vielleicht ein Haus gebaut, Kinder erblicken das Licht der Welt. In dem Lebensabschnitt bis Mitte/Ende 30 folgt man meist der gesellschaftlichen Norm und ist mit dem Aufbau materieller Werte beschäftigt.

Irgendwann hat man jedoch alles erreicht, was es zu erreichen gibt, oder man ist an den eigenen Zielen gescheitert. In der Regel sind die materiellen Bedürfnisse gedeckt, die berufliche Laufbahn ist abgesteckt. Das ist der Moment, wo eine erneute Transformation einsetzt.

Genau wie in der Pubertät taucht wieder die Frage auf, ob man dem bisherigen Lebensmodell weiter folgen will oder ob Änderungen

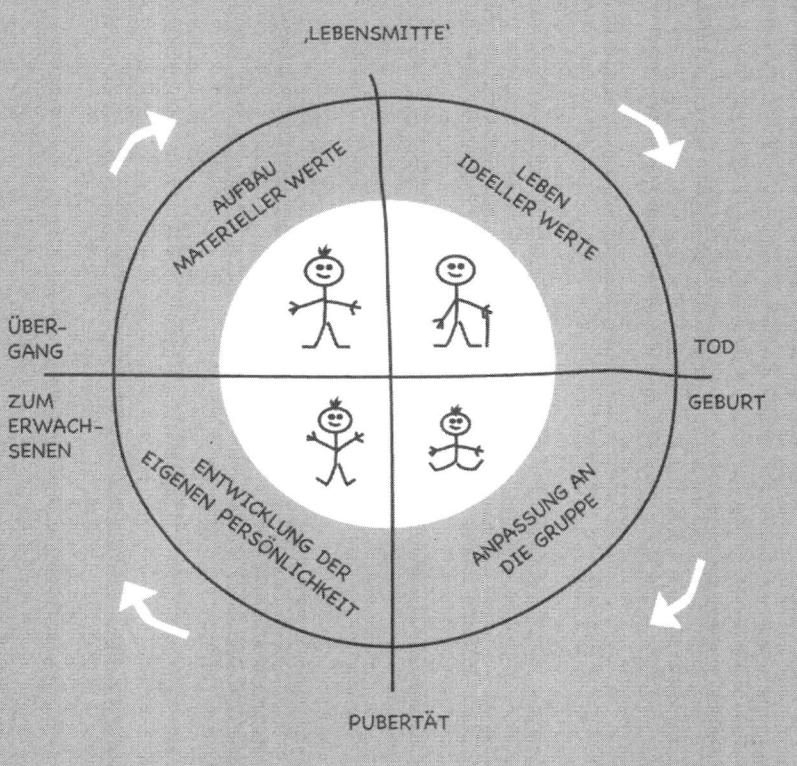

nötig sind. Es ist eine Phase, in der alles auf dem Prüfstand steht. Aus gutem Grund liegen sich die beiden Transformationsphasen im Rad des Lebens genau gegenüber.

In der Lebensmitte kann es zur Krise kommen, aber sie bietet auch die Chance, noch einmal neu anzufangen. Es geht darum, über Bord zu werfen, was nicht mehr zu Ihnen passt, und den Weg des Herzens zu gehen. Verweigern Sie sich der persönlichen Entwicklung, bleibt das Lebensrad stehen, und in der Tat kann das Leben dann an Sinn verlieren. Haben Sie aber Ihre Themen geklärt, kann sich das persönliche Rad weiterdrehen und Sie treten in den nächsten Abschnitt ein: Es wird die Zeit des reifen, weisen Erwachsenen anbrechen, der die schon beschriebene Vorbildfunktion für die folgende Generation übernimmt.

In dieser Aufgabe sind Sie von unschätzbarem Wert für die Gesellschaft. Ihr Wissen und Ihre Erfahrung haben das Potenzial, die Gemeinschaft zu bereichern, auch lange nach dem Höhepunkt Ihrer Arbeitsleistung. Es liegt bei Ihnen, für welche Werte Sie einstehen und was Sie weitergeben wollen. Wenn Sie das leben, was Ihnen wichtig ist, und im Einklang mit der neuen Energie sind, werden sich Ihre Enkelkinder gern an Ihnen orientieren. Auf diese Weise können Sie Zukunft mitgestalten, und zwar weit über das eigene Leben hinaus.

In nicht allzu ferner Zukunft

Wenn immer mehr einzelne Personen sich die Frage stellen, wie sie leben möchten, und ihre Handlungen danach ausrichten, wird sich unsere Gesellschaft ändern, dann kann etwas Neues entstehen. Wohin uns das führt, wird die Zeit zeigen. Um eine Idee davon zu bekommen, folgen Sie uns in eine Utopie, die Realität werden kann, wenn wir das wollen.

Falls Sie Schwierigkeiten haben, sich eine solche Entwicklung vor-zustellen, bedenken Sie: Vor 25 Jahren hat auch niemand erwartet, dass wir Einkäufe im Internet erledigen und einen Großteil unseres Lebens über elektronische Geräte steuern. Es ist sehr wahrscheinlich, dass un-sere Kinder und Enkel in Berufen arbeiten werden, die wir heute noch gar nicht kennen. Und ist es da so abwegig, dass sich andere Gesell-schaftsstrukturen etablieren und andere Fähigkeiten gefragt sein werden, zum Beispiel der souveräne Umgang mit Gefühlen?

Deutschland anno 2050

Eine Familie kommt nach acht Wochen aus dem Urlaub zurück. Jonas und seine Eltern haben sich eine Auszeit genommen, die allen gut getan hat. Sie haben gemeinsam viel Zeit miteinander verbracht, viele Gesprä-che geführt und sind einander wieder näher gekommen. Es gefiel ihnen, ihr Leben in dieser Urlaubszeit einmal ganz anders zu gestalten, als es sonst für sie üblich ist.

Jetzt sind sie wieder zu Hause und Jonas freut sich schon seit Tagen auf ein Treffen mit seinem Mentor. Heute ist es endlich soweit. Seit er 14 Jahre alt geworden ist, hat er wie jeder in diesem Alter einen Mentor. Alle sind stolz auf diese Mentoren, die in der Regel heute 70 Jahre oder älter sind. Sie haben zu Beginn der Zwanzigerjahre die Aufbruchstim-mung miterlebt.

Jonas ist äußerst gespannt, aus erster Hand zu hören, wie sich damals für alle das Leben verändert hat. Er kennt ja nur die Gesellschaft wie sie heute ist. Er ist froh, dass er so viel Zeit mit seinen Eltern verbringen kann und dass sie nicht mehr so gestresst sind. Wobei er sich gar nicht vorstellen kann, was Stress überhaupt ist. Er kennt viele Geschichten von den Menschen, die nie Zeit hatten und ihre Gefühle unterdrückten, früher sagten wohl die wenigsten, was sie fühlten.

Frohen Herzens blickt er zu seinen Eltern hinüber. Sie sind ausgeglichen und wirken frisch verliebt auf ihn. So verliebt will er auch einmal sein. Mit der Liebe seiner Eltern fühlt er sich wohl, sie färbt auch auf ihn ab. Damit hat er alles, was er braucht. Er kann noch so viele Hirngespinste haben, seine Eltern spinnen sie gemeinsam mit ihm weiter. Er ist wunschlos glücklich.

Früher war es wohl so, dass viele Eltern ihre Liebe nicht lebten. Die Liebe war zu einem gesellschaftlichen Klischee verkommen. Zu Beginn einer Beziehung wurde die Liebe vertraglich geregelt, nur um kurz darauf wieder getrennt zu werden. Heute, im Jahr 2050, ist es gar nicht denkbar, dass zwei Menschen zusammenleben, wenn sie sich nicht innig lieben.

Damals bekamen die Kinder die Defizite ihrer Eltern zu spüren. Es ist ja bekannt, dass die Energie der Eltern das Feld ihrer Kinder beeinflusst. Und da die Eltern ständig in Hektik waren und nicht zur Ruhe kamen, wurden auch die Kinder nervös. Diese wurden dann von den Eltern ermahnt: „Sitz still, beschäftige dich mal selbst. Du bist ja hyperaktiv!" Auch die Ängste der Eltern wurden auf die Kinder übertragen. Sie bekamen ständig zu hören: „Geh mal da runter, du fällst hin!", „Pass auf, mach das nicht kaputt!" oder „Das darfst du nicht, das ist zu gefährlich." Auf diese Weise wurden die Kleinen davon abgehalten, eigene Erfahrungen zu machen. Kein Wunder, dass sie kein Selbstvertrauen aufbauten. Auf welcher Grundlage denn? Heute weiß man: Wer sich selbst nicht vertraut, traut auch anderen nichts zu. Deshalb ist es schon im Kindergarten eine der wichtigsten Prioritäten, das Selbstvertrauen des Nachwuchses zu stärken.

Jonas trifft jetzt bei seinem Mentor ein. Die beiden begrüßen sich und nehmen Platz. Wie immer will Jonas Geschichten von der Aufbruchstimmung hören, von der Epoche, in der sich alles änderte. So beginnt sein Mentor von einer Zeit zu berichten, in der die Freude verlorenging. Die Menschen funktionierten nur noch, sie aßen nicht mehr viel, hatten keine Zeit mehr für sich und sogar ihr Atem war nur noch kurz und oberflächlich. Für einen tiefen Atemzug fehlten die richtige Stimmung und die Muße. Der Zeitplan war beruflich und privat so voll, dass schon ein unvorhergesehenes Ereignis alles durcheinander brachte, es setzte sofort alle Beteiligten unter Druck, es gab keinerlei Puffer mehr. Ein Tropfen genügte, um das Fass zum Überlaufen zu bringen, und das tat es regelmäßig.

Es galt als normal, dauernd beschäftigt zu sein. Auch die klugen Köpfe in unserer Gesellschaft blieben nicht davon verschont. Denn die Dauerbeschäftigung stellte sicher, dass niemand zum Nachdenken kam. So wurden zum Beispiel die Ingenieure permanent auf Dienstreise geschickt, um Kunden auf der ganzen Welt zu betreuen. Wenn sie mit Jetlag auf dem Weg zum nächsten Meeting waren, war die Dauerbeschäftigung gewährleistet.

Den Medizinern erging es ähnlich. Einst waren sie voller Ideale und hegten eine Faszination für das Mysterium Mensch und seine Gesundheit. Doch im Laufe ihres Berufslebens gerieten sie fast unbemerkt in einen Prozess aus Bürokratie, rechtlichen Angelegenheiten und Dokumentationspflichten hinein. Es blieb immer weniger Zeit, um sich um das eigentlich Wichtige zu kümmern: ihre Patienten.

Selbst die Gelehrten und Wissenschaftler wurden permanent in Atem gehalten. Ihr Ruf hing zunehmend von Kriterien wie der Zahl ihrer Veröffentlichungen oder der Höhe der von ihnen angeworbenen Fördergelder ab. Hinzu kamen repräsentative Aufgaben und Lehraufträge. Die innovative Forschung und der Wille, etwas zu verändern, gerieten dabei immer mehr in den Hintergrund.

Aber irgendwann kam ein Stein ins Rollen, der dem ganzen Irrsinn Einhalt gebot. Das System verlor immer mehr an Glaubwürdigkeit. Glücklich gemacht hatte es keinen, ganz im Gegenteil. Immer mehr Menschen ließen sich vom Zeitgeist inspirieren und nahmen sich Freiräume. Sie stiegen aus der Stressmühle und der Alltagsroutine aus und ließen sich darauf ein, neue Erfahrungen zu machen. Es etablierte sich eine Kultur von „ausprobieren und loslassen", die jetzt in alle Lebensbereiche einzog, zum Beispiel am Arbeitsplatz.

Nach Jahrzehnten des Personalabbaus und der Rationalisierung gingen die Umsätze vieler Unternehmen zurück. Ihren Kunden war es zu lästig geworden, sich um alles selbst zu kümmern. Sie kauften ihre Produkte und Dienstleistungen bei denjenigen Anbietern ein, die ihren Kunden echten Service von Mensch zu Mensch boten. Diese Unternehmen waren klug genug, in Personal statt in komplizierte Technologien zu investieren. Es stellte sich heraus, dass der Mensch nicht entbehrlich ist. Er wurde gebraucht und seine Lebenskraft, die er den Unternehmen zur Verfügung stellte, war wertvoll. Das änderte den Status der Arbeitnehmer, sie gerieten in einen Aufwind. Gerade diejenigen, die über eine ausgeprägte Gefühlskraft verfügten, waren plötzlich mit ihrer Erfahrung und ihrem Know-how gefragt.

Das breite Angebot an Stellen ermöglichte es den Menschen, sich ihren Arbeitgeber auszusuchen und gute Konditionen für sich auszuhandeln. Einige Zeit später wechselten sie erneut den Arbeitsplatz und wieder und wieder. Dabei entdeckten sie immer neue Wirkungsfelder und Talente für sich. Die Angestellten handelten nicht mehr aus der Angst heraus, sie klammerten nicht mehr, sie konnten loslassen. Sie waren nicht mehr in einer ausweglosen Situation, sie hatten Möglichkeiten. Entsprechend wirkte im Arbeitsleben alles frisch und hatte eine gewisse Leichtigkeit. Ein Kreislauf der Freude begann.

Von allen Seiten kamen neue Werte auf beziehungsweise alte Werte wieder zur Geltung. Außerdem fand ein längst fälliger Gefühlsausbruch statt. Was sich über Jahrzehnte angestaut hatte, kam heraus. Nachdem sich mehr Menschen öffneten und darüber sprachen, was sie bewegte, machten sie eine Entdeckung: sie waren nicht allein. Es gab viele andere, denen es genauso ging wie ihnen selbst. Allein durch die Tatsache, dass man über gewisse Dinge nicht sprach, konnte der Mythos vom Menschen, der immer nur funktionieren müsse, aufrechterhalten werden.

Allen wurde klar, dass sie ihre Lebensweise an ihre Umgebung und direkt an ihre Kinder weitergaben, ob bewusst oder unbewusst. Sie realisierten, dass sie den Kreislauf aus Angst und Mangeldenken unterbrechen mussten. Und das taten sie! Sie stellten sich ihren Themen und übernahmen Verantwortung für ihr Handeln. Sie wollten mehr tun, als es nur „gut zu meinen", und ihre Vorbildfunktion annehmen. Auf einmal wollten alle zu den stillen Helden gehören, zu den Freigeistern, die etwas veränderten, und somit die Grundlage für eine neue Gesellschaft, für eine neue Zukunft legten.

Es begann eine Zeit, in der die Gefühle den Menschen die Richtung wiesen. Sie begannen, sich selbst und diejenigen, die sie liebten, wichtig zu nehmen. Auf einmal war Raum und Zeit füreinander da. Die Menschen standen für ihre Ideale ein und bekamen, was sie wollten. Sie sagten „Nein" und wollten sich nicht mehr im Arbeitsverhältnis unterdrücken und nötigen lassen. Zuvor passierte das jeden Tag, an nahezu jedem Arbeitsplatz. Der Weg zu einem bedingungslosen Grundeinkommen ebnete sich quasi über Nacht. Die Gesellschaft hatte entschieden.

Die Zeit mit seinem Mentor vergeht für Jonas wie im Fluge. Er kann sich gar kein Leben mehr ohne die Mentoren vorstellen. Sie nehmen überall am gesellschaftlichen Leben teil. Auf ihre Lebenserfahrung kann und will heute kein Mensch mehr verzichten. Dank ihnen ist ja heute alles anders, und das schätzen alle.

Jonas ist neugierig auf weitere Erzählungen vom Neubeginn, auf die ersten Erfahrungen im Umgang mit Gefühlen und der Schulung von ganz außergewöhnlichen Fähigkeiten, die in dieser Zeit das Licht der Welt erblickten. Denn was auf die Aufbruchstimmung folgte, war wirklich neu, so neu, dass die Entwicklung in Deutschland zum Vorbild vieler Nationen weltweit wurde.

Doch für heute ist es genug. Für Jonas ist es an der Zeit, nach Hause zu gehen. Er ist jetzt schon auf sein siebzehntes Lebensjahr gespannt. Das ist allgemein die Zeit der Bewerbungen. Das heißt, die Unternehmen bewerben sich bei ihm und er kann sich in aller Gelassenheit das Wirkungsfeld (früher „Arbeitsplatz" genannt) aussuchen, das seinen Wünschen und Fähigkeiten entspricht.

Vergnügt verabschiedet sich Jonas von seinem Mentor und macht sich auf den Weg. Dabei kommt ihm ein Oldie in den Sinn. Der Song ist für ihn immer präsent, wenn es um die Geschichten von der emotionalen Befreiung geht, und er summt: *„Alles weg, was Leiden schafft, alles behalten, was glücklich macht."*[25]

---

[25] Frei.wild: *„Was Du liebst, lass frei".* Von Philipp Burger. Still. Rookies & Kings (Soulfood), 2015. CD.

Feldenkrais

Ein Weg in die Selbstentfaltung

In diesem Buch wurde einige Mal auf Feldenkrais-Kurse verwiesen, wenn es darum ging, sich selbst etwas Gutes zu tun. Worum handelt es sich dabei? Ist es ein Gesundheitskonzept, um den Körper zu trainieren oder steckt mehr dahinter?

Moshé Feldenkrais, der Begründer der Methode, bringt es auf den Punkt: *„Jeder Mensch handelt nach dem Bild, das er sich von sich selbst macht."*

Um seine Handlungen zu verändern, ist es nötig, das Bild von sich selbst zu ändern. Wenn unser Selbstbild in Ordnung ist und wir uns selbst mögen, werden wir im Leben in die richtige Richtung gehen. Wenn wir aber das Gefühl haben, dass wir uns ständig im Kreis drehen, ist es sinnvoll, sich selbst anzuschauen. In Gesprächen drücken unsere Mitmenschen bestimmte rote Knöpfe und unsere Reaktion darauf ist immer die gleiche. Wenn uns jemand ruft, sind wir stets zur Stelle, ganz egal, ob uns das guttut oder nicht. Wir wiederholen im Laufe der Jahre ständig ähnliche Erfahrungen, wie in einem Karussell, das unaufhaltsam seine Runden in derselben Spur dreht.

Um diese Kreisläufe zu durchbrechen, setzt die Feldenkrais-Methode bei der Körperarbeit an. In Gruppen- oder Einzelstunden beschäftigen sich die Teilnehmer mit den eigenen Bewegungsmustern. Sie lernen Möglichkeiten kennen, ihre Bewegungen angenehmer und einfacher zu gestalten. Die Entspannung ist dabei ein Instrument. Genauso wichtig ist ein Rahmen, der ganz ohne Leistungsdruck auskommt und die Teilnehmer freilässt.

Die Bewegungsstrategien sind keine Körperübungen im klassischen Sinne. Vielmehr geben sie Ideen, um die Menschen zu neuen Erfahrungen zu führen. Dabei ist die Herausforderung, nicht alles brav mitzumachen, was der Feldenkrais-Lehrer vorgibt, sondern sich nach seinen eigenen Bedürfnissen zu richten. Das kann gegebenenfalls die Entscheidung sein, eine Übung wohltuender zu gestalten oder ganz auszulassen.

Der Unterricht schult die Körperwahrnehmung und vermittelt Strategien, um sich selbst zu organisieren. So erhält jeder für sich Hilfsmittel, um einzuordnen, was ihm im Moment guttut und was nicht. Auf diese Weise werden nicht nur die Bewegungen freier, sondern auch unsere Handlungen. Denn wer sich selbst besser kennt, kann sich selbst vertrauen.

In diesem Prozess entsteht allmählich ein neues Selbstbild.

„Was ich anstrebe, sind nicht bewegliche Körper, sondern bewegliche Gehirne. Was ich anstrebe, ist, jeder Person ihre menschliche Würde wiederzugeben."
(Moshé Feldenkrais)

Einen Feldenkrais-Blog sowie Informationen zu Seminaren finden Sie unter **www.feldenkrais-main-kinzig.de**.

Quantenheilung

Verbinden mit der neuen Energie

Im Schulunterricht haben wir das Atom kennengelernt, dessen Kern von Elektronen umkreist wird. Mit einem Staunen im Gesicht haben wir erfahren, dass sich alles in unserem Leben aus diesen winzigen Teilchen zusammensetzt.

Inzwischen haben Quantenphysiker entdeckt, dass es noch viel kleinere Teilchen gibt, die Quanten. Diese bestehen quasi nur aus Schwingungen. Die Quanten tragen Informationen und Energie. Wir bestehen aus ihnen und sind in Form eines Energiefeldes von ihnen umgeben. Dieses Feld bezeichnen wir auch als Ausstrahlung oder Aura.

Mit der sogenannten Quantenheilung können wir Einfluss auf das Energiefeld nehmen. In ihm sind Informationen verschiedenster Art gespeichert, zum Beispiel alte Glaubenssätze, Themen unserer Eltern oder unbewusste Handlungsmuster. Im Verlauf des Arbeitsprozesses werden – ähnlich wie auf einer Festplatte – Informationen, die nicht erwünscht sind, gelöscht beziehungsweise transformiert. So können wir auf energetischem Wege Blockaden lösen und Themen klären, die uns regelmäßig wieder begegnen. Auch manipulative Einflüsse und Fremdbestimmung verlieren ihre Kraft.

Die Quantenheilung kann Sie außerdem dabei unterstützen, die Freude bewusst wieder in Ihr Leben einzuladen. Das führt zu einer gedanklichen und energetischen Neuausrichtung und verschafft Ihnen Klarheit über Ihr Handeln. Sie erhalten Werkzeuge, um Ihr Leben selbst in die Hand zu nehmen und sich mit dem positiven Kreislauf der neuen Energie zu verbinden.

In einem Blog auf der Website **www.feldenkrais-main-kinzig.de** stellen wir Ihnen vor, wie die Quantenheilung Ihren Alltag bereichern kann. Außerdem finden Sie dort Workshops zur Energiearbeit und Anregungen, um Ihr Leben in die eigene Hand zu nehmen.

Literatur und Quellen

Bücher und Websites

Dittmar, Vivian: *„Gefühle und Emotionen".* Edition est, München 2007.

George, Nina: *„Das Lavendelzimmer".* Knaur Verlag, München 2013.

Gounelle, Laurent: *„Der Philosoph, der nicht mehr denken wollte: Unterwegs ins Innere der Seele".* Goldmann Verlag, München 2014.

Gounelle, Laurent: *„Der Mann, der glücklich sein wollte".* Goldmann Verlag, München 2010.

Jackson, Tim: *„Wohlstand ohne Wachstum".* Oekom Verlag, München 2011.

Küstenmacher, Werner Tiki und Seiwert, Lothar J.: *„Simplify your life".* Campus Verlag, Frankfurt 2001.

Myss, Caroline: *„Chakren – die sieben Zentren von Kraft und Heilung".* Knaur Verlag, München 1997.

Myss, Caroline: *„Heilung: Die fünf spirituellen Wahrheiten über die transformierende Kraft der Seele".* Knaur Verlag, München 2011.

Paul, Norbert: *„Der Neue Abendländische Schamanismus. Handbuch für ein Leben im Einklang mit der Schöpfung".* Verlag Zeitenwende, Radeberg 2012.

Quinn, Daniel: *„Ismael".* Goldmann Verlag, München 1992.

Welzer, Harald: *„Selbst denken: Eine Anleitung zum Widerstand".* S. Fischer Verlag, Frankfurt 2013.

http://www.grundeinkommen.de

Filme und Musik

Favreau, Jon: „*Kiss the cook: So schmeckt das Leben*". USA 2014.

Frei.wild: „*Mach dich auf*". Von Philipp Burger. *Feinde deiner Feinde*. Rookies & Kings (Soulfood), 2015. CD.

Frei.wild: „*Was Du liebst, lass frei*". Von Philipp Burger. *Still*. Rookies & Kings (Soulfood), 2015. CD.

Herzfeld, John: „*Reach me*". USA 2014.

Levant, Brian: „*Versprochen ist versprochen*". USA 1996.

Nuhr, Dieter: *Interview „Wo treten Sie am liebsten auf?" Nuhr vom Feinsten. Tonpool Medien GmbH, 2004. DVD*.

Rothemund, Sigi: „*Timm Thaler*". Deutschland 1979.

Scorsese, Martin: „*The Wolf of Wall Street*". USA 2013.

Stallone, Sylvester: „*Rocky Balboa*". USA 2006.

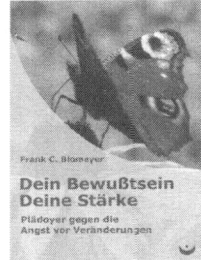